고객의 마음을 움직이는

제안전략

CHANGE MAKER

고객의 마음을 움직이는

제안전략

수주하는 제안서는 고객 관점에서 생각한다

현영근 · 이주연

문우사
MoonWoo

머리말

치열한 비즈니스 환경에서 살아남기 위해서는, 차별화된 방법론을 기반으로 '창의적 사고'를 통해 이기기 위한 전략을 수립하는 것이 필요하다.

우리는 늘 '창의적 사고'를 강요받으며 살고 있다. 회사에서는 구성원의 창의적 사고를 돕기 위해 제도와 프로세스를 만들어 적용하기도 한다. 하지만, 그 제도와 프로세스를 적용하는 직책자 대부분은 자신만의 사고의 틀(사고의 고정관념)에 구성원이 들어오기를 원하고 있다. 본인의 스타일에 맞추지 않으면 역량이 떨어지는 구성원이라 판단하고 성과도 낮게 부여하는 것이 현실이다. 이 '사고의 틀'은, 직급이 올라가고 나이가 들수록, 그리고 어떤 한 분야에서 오랜 경험으로 전문지식이 쌓인 사람일수록 굳건하고 견고하다. 왜냐하면 본인이 지금까지 그러한 '사고의 틀'로 성공을 해왔고, 자신만의 노하우가 담겼다고 생각하기 때문에, 다른 사람의 의견이나 생각이 그 틀 안으로 들어갈 자리가 없는 것이다. 하지만, 이것은 좀 고민할 필요가 있다. 세상에 절대적 진리가 없듯, 나의 생각도 어찌 보면 나만의 편협한 생각일 수 있고, 나만의 강박관념일 수 있는 것이다. 그 사고의 틀을 벗어나야 새로운 아이디어가 있고, 새로운 변화가 있는 것이다.

‘창의적 사고’에는 수많은 기법이 있다. 그러한 기법에는 공통적인 사항이 하나 있는데, 바로 새로운 아이디어를 도출하기 위해 ‘연상기법’을 사용한다는 것이다. ‘연상기법’이란 특정한 단어, 이미지 그리고 사실 등으로부터 영감을 얻어 새로운 아이디어를 도출하는 것을 말한다. 어느 날 느닷없이 떠오르는 혁신적 아이디어가 있을 수도 있지만, 이러한 경우는 매우 드물며, 언제 떠오를지 모르는 아이디어를 마냥 기다리는 것만큼 소모적이고 불필요한 것이 없다. 광고계의 전설적인 카피라이터 제임스 웹 영James Webb Young은 ‘창의적 사고’와 관련하여 “창의적 아이디어란 그저 오래된 요소들의 새로운 결합에 지나지 않는다. 무조건 새로운 생각만을 찾아내려고 고집하는 것은 시간 낭비일 수 있다.”라고 말했다.

우리에게 닥친 제안의 영업적 환경은 우리에게 유리한 상황만 존재하는 것이 아니다. 경쟁사와의 경쟁구도, 내부인력의 역량과 가용자원, 그리고 고객사와의 관계 등 여러 환경적 요소를 분석하고 고민해야 수주가능성이 올라간다. 가장 중요한 것은, ‘고민의 양’이 아니라 ‘고민의 방식’이다. 만약 당신이 현재의 어려움과 불리한 제안환경을 이겨내는 ‘체인지 메이커Change Maker’가 되고 싶다면, 이 책에서 제시하는 제안의 15가지 핵심 패턴을 적극적으로 적용하기를 권장한다. 이것이 바로 기존 ‘사고의 틀’에서 벗어나는, 연상기법을 활용한 창의적 접근법의 프레임이며, ‘체인지 메이커’의 사고적 접근법이다.

하나, 수주 중심의 제안 프로세스

제안팀은 언제나 활용 가능한 자원과 시간이 부족하다. 입찰이라는 전쟁에서 승리하기 위해서는, 이러한 한계를 극복하기 위한 특별한 프로세스가 필요하며, 그것은 문서의 중요도 및 제안업무의 특성을 반영하여야 한다. 「Chapter I, 2.2 이기는 제안에는 프로세스에 비밀이 있다」에서는 이러한 노하우를 제공한다.

둘, 수주경쟁력 분석 및 개선활동 관리

수주확률을 높이는 가장 좋은 방법은, 현재의 제안경쟁력을 분석하고 이를 보완하는 활동을 지속적으로 수행하는 것이다. 제안경쟁력의 분석은 5개 관점(고객측면, 내부역량측면, 프로젝트관리자 역량측면, 경쟁사측면, 원가측면)으로 수행되며, 한정된 자원의 우선순위 선정 시 중요 판단근거가 될 수 있다. 「Chapter I, 3.3 검토협의회 진행 시 수주경쟁력 분석」에서는 이러한 기준을 제시한다.

셋, 제안전략의 기본 사고, 경쟁 포지셔닝

제안전략을 수립하는 데 있어서, 가장 중요한 사고의 기준은 바로 '경쟁 포지셔닝에 대한 이해'라고 할 수 있다. 왜냐하면, 평가위원은 오직 하나의 제안사만 선별해야 하는 '심리적 의무감'을 갖고 있기 때문이다. 「Chapter Ⅱ, 1.4 제안전략의 기본 사고, 경쟁 포지셔닝」에서는 이러한 사고의 기준을 제시한다.

넷, 사업추진의 근본적인 목적을 이해하는 5가지 사고 패턴

발주된 사업을 보다 정확히 이해하기 위해서는 고객의 입장에서 '사업의 근본적 목적'이 무엇인지 분석해야 하며, 제안요청서상 요구사항은 '그 근본적 목적을 달성하기 위한 수단'에 해당된다. 「Chapter Ⅱ, 2.1 사업추진의 근본적인 목적을 이해하는 사고」에서는 사업의 근본적 목적을 고객의 관점으로 접근하는 5가지 패턴을 제시하고 있다.

다섯, 제안전략 도출의 프레임, '제안전략 수립 방법론'

사업을 수주하기 위해 필요한 것은, 고객을 논리적으로 설득시켜 우리의 생각에 동의하도록 만드는 것이며, 제안전략은 그 논리적 설득에 해당한다. 경쟁력 있는 제안전략을 수립하는 것에는 현장에서 검증된 효과적인 방법론이 있으며, 크게는 2단계, 세부적으로 6단계로 구성되어 있다. 「Chapter Ⅱ, 3.1 제안전략 수립 방법론」에서는 상세한 설명과 함께 구체적 예시를 제시하고 있다.

여섯, 사고전환의 트라이앵글, 3가지 패턴

사업의 본질을 넘어 사업의 방향성에 변화를 주기 위한 방법에는 크게 세 가지가 있으며, 이것은 창의적 사고법의 기초인 '연상기법'에 근거한 기법이다. 연상기법은 새로운 아이디어를 도출하는 데 있어서 백지상태에서 새로운 것을 찾아내는 것이 아닌, 일정한 기준에 해당하는 것을 하나하나 접목하며 새로운 아이디어를 도출하는 것을 의미한다. 「Chapter Ⅱ, 2 사고의 전환, 패러다임 시프트Paradigm Shift」에서는 이러한 기준을 제시한다.

일곱, 전략 그루핑의 7가지 패턴

제안에 익숙한 사람이더라도, 전략을 어떤 기준으로 그루핑하고 나열할 것인지에 대해서는 어려워하는 경향이 있다. 하지만, 여기에도 정해진 패턴이 있으며, 그것은 크게 7가지의 유형으로 구분된다. 「Chapter Ⅱ, 3 본질과 사고의 전환의 연계」에서는 이것에 대한 방안과 구체적 예시를 제시한다.

여덟, 경쟁상황별 전략수립을 위한 47가지 패턴

제대로 된 전략을 수립하기 위해서는 경쟁상황에 대한 인식이 매우 중요하며, 사업을 전체적으로 조망했을 때, 우리가 경쟁우위인지, 경쟁열위인지, 아니면 동등한 경쟁상황인지 이해하고 그 상황에 맞게 전략을 수립하는 것이 필요하다. 「Chapter Ⅱ, 3.4 경쟁 포지셔닝 기반 제안전략 도출 패턴 정의」에서는 앞에서 언급한 '연상기법'을 활용하여 보다 쉽게 전략을 수립할 수 있는 아이디어의 기준을 제시한다.

아홉, 전략의 품질을 높이는 전략문장 작성 패턴 정의

제안전략의 문장은, 글을 읽는 사람을 중심으로 심플한 문장보다는 글을 이해하고 기억시키는 데 유용한 '인과관계 중심의 이야기 구조'(Stephen K. Reed, 인지심리학자)로 작성해야 한다. 「Chapter Ⅱ, 3.5 전략의 품질을 높이는 전략명 작성 패턴 정의」에서는 고객을 설득하는 문장구성 형식의 기준을 제시한다.

열, 전략도출의 시작, 제안전략 워크숍 및 아이디어 도출의 4가지 패턴

차별화된 제안전략을 수립하기 위해서는, 다양한 관점에서 바라보는 창의적인 아이디어가 필요하다. 하지만, 브레인스토밍과 같은 기법은 시간이 많이 소요되므로 제안환경에 적용하기에는 적절하지 않다. 「Chapter Ⅱ, 3.7 전략도출의 시작, 제안전략 워크숍」에서는 제안환경에 최적화된 아이디어 도출 4가지 패턴을 제시한다.

열하나, 제안전략을 돋보이게 하는 7가지 콘셉트 도출 패턴

프레젠테이션을 할 때에는 평가항목 중심으로 구체적 방안을 설명하는 것 외에도, 이번 사업의 핵심에 대해 우리의 역량을 평가위원에게 각인시키는 노력이 필요하다. 여기서 사용되는 것이 바로 콘셉트이며, 이것을 활용하여 평가위원에게 우리의 차별점을 하나의 이미지로 기억시킬 수 있다. 「Chapter Ⅱ, 4.1 제안전략을 돋보이게 하는 콘셉트」에서는 콘셉트를 설정하는 7가지 패턴에 대해 제시한다.

열둘, 제안서상 스토리텔링 구조화 구성 3단계

전달하고 싶은 사실 또는 주장에 대해, 좀 더 쉽게 상대방을 이해시키고 설득하기 위해 사용되는 것이 스토리텔링 기법이다. 이러한 기법은 제안서를 작성하는 것에도 적용할 수 있으며, 「Chapter Ⅲ, 2.2 제안서상 스토리텔링 구조화 구성 단계」에서는 스토리텔링 구조화를 위한 3단계(스토리라인, 스토리보드, 목업)의 구체적 방법을 제시한다.

열셋, 각 장표의 스토리텔링, PRDR

일반적인 평가위원의 제안서 평가방식은, 모든 페이지를 하나하나 꼼꼼히 확인하기보다는, 전체 내용을 쭉 훑어보며 특별히 관심이 있는 일부 콘텐츠만을 집중하며 평가를 한다. 따라서 제안서를 작성할 때에는 상세히 읽지 않아도 내용을 인지시킬 수 있도록 인과관계 중심의 이야기 구조로 콘텐츠를 구조화하는 것이 매우 중요하다. 「Chapter Ⅲ, 3 각 장표별 콘텐츠의 스토리화」에서는 각 장표에서 어떻게 스토리 구조를 만드는지 구체적인 방안을 제시한다.

열넷, 평가위원 관점 중심의 목차작성 3유형

평가위원은 제안서 전체 내용에 대해 100% 이해하기에는 물리적 시간 그리고 기술적 경험의 한계가 있기 때문에, 목차만 읽고도 제안서의 전체 내용을 이해할 수 있을 정도로 구성하는 것이 매우 중요하다.

「Chapter Ⅲ, 4.3 평가위원 관점 중심의 목차작성 유형 분석」에서는 평가위원을 위한 차별화된 목차작성의 3가지 유형을 제시한다.

열다섯, 반드시 지켜야 할 제안서 작성의 10개 원칙

제안서를 작성할 때, 짧은 시간에 많은 자료를 확인하고 고민을 하며, 그리고 밤을 새워가며 제안서를 작성하다 보니, 작업을 빨리 마무리하기 위해 고객 중심이 아닌, 제안서 작성자 중심으로 사고하고 문서를 작성하는 경우가 종종 있다.「Chapter Ⅲ, 4.5 반드시 지켜야 할 제안서 작성의 10개 원칙」에서는 우리가 이미 인지하고 있으나, 흔히 하는 실수 그리고 놓치기 쉬운 10가지 핵심 원칙을 제시한다.

오랜 기간 현장에서 검증된 방법론을 모방하는 것이, 어찌 보면 혼자만의 스타일로 비지땀을 흘리는 것보다 훨씬 빠르고 경쟁력 있는 것일 수 있다. 이러한 모방이, 지금도 밤을 지새며 수주를 고민하는 이 시대의 많은 직장인들이 '제안은 답이 없는 고된 작업'이라는 편견을 버리는 계기가 되었으면 한다. 아무리 위대한 이론과 완벽한 방법론이 있더라도, 문제 해결에 실제 적용해보지 않는다면 그것은 하나의 공염불에 지나지 않는다는 것이다. 이 책을 통해 입찰이라는 전쟁 속에서 승리하는, 그리고 꿈을 실현해나가는 제안전략가가 되기를 바란다.

마지막으로 이 책을 기획하고 집필하는 6년 동안 많은 격려와 아이디어를 주신 지인들에게 고마움을 전하고 싶다. 무엇보다, 바쁜 업무와 원고 때문에 주말도 없이 항상 서재에서 시간을 보냄에도 불구하고 이해와 배려를 해준 가족들에게도 고맙다는 말을 전하고 싶다.

2019년 1월, 동해안에서 해돋이를 바라보며...

차 례

Intro

사고의 병목이 제안의 한계를 만든다

수주산업은 고객이 배포한 제안요청서RFP, Request For Proposal를 기준으로, 제안사가 제시하는 계획안에 대해 그 가치를 기술점수와 가격점수로 평가한 후, 오직 하나의 사업자만을 선정하여 프로젝트를 수행하게 하는 비즈니스를 말한다. 이러한 비즈니스는 '승자독식'의 방식으로, 프로젝트를 수주한 1등 제안사만이 모든 영광을 갖고, 2등을 한 제안사는 모든 것을 잃는 'All or Nothing'의 게임이다.

프로젝트 수행을 통해 매출을 발생시키는 영업방식의 회사로서는, 제안이라는 업무는 시장에서 살아남기 위해 매우 중요한 업무이다. 왜냐하면, 회사가 매출을 올리기 위해서는 프로젝트를 수행해야 하고, 프로젝트를 수행하기 위해서는 반드시 제안을 해야 하기 때문이다. 따라서, 이러한 회사는 사업수행의 측면뿐만 아니라 제안서를 작성하는 측면에서도 높은 역량과 깊은 노하우가 있어야 함에는 의심의 여지가 없어 보인다. 하지만, 지난 10년 이상 제안전략 컨설턴트로 활동하고 관련 강의를 진행하면서 알게 된 것은, 이렇게 중요한 제안업무에 대해 회사 차원에서 그리고 개인 차원에서도 수주경쟁력을 향상시키기 위한 활동과 시스템을 만드는 일에 상대적으로 소홀히 하고 있다는 것이다. 그러다 보니 오래간만에 제안에 참여하는 직원은 어디서부터 일을 시작할지 고민스럽고, 반대로 제안업무에 익숙한 직원은 개인적 노하우 중심으로만 진행하여 차별화된 제안서를 작성하는 데 한계가 있었던 것이 사실이다.

이렇게 글을 작성하게 된 것은, 지난 10년간 약 1,000여 개의 제안서를 보고, 과학기술정보통신부 및 대기업에서 심사위원으로 활동한 경험을 바탕으로, 지금도 제안현장에서 고민하고 있는 많은 사람들에게 제안작업의 노하우를 알려주고자 하기 위함이었다.

가장 먼저, 제안팀원들이 제안과 관련해서 어떤 생각을 갖고 있는지, 그리고 어떤 고민을 하고 있는지 알아보았다. 지난 6년간 456명에게 설문조사를 진행하였고, 그 대상은, 필자가 제안전략 컨설턴트로 참여했던 제안팀과 필자의 강의에 참석했던 수강생으로 하였다. 설문조사의 질문은 "제안업무를 진행하면서 가장 어렵게 느껴지는 것은 무엇입니까?"로, 일정한 양식보다는 자유롭게 본인의 생각을 적을 수 있도록 자유양식을 사용하였고, 때로는 직접 질문하며 필자의 다이어리에 적거나 포스트잇에 메모하여 수집하기도 하였다.

이렇게 오랜 기간 많은 사람들에게 질문하며 조사한 이유는, 가장 현장스럽고 가장 현실감 있는, 그리고 가장 실질적인 도움이 되는 '100% 수주를 위한 정답의 프레임'을 제시하고자 함이었다.

1 제안, 무엇을 고민하고 있을까?

결론적으로, 제안서 작성과 관련해서는 36%, 프레젠테이션은 28%, 제안전략 수립은 24%, 마지막으로 원가경쟁력 등의 기타에 해당하는 13%의 순서로 어려움을 느끼고 있는 것으로 나타났다.

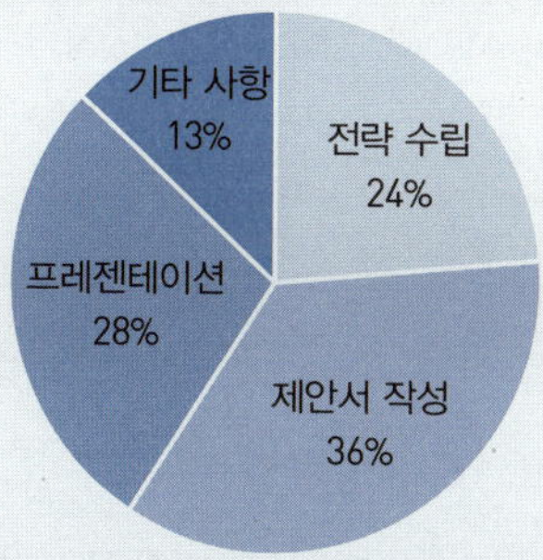

한 가지 특징적인 것은, 제안전략을 수립하는 것이 프레젠테이션을 작성하는 것만큼 어렵게 느껴진다는 것이었다. 프레젠테이션은 일반적으로 잦은 리뷰와 수정/보안을 진행하여 많은 사람들이 꺼려하는 제안 작업 중의 하나이다. 그럼에도 불구하고 전략을 수립하는 것에 대해 프레젠테이션 작업을 할 때와 비슷하게 어려움을 느끼는 이유는, 아마도 전략을 수립하는 데 있어서 체계화된 방법론과 참조 사례 등이 없었기 때문이 아닐까 생각된다.

그럼, 항목별로 상세히 살펴보고자 한다.

먼저, 제안전략에서는, 영업상황별로 어떤 전략을 제시할 것인가에

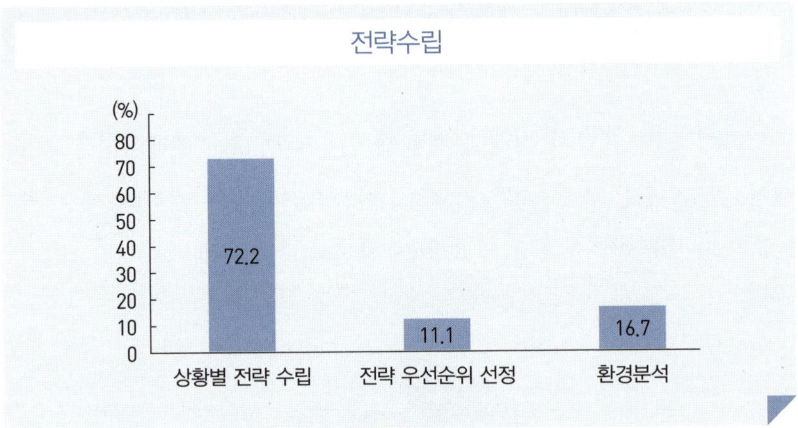

72.2%의 압도적인 어려움을 호소하였고, 전략 도출을 위한 환경분석 그리고 전략의 우선순위 선정 등이 그 뒤를 이었다.

가장 어려움을 느끼고 있는 '상황별 전략 수립'은 영업적 상황에 따라 어떤 전략을 수립할 것인가에 대한 고민으로, 다음과 같이 크게 네 가지 유형으로 분석되었다.

- 연속된 사업에서의 전략 수립 방향
- 기술력이 부족할 때의 전략 수립 방향
- 한정된 제안자원으로 쉽게 전략을 수립할 수 있는 방법
- 경쟁사에 차별화된 전략도출 방법

이러한 어려움은 결국, 우리가 처해 있는 제안의 영업환경을 이해하고, 이것에 따라 어떤 전략으로 차별화해야 하는지에 대한 이해와 경험의 부족에서 기인한 어려움이라 생각된다. 이와 같은 문제를 해결하기 위한 가장 간단하고 확실한 방법은 경쟁상황별로 활용할 수 있는 전략 리스트를 만들고, 우리 영업환경에 맞는 것을 골라 적용하는 방법이라 생각된다.

'상황별 전략 수립'의 경우, 우리와 경쟁사의 장단점은 분석하였으나, 경쟁사 대비 차별화된 전략을 수립하는 데 어려움을 느끼는 것인 반면, '환경분석'은 당사와 경쟁사의 장단점 그 자체를 어떻게 분석해야 하는지에 대한 어려움을 의미한다.

- 경쟁사 장단점의 수집 및 분석 방법
- 영업환경의 정보가 부족한 경우 접근방법

이러한 고민은, 제안전략을 수립하는 업무 그 자체에 대한 경험이 부족한 것에서 기인한다고 예상된다.

마지막으로, '전략 우선순위 선정'은, 말 그대로 도출된 전략 중 핵심 전략을 어떤 것으로 제시할 것인가에 대한 고민이다. 이러한 부분에 어려움을 느꼈다면, 앞 사례와 마찬가지로 경쟁사와의 차별화에 대한 이해가 부족한 경우이다. 이것에 대한 해결책으로는, 도출된 전략들을 어떤 단위로 묶어야 고객을 설득하는 데 유리할 것인가에 대한 기준을 이해한다면 쉽게 해결되리라 생각된다.

제안서 작성에서는, 제안서를 어떻게 작성해야 할지 그리고 보다 높은 전달력을 위한 시각화는 또 어떻게 해야 하는지에 대해 어려움을 느끼는 경우이다.

개인적으로 놀라웠던 점은, 제안요청서의 요구사항과 고객의 숨은 요구사항을 어떻게 분석하는지 고민스럽다고 대답한 사람이 25.9%나 되었다는 것이다. 왜냐하면 앞서 이야기한 대로, 제안서는 고객의 고민과 요구사항에 대해 '이렇게 하면 된다'라고 답을 제시하는 문서임에도 불구하고, 고객의 고민과 요구사항을 어떻게 분석해야 할지 고민스럽다고 답변했다는 것은, 답을 제시하는 것 자체가 불가능하다는 것을 의

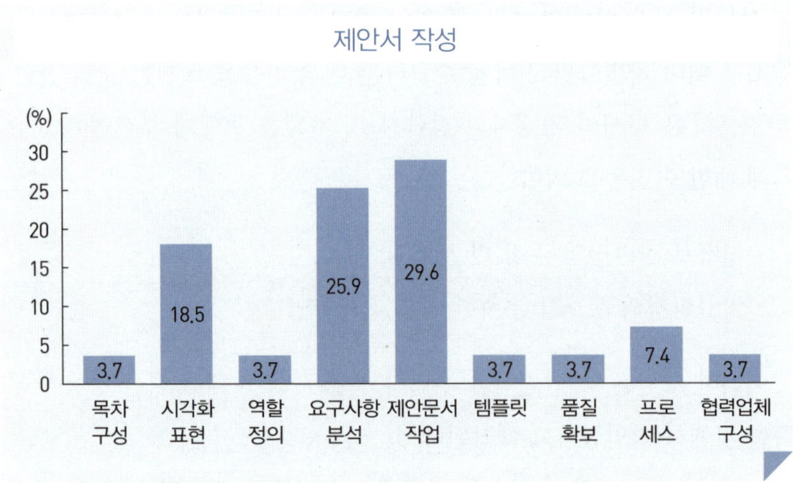

미하기 때문이다. 이러한 현상을 반대로 생각해보면, 제안팀에 소속된 인력 중 제안서 작성 경험이 없거나 고객 업무에 대해 이해가 부족한 사람들이 평균적으로 25.9%나 된다고 볼 수 있는 것이다.

29.6%로 가장 많은 사람들이 고민이라고 이야기하는 '제안문서 작업'의 유형은 다음과 같다.

- 헤드 메시지Head Message 작성방법
- 한 페이지에 하나의 메시지를 표현One Message하기 위한 효과적인 작성기법
- 짧은 시간에 효율적인 제안서 작성방법

또한, 18.5%의 사람들은 '시각화 표현'과 관련된 부분에서 어려움을 느끼고 있으며, 상세한 내용은 다음과 같다.

- 효과적 의사전달을 위한 콘텐츠 구성방법
- 시각화 표현 유형
- 정략적 기대효과의 적절한 표현방법

이 외에도, 제안작업 시 "어떤 업무부터 해야 하는지 모르겠다."라고 대답한 사람도 있었다.

'제안문서 작성' 그리고 '시각화 표현'과 함께, 이러한 고민들은 아마도, 앞에서 이야기한 대로, 오래간만에 제안에 투입된 사람 또는 제안이라는 업무가 익숙하지 않은 사람들이 제안팀에 많이 투입되어 있다는 것을 의미한다고 생각된다. 이런 경우, 무엇보다 확실한 해결책은 경험을 쌓는 것이 가장 좋겠지만, 그 전에 제안작업의 패턴을 이해하고 잘 작성된 우수사례Best Practice를 활용하여 작성한다면 보다 쉽게 적응하고 품질 또한 빠르게 향상되리라 생각된다.

프레젠테이션은, '제안전략 수립' 및 '제안서 작성'과는 다르게, 항목별 비율 차이가 크지 않고 상대적으로 고르게 분포되어 있다는 특징이 있다.

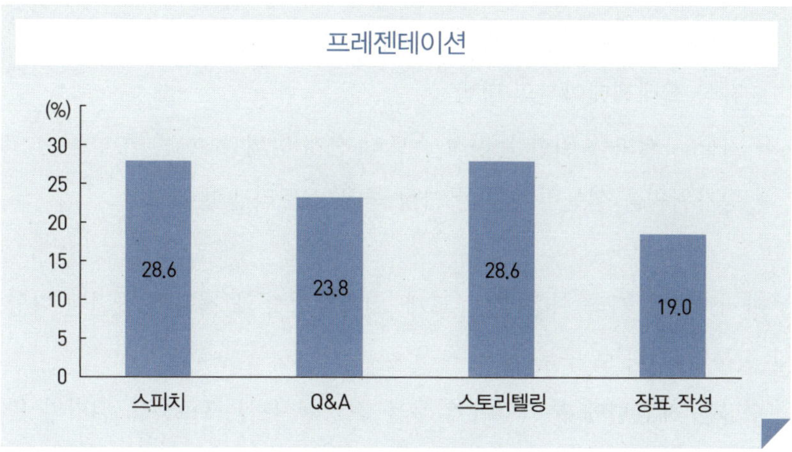

사업을 수주하는 데 가장 큰 역할을 하는 발표 기술에는 다음과 같은 상세 고민이 있었다.

- 떨림, 무대공포 등 긴장을 완화시키는 방법
- 스피치를 잘할 수 있는 방법
- 아이콘택트Eye Contact, 손의 위치 등 제스처 방법

제안서를 작성하는 것과는 다르게, 프레젠테이션은 직접 고객을 대면하며 설득하는 방식이다. 따라서 프레젠테이션과 관련한 고민을 해결하는 가장 확실한 방법은, 바로 콘텐츠에 대한 확신을 바탕으로 고객에 신뢰감을 주는 발표 스킬을 향상시키는 것이다.

몇 년 전부터 유행하기 시작한 스토리텔링 기법은, 평가위원에게 내가 하고 싶은 이야기를 좀 더 설득력 있게 전달하기 위해 적용하기 시작하였다. 하지만, 엔지니어 중심으로 구성된 제안팀 특성상, 익숙하지 않은 스토리텔링 기법을 적용하는 데에는 한계가 있는 것이 현실이며, 이러한 이유 때문에 어려움을 느끼고 있는 것이라 생각된다.

상세 내용은 다음과 같다.

- 스토리텔링을 위한 효과적인 방법론
- 감성 프레젠테이션의 방법
- 기술 차별화를 위한 논리적 스토리 전개 방법
- 평가위원을 설득하기 위한 가장 좋은 스토리텔링 기법

마지막으로 기타 사항에는, 크게 '원가적정성'과 제안과 관련된 다양한 질문인 '기타'로 구분된다.

수많은 제안팀에 투입되어 업무를 진행했지만, 프로젝트 원가와 관련하여 여유 있고 자유로웠던 경우는 단 한 번도 본 적이 없었던 것 같다. 언제나 과업 대비 예산은 부족하였고, 사업수행 기간과 인력 또한 늘 부족했다. '원가적정성'은 이러한 원가 측면의 고민으로, 모든 제안

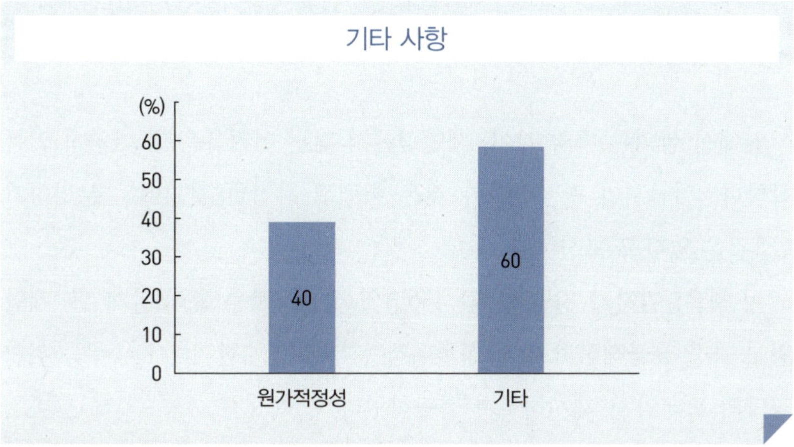

환경에 100% 최적화된 문제해결 방법론을 만든다는 것은 현실적으로 매우 어려운 것도 사실이다.

'기타 사항'은 제안작업보다는 고객 및 팀원과의 관계 또는 사업수행 측면의 고민으로 상세하게는 다음과 같다.

- 평가위원 관리 노하우
- 고객과의 커뮤니케이션 방법
- 제안팀원 의욕관리 방안
- 수주 후 예상되는 이슈에 대한 방안 등

2 고민에 대한 '정답의 프레임'을 제시한다

앞에서 살펴본 바와 같이, 제안팀에서 갖는 어려움은 참 다양하고 복잡하다. 제안서를 작성한다는 것은 어렵고 복잡한 것임에는 분명하지만, 길은 있다고 확신한다.

이 책은, 필자가 지난 6년간 456명의 설문조사를 통해 알게 된, 제안팀이 가장 궁금해하고 가장 힘들어하는 부분에 대한 '100% 수주를 위한 정답의 프레임'을 제시하고자 집필하였다.

제안에 익숙하지 않은 사람들에게는 입찰이라는 전쟁에서 이기기 위한 제안의 개념과 방법을, 제안업무에 익숙한 사람들에게는 경쟁사에 차별화된 제안전략 수립의 축지법, 그리고 제안에 대한 사고를 업그레이드해 주고자 한다.

수주경쟁력, 고객 중심의 제안은 어떻게 수행하는가?

제안작업에 익숙한 구성원, 특히 프로젝트 관리자PM, Project Manager라면, 자신만의 사고와 프로세스를 기준으로 제안작업을 진행한다. 이것은 '노하우'라는 이름으로 포장되어 제안팀원에게 업무진행의 가이드로 활용된다. 그것이 고객을 위한 사고와 프로세스인지, 아니면 제안팀을 위한 사고와 프로세스인지 여부를 떠나서 말이다. 물론, 많은 경험에서 나오는 노하우로 제안팀을 훌륭하게 리드하는 경우도 많지만, 앞서 살펴본 설문조사와 같이 제안작업에 노하우와 경험이 상대적으로 풍부하지 않은 선임자가 프로젝트 관리자라는 직책을 어쩔 수 없이 수행하면서 제안경쟁력 향상과는 다소 상이하게 제안팀을 리딩하는 경우가 있는 것도 현실이다.

「Chapter I 제안을 톺아보다」에서는, 산업별로 제안작업의 특징과 차이점이 어떻게 되는지, 그리고 수주경쟁력에는 어떠한 요소가 있는지 살펴보도록 하겠다.

특히, 제안품질에 큰 영향을 미치는 프로세스 및 일정과 관련하여, '일 중심의 일정관리Scheduling'가 아닌 '수주 중심의 제안 일정관리Scheduling'는 어떤 것이고, 많은 사람들이 궁금해하던 요구사항 분석방법, 나아가 원가를 확보하기 위한 프레임을 설명하고자 한다.

제안전략, 이길 수 있는 전략은 어떻게 수립하는가?

제안전략 수립을 처음 접하게 되면 참 막연하다는 생각이 드는 것이 사실이다. 설사 처음이 아니라고 하더라도, 제안전략을 수립한다는 것은 사실 매우 어려운 작업임에는 분명해 보인다. 그 이유는 과업에 대한 전체적인 이해를 바탕으로, 경쟁사와의 장단점을 분석한 후 우리만이 갖는 차별화된 무엇인가를 도출해야 하기 때문이다. 또한 여러 직책자들이 가장 관심을 갖고 지속적으로 회의 및 수정, 보완을 요구하기 때문에 더욱 힘들게 느껴지는 것이 아닐까 생각된다. 그래서 많은 사람들이 제안서에서 전략 부분을 작성하라고 하면 머리를 절레절레 흔드는 이유가 여기에 있는 것이다.

「Chapter II 본질적 경쟁력을 확보하는 전략을 수립한다」에서는, 오랜 기간 현장에 적용하고 지속적으로 발전시켜 온 '경쟁 포지셔닝 기반의 이기는 제안전략의 프레임'을 설명하고자 한다. 이것은 전략수립 단계의 ERE 기법(전략발굴(EPS), 관점재해석(ROV), 기대효과 연계(EEC))과 전략평가 단계의 OA 기법(경쟁력 분석(OBT), 평가항목 분석(AAI))으로 구성되어 있으며, 이해를 돕기 위해 실제 예시를 통해 상세히 접근해보도록 하겠다.

특히, 전략도출에서의 가장 핵심적인 것은 무엇보다 사업의 본질적인 측면을 바라보는 시각이며, 이를 위한 5가지 사고에 대해 함께 살펴보도록 하겠다.

제안서, 고객을 설득하는 제안서는 어떻게 작성하는가?

수주경쟁력 측면에서, 많은 사람들이 제안서는 그다지 중요하지 않다라고 말을 하곤 한다. 물론 프레젠테이션과 비교한다면 그 중요성은 상대적으로 낮은 것은 사실이다. 하지만, 제안서는 입찰 단계에서 고객과 대면하는 공식적인 첫 번째 문서로, 고객이 제안사를 판단하는 첫 단추이자, 선입견을 만들게 하는 문서로 매우 중요한 역할을 하는 것만은 분명하다. 영업을 완벽하게 하여 고객에게 신뢰감을 아무리 많이 주었다고 하더라도, 제안서를 엉망으로 작성하여 그동안 쌓아온 고객의 신뢰를 단 한 번에 잃게 되는 사례도 많이 보아왔기 때문이다.

「Chapter Ⅲ 고객을 사로잡는 제안서를 작성한다」에서는, 어떻게 제안서를 작성해야 경쟁력이 있는가에 대한 내용으로, 제안서의 3단계 스토리텔링 기법, 콘텐츠의 전달력을 향상시키는 도식화의 8가지 패턴Pattern, 콘텐츠 구조화 패턴, 그리고 반드시 지켜야 할 제안서 작성의 10가지 규칙 등에 대해 상세히 설명하고자 한다.

시스템, 수주경쟁력 향상을 위한 시스템은 무엇인가?

일반적으로 제안팀은 여러 협력업체 컨설턴트들과 회의를 진행하고 직책자에게 관련 보고를 하며, 또한 본인이 담당한 부분의 제안서를 몰입하여 작성하곤 한다. 짧은 시간에 많은 작업을 병행하여 진행하다 보니, 어쩔 수 없이 자연스럽게 야근과 철야가 반복되고 주말도 없이 일하게 된다. 문제는, 몸이 바쁘면 바쁠수록 내가 지금 하고 있는 일을 객관적으로 바라보지 못하고 일을 쳐내기 급급하게 진행될 수밖에 없다는 것이다.

제안품질을 실질적으로 향상시키는 방법에는 여러 가지가 있겠지만, 전사적 차원의 지원 없이 제안팀 차원의 노력만으로는 한계가 있는 것이 사실이다. 이것은 제안팀의 역량 문제라기보다는, 좀 전에 언급한 대로 제안팀은 늘 바쁘고 사고의 매몰로 객관적 접근이 어렵기 때문이다.

「Chapter Ⅳ 수주경쟁력을 향상시키는 시스템을 구성한다」에서는, 우리의 수주경쟁력 향상을 위해 필요한 인적 구성, 제안비용 관리체계 그리고 제안품질과 제안작업의 생산성 향상을 위한 인적, 물적 인프라를 어떻게 구성할 것인가에 대해 설명하고자 한다.

I

제안에 대한 사고

제안을 톺아보다

Part 1 _ 제안 그리고 수주경쟁력이란 무엇일까?

Part 2 _ 수주하기 위해 어떤 제안 프로세스가 필요할까?

Part 3 _ 제안의 리스크를 최소화하기 위해 무엇이 필요할까?

Part 4 _ 원가는 어떻게 확보할 수 있을까?

Part 5 _ 제안요청서를 분석하는 데 지름길이 있을까?

험난함이 내 삶의 거름이 되어

이정하

기쁨이라는 것은 언제나 잠시뿐, 돌아서고 나면
험난한 구비가 다시 펼쳐져 있는 이 인생의 길.

삶이 막막함으로 다가와 주체할 수 없이 울적할 때
세상의 중심에서 밀려나 구석에 서 있는 것 같은 느낌이 들 때
자신의 존재가 한낱 가랑잎처럼 힘없이 팔랑거릴 때.
그러나 그런 때일수록 나는 더욱 소망한다.
그것들이 내 삶의 거름이 되어
화사한 꽃밭을 일구어 낼 수 있기를.
나중에 알찬 열매만 맺을 수만 있다면
지금 당장 꽃이 아니라고
슬퍼할 이유가 없지 않은가.

세상에 밀려나 살았던 시절이 나에게 잘못된 시간이었을까?
아니면, 잘못된 시간이었다고 스스로 정의하는 것일까?

한 가지 분명한 것은, 아무리 우울하고 힘든 시간이라도, 인생이라는 긴 타임라인에서 본다면 허투루 버려지는 시간은 절대 없으며, 힘든 시간일수록 그 보상의 열매는 달다는 것이다.

다만, 보상을 받는 그 시점이 오늘이냐, 내일이냐 아니면 내년이냐, 그 차이만 있을 뿐이다.

Part 1_
제안 그리고 수주경쟁력이란 무엇일까?

1.1 수주산업의 본질, 그리고 제안전략

수주산업이란, 고객이 작성한 제안요청서RFP, Request For Proposal를 바탕으로, 제안사가 제시하는 서비스 또는 상품에 대해 그 가치를 평가하여 사업수행자로 선정하는 비즈니스를 의미한다.

인트로에서 언급했듯이, 수주산업은 정말 냉혹하여 프로젝트를 수주한 1등 제안사만이 모든 것을 소유하고, 2등 제안사는 모든 것을 잃는 게임이다. 그렇다고 오직 수주를 위해 원가를 무시하고 낮은 투찰금액을 제출한다든지, 또는 사업비를 왜곡하여 원가를 책정한다면 프로젝트 수행 시 큰 이슈가 발생하여, 프로젝트를 실주하여 수행하지 않은 것보다 더 큰 리스크를 회사에 안기는 상황을 만드는 특징이 있다.

우리는 서점이나 인터넷에서 입찰 또는 제안서 작성과 관련된 책, 블로그 등을 어렵지 않게 찾을 수 있다. 그 내용을 읽어보면, 회사의 수주율을 높이기 위한 공통적인 방안이 있는데, 그것은 바로 "입찰에서 이기고 싶다면, 이길 만한 사업에 참여하라."는 것이다. 이 말은 제안의 영업환경을 분석하여 경쟁사 대비 당사의 제안경쟁력과 수주경쟁력이 얼마나 우위에 있는지를 살펴본 후, 입찰 참여 여부를 결정해야 한다는 것을 의미한다. 경합의 경우라도, 조직의 자원을 최대한 활용하여 현재의 한계를 극복할 수 있다면 제안에 참여하라는 의미 또한 포함되어 있다고 생각된다. 제안작업 자체도 비용에 해당하므로 회사 차원에서는 될 만한 사업에 참여하는 것이 옳은 판단임에는 분명해 보인다.

하지만, 회사에서 벌어지는 우리의 일반적인 영업환경을 돌아봤을 때, 이 '수주율을 높이는 방안(될 만한 사업에만 참여하는 것)'이 정말 항상 옳은 것인가는 곰곰이 생각해볼 문제이다. 왜냐하면, 영업대표가 핵심고객Key Person 및 핵심 협력업체와의 영업적 연관성을 제시하며, 말 그대로 "제안서를 발로 써도 수주한다."라는 제안도 실주하는 경우가 있으며, 반대로 누가 보더라도 실주할 것으로 예상되던 제안을 수주하는 경우도 종종 있기 때문이다.

이러한 이유는 각각 두 가지로, 예상치 못하게 실주한 경우에는, 경쟁 상황에 대한 분석 자체를 잘못하여 오판을 한 상황 또는 영업은 잘 되어 있으나 제안서의 품질이 너무 낮아 고객이 도저히 사업을 줄 수 없는 상황이 있을 수 있다. 반대로 당초 예상과 다르게 수주한 경우에는, 수주전략을 깊게 고민하여 불리한 영업환경을 뒤집은 상황 또는 투찰가를 매우 낮게 제시한 상황이 있다.

잠깐 시선을 돌려, 그룹사를 대상으로 하는 대기업의 제안환경을 살펴보자. 그룹사 제안의 경우, 공공사업과 같은 외부사업을 제안할 때보다 훨씬 수월하게 진행되는 것이 일반적이다. 제안기간, 투입인력 수, 제안 디자인, 프레젠테이션 등 전체적인 제안 품질을 비교했을 때, 외부사업과는 비교하기 힘들 정도로 그 차이가 크다. 왜냐하면 그룹사 제안의 경우 치열한 경쟁입찰보다는 대부분 수의계약 또는 심적으로 내정된 상태에서 입찰에 참여하기 때문이며, 어떻게 보면 이러한 차이가 당연한 것이라 생각된다.

다시 처음으로 돌아와서, 여러 책들에서 제시하는 수주율을 높이는 방법인 "될 만한 사업에 참여하라."는 기준이 정말 맞는지 다시 생각해보고자 한다. 이 기준대로라면 대기업은 경쟁이 치열한(수주확률이 낮은) 외부사업에는 참여하지 말아야 하며, 중소기업의 경우에는 오직 친분이 두터운 고객의 사업에만 참여해야 한다고 볼 수 있다. 그래야 수주율을 높이고, 나아가 비용과 자원을 효과적으로 관리할 수 있기 때문이다.

하지만, 신기술을 활용하여 새로운 시장을 지속적으로 발굴해야 하는 대기업의 입장에서는 시장확대를 위해 외부시장을 포기할 수 없으며, 또한 중소기업의 경우에도 오직 친분이 두터운 고객의 사업에만 집중한다면, 회사의 성장은 둘째 치고 회사를 유지하는 것조차도 힘들 것임은 분명해 보인다. 따라서 새로운 시장(수주확률이 낮은)은, 포기할 수 없는 생존을 위한 어쩔 수 없는 선택인 것이다.

외부시장은 앞 사례에서 살펴봤듯이, 너무나 변수가 많아 수주 가능 여부를 정확히 예측한다는 것이 현실적으로 거의 불가능하다. 또한, 회사의 미래 방향성을 고려했을 때, 잠재시장(잠재적 블루오션)을 외면하며 오직 잘할 수 있는 영역만 열심히 하는 것도 회사 차원에서는 옳은 선택이 아닐 것이다. 바로 여기서 "될 만한 사업에 참여하라."는 그 기준은, 근본적인 고민에 봉착하게 되는 것이다.

결론을 말하자면, 제안이라는 것은, 수주하기 쉬운 사업에만 참여할 수 있는 것이 아니며, 또한 내 입맛에 맞는 사업만 선택할 수 있는 것이 아닌, 생존을 위해 늘 고민해야 하는 것이며, 수주할 확률이 조금 높다고 해서 반드시 수주하는 것도, 또한 수주할 확률이 낮다고 해서 반드시 실주하는 것이 아니다. 우리가 얼마나 노력하고 고민했는가에 따라 그 결과가 충분히 달라질 수 있는 것이다.

- 그 결과를 예측하기 어렵다.
- 다양한 환경적 요소에 영향을 받는다.
- 결국, 의도적 노력으로 현재의 상황을 반전시킬 수 있다.

영업환경은 우리에게 유리한 상황만 존재하지 않는다. 진정한 전문가Professional는 우리에게 닥친 여러 어려움을 경쟁요소별로 분석하고, 그것을 해결해나감으로써, 결국 수주확률을 높이는 사람이라 생각한다.

이렇게 복잡하게 고민하는 이유는 간단하다. 바로, 우리가 시장에서 살아남기 위한 유일한 방법이기 때문이다.

1.2 수주경쟁력 요소 분석

수주경쟁력이란, 쉽게 말해서 입찰이라는 전쟁에서 이기기 위한 힘을 얼마나 갖고 있는가를 의미한다. 좀 더 나아가서, 전쟁의 요건인 분석요소별로 경쟁사와 비교하여 우리가 어떤 항목에서 얼마나 앞서 있는지 그리고 어떤 항목에서는 또 얼마나 뒤처져 있는지를 확인하고, 이러한 이해를 통해 어떻게 하면 수주할 것인가 하는 전략을 도출하는 것도 포함되어 있다고 할 수 있다.

분석요소는 단순히 제안요청서에서 제시된 평가항목만을 의미하지 않으며, '기술경쟁력', '제안환경 경쟁력', '사업구도 경쟁력' 그리고 '가격경쟁력'의 크게 네 가지 요소로 구성된다.

기술경쟁력이란, 해당 사업과 관련하여 핵심기술의 보유 여부, 솔루션의 차별성 그리고 사업에 대한 기술적 이해도 등이 이에 해당된다. 어떻게 보면, 이것은 제안의 경쟁력이라기보다는 사업을 안정적으로 수행하는 데 있어서 필요한 기본적인 역량에 해당될 것이다.

하지만, 사업에서 활용 및 적용되는 모든 기술을 한 회사가 보유한다는 것은 현실적으로 불가능하기 때문에 제안경쟁력의 한 요소로 분류하는 것이다.

제안환경 경쟁력은, 영업적 환경의 경쟁력을 의미하며, 고객 친밀도와 평가위원 확보 여부가 이에 해당된다. 먼저 고객과의 친밀도는 영업적으로 얼마나 신뢰감을 주고 있는지에 대한 것으로 차별화된 제안서를 작성하기 위한 고객 이슈분석 및 숨은 니즈Needs 발굴에 매우 중요한 요

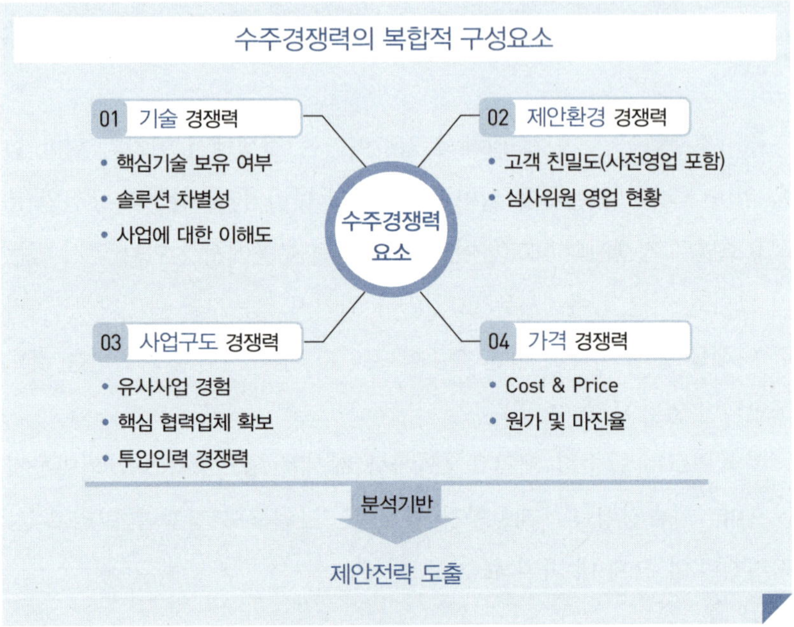

소이다. 평가위원 확보는 수주 여부에 가장 큰 역할을 하는 평가위원의 성향을 파악하여 제안서에 반영하기 위함이다. 다만, 공공사업의 경우 조달청을 통해 입찰공고를 내고, 평가위원 그룹Pool에서 무작위로 선정하므로 해당 경쟁력에는 큰 차이가 발생하지 않는 특징이 있다.

사업구도 경쟁력은, 조직 및 인적자원 측면에서 경쟁사와 얼마나 차별성을 갖고 있는지에 대한 경쟁력을 의미한다. 앞에서 언급했듯이, 모든 사업, 모든 산업에서 차별화된 기술경쟁력과 업무 노하우를 보유하는 것은 현실적으로 불가능하기 때문에, 관련 기술과 경험을 보유한 자원을 얼마나 확보했는지는 고객에게 좋은 점수를 받는 데 매우 유용하다. 예를 들어 유사사업에서 적용사례Reference가 많은 솔루션을 확보한다든지, 혹은 고객사의 업무와 인프라 환경에 대해 이해가 깊은 협력업체 또는 인력을 확보Sourcing하는 것이 이것에 해당된다.

가격경쟁력은, 가장 원초적 경쟁력이면서도 가장 어렵지만, 반대로 가장 확실한 경쟁력이다. 왜냐하면, 회사 차원에서 전략적 의사결정의 경우가 아니라면, 원가는 아무리 노력을 한다고 하더라도 경쟁사보다 월등한 경쟁력을 확보하는 데 한계가 있기 때문이다. 예를 들어, 전국에 CCTV를 납품/설치하는 사업이 있다고 가정하면, CCTV의 원가는 리셀러가 아무리 노력한다고 하더라도 제조사의 원가를 따라갈 수 없고, 같은 리셀러 간 경쟁이라면, 제품의 기본적인 생산단가가 있기 때문에 경쟁사보다 월등히 좋은 원가경쟁력을 갖추는 것에는 한계가 있다.

1.3 산업별 제안의 특징 분석

물품을 선정하거나 용역을 구매할 때, 입찰이라는 업무방식은 어느 산업, 어느 비즈니스를 막론하고 유사한 형태로 진행된다. 다만, 그 진행방식과 평가방식에 다소 차이가 있을 뿐 기본적인 패턴은 거의 동일하다고 해도 과언이 아니다.

그 차이를 만드는 요소는, 공정성을 기반으로 법적 테두리 안에서 진행되는 공공방식인가, 아니면 일반 사기업 또는 특정 집단의 이익을 위한 방식인가의 차이이다.

공공사업의 특징 및 작성 방향

공공사업의 가장 큰 특징은, 입찰의 공정성을 위해 조달청 나라장터(www.g2b.or.kr)를 기반으로 한 입찰 프로세스를 가지며, 평가위원도 해당 그룹Pool에서 무작위로 선출한다는 것이다. 따라서, 제안의 방향은 요건에 대해 기술 중심으로 상세하게 기술한다기보다는, 이해하기 쉽게 그리고 사업 전체를 조망하는 설득력 있는 제안전략이 매우 중요하다.

01 공고방법

- 일반적으로 조달청을 통해 발주하며, 간혹 자체 홈페이지에서도 공고함

02 평가방식

- 공정성이 가장 중요하며, 평가위원은 외부 교수 및 자문위원을 초빙함
- 사업비가 1억 원이든 100억 원이든 동일한 입찰 프로세스를 보임

03 입찰특징

- IT제안의 경우, 국가 정보화사업 추진 방향에 부합된 사업이 다수임
- 고객사 업무의 연속성을 고려하여,업체별 캡티브 마켓(Captive market)이 형성되어 있음

산업 특성에 따른 제안서 작성 방향

- 평가위원이 외부인력임에 따라, 타 산업 대비 제안개요 부분이 매우 중요함
- 제안전략에 대한 의존도가 높아, 경쟁사 대비 차별화 관점의 전략 도출이 필요함
- 일반 기업의 평가시간과 비교하여 평가시간 자체가 매우 짧아, 제안서보다 프레젠테이션의 중요성이 매우 높으며, 기술 부문을 정확히 비교 분석할 수 없어, 상세한 기술적 방안보다는 가독력 중심으로 쉽게 작성해야 고평가됨 (평가위원 관점으로 작성)
- 조달청을 통해 발주되는 경우가 대부분이어서 동영상 등은 엄격히 제한됨

금융사업의 특징 및 작성 방향

사업성패가 곧 사업담당자의 성과와 연계되기 때문에 제안 단계부터 적극적으로 참여하는 것이 일반적이다. 평가위원은 각 업무의 전문가로, 두리뭉실한 내용보다는 깊이 있는 기술적, 업무적 방안을 기술해야 그들에게 높은 점수를 받을 수 있다. 공공사업과는 달리 정해진 입찰 일정이 없으므로, 몇 달씩 지연Delay되거나 내부적 문제로 갑자기 취소Drop되기도 한다.

01 공고방법

- 일반적으로, 고객이 특정 업체에만 제안요청서를 배포함

02 평가방식

- 업무담당자가 평가위원인 경우가 대부분임

03 입찰특징

- 사업의 성패가 곧 담당자 성과와 연계되어 사업 참여의식이 높음
- 정해진 일정이 없으므로, 중간에 취소되거나 몇 달씩 지연될 수 있음
- 관련 법령/제도의 변경에 따라 발주되는 사업이 많음

산업 특성에 따른 제안서 작성 방향

- 사업수행 경험, 전문인력 투입이 매우 중요한 평가요소로, 유사사업의 적용 사례 및 조직/인력구조는 사업수행전략에 포함하여 강조함
- 평가위원이 업무담당자이므로 기술 부분은 매우 상세하게 작성해야 하며, 구체적 적용 사례 및 방안을 기술해야 함
- 글로벌 기업, 선진사례, 신기술, 마케팅 트랜드 등의 적용을 선호함
- 법령/제도 변경에 따라 발주된 사업의 경우, 변경내용에 대한 충분한 사전 이해가 필요하며, 해당 영역에 대한 수행역량이 있음을 증명해야 함

SOC 사업의 특징 및 작성 방향

도로, 건설, 철도 등 사회기반시설을 구축하는 사업을 의미하며, '나라장터'를 통해 발주하는 공공사업과 동일한 입찰방식을 보인다. 일반적으로 도면, 지도 등의 설계자료가 많아 디자인 도구를 활용하여 제안서를 작성하며, 납품되는 장비는 정해진 규격에 부합되는지 상세히 기술하여 제안서를 작성한다.

01 공고방법

- 일반적으로 조달청을 통해 발주하며, 간혹 자체 홈페이지에서도 공고함

02 평가방식

- 대부분 공공기관으로, 공정성을 위해 외부 자문교수/위원이 진행함
- 납품되는 장비의 성능과 관련된 정량적 평가항목으로 구성됨

03 입찰특징

- 도로, 건설, 철도 등 사회기반시설을 구축하는 사업으로,구체적이고 실질적인 기술을 제시하여야 함

산업 특성에 따른 제안서 작성 방향

- 공공사업과 유사하여, 제안개요 및 제안전략에 대한 의존도가 높아 경쟁사 대비 차별화 관점의 전략도출이 필요함
- 실측 기반의 현장조사 및 공사 방안에 대해 구체적으로 제시하여야 함
- 지도를 포함한 도면, 구성도 등을 제시함
- 타 업종은 한글 또는 파워포인트 프로그램을 중심으로 작성하나, SOC의 경우, 도면 등의 작업으로 포토샵 또는 일러스트레이터 프로그램을 활용하여 작성하는 경우가 많음

서비스/제조사업의 특징 및 작성 방향

금융을 제외한 일반기업을 대상으로 하는 사업을 의미하며, 학교, 서비스 및 제조업 등 다양한 고객 유형을 보인다. 금융사업과 마찬가지로 담당자 성과와 연계되므로 적극적 참여를 보이며, 핵심인력Key Person이 사업자 선정에 결정적 영향을 미치는 경우가 많다. 또한 글로벌 기업의 선진 사례 및 신기술 등 트렌드에 민감하여 관련 내용을 어떻게 사업에 접목할지 요구하는 경우가 많다.

01 공고방법

- 일반 기업체 대상 사업으로, 고객이 특정 업체에만 제안요청서를 배포함

02 평가방식

- 핵심인력(예: 담당 임원)이 사업자 선정에 결정적 역할을 함
- 제안 프레젠테이션은 담당자 및 임원을 대상으로 각각 진행하는 경우가 있음

03 입찰특징

- 사업의 성패가 곧 담당자 성과와 연계되어 사업 참여의식이 높음
- 제안기간이 타 업종에 비해 상대적으로 짧음

산업 특성에 따른 제안서 작성 방향

- 핵심인력 중심의 영업활동이 매우 중요함
- 제안 개요 및 전략은 타 산업 대비 상대적으로 중요성이 낮음
- 평가위원이 업무담당자이므로 기술 부분은 매우 상세하게 작성해야 함
- 사업실적 및 경험(고객사/관련 기술)의 상세적 기술이 필요함
- 글로벌 기업, 선진사례, 신기술, 마케팅 트랜드 등의 적용을 선호함

1.4 평가위원의 선정 및 평가방식 분석

평가위원은, 제안서를 평가하는 방식에 있어서 개인 성향에 따라 '통합적 평가위원'과 '분석적 평가위원'의 두 가지 형태로 구분된다.

평가위원 유형

통합적 평가위원

- 제안사들의 프레젠테이션을 모두 듣고 난 후, 상대평가 방식으로 비교하며 평가
- 평가위원의 직관적 판단으로 점수를 부여

분석적 평가위원

- 각 제안사별 프레젠테이션 후, 평가항목에 부합 여부 중심으로 평가
- 세부 평가항목 단위로 제안서에 해당 내용이 있는지 확인하며 평가

먼저, '통합적 평가위원'은 상대평가 방식으로, 입찰에 참여한 모든 제안사들의 프레젠테이션을 듣고 난 후, 어떤 제안사가 일을 제대로 할지 심적으로 비교한 후 평가점수를 부여한다. 따라서 이러한 성향의 평가위원은 세부 평가항목에 대한 제안사 간 비교분석에는 상대적으로 소홀한 경향이 있다.

반대로 '분석적 평가위원'은 절대평가 방식으로, 세부 평가항목까지 제안서의 내용을 상세하게 분석하며 점수를 부여한다. 따라서, 제안서에는 어떠한 방식으로든 평가항목의 내용이 있어야 좋은 점수를 받을 수 있다.

산업별 평가위원 선정방식 및 평가특징

수주를 위해서는 평가위원의 성향을 이해하는 것뿐만 아니라, 어떤 프로세스로 평가위원이 선정되는지 아는 것 또한 매우 중요하다.

산업별 평가위원 특징

산업	선정방식	평가위원 특징
공공사업	평가위원 그룹(Pool) 활용	• 평가의 객관성 확보가 가장 중요 • 사업 관련 분야에 깊이 있는 전문지식보다는 전공 분야 중심의 지식 보유 • 가독력 높은 제안서가 높은 평가를 받음
금융사업	일반적으로, 현업담당자로 선정	• 역량 보유 중심의 평가 • 인력 및 기술 부분은 매우 상세하게 작성해야 하며, 구체적 사례 및 방안 기술
SOC 사업	평가위원 그룹(Pool) 활용	• 공공사업과 평가방식이 유사 • 특히, 현장조사 및 실측을 통한 구체적 방안을 제시해야 높은 평가를 받음
서비스/제조사업	고객사 정책에 따라 결정 (관리자 또는 담당자 중심)	• 핵심인력(Key person)의 영향력이 매우 높으며, 해당 고객에 맞춘 전략이 높은 평가를 받음

공공사업의 경우, 입찰에서의 공정성 확보가 핵심사항이므로, 평가위원은 정해진 그룹Pool에서 임의로 선정하여 입찰을 진행한다. 따라서 평가위원은 고객사 업무와 제안요청서상 관련 기술에 깊은 지식을 보유한다기보다는, 다른 특정 분야에 깊은 지식을 갖고 있을 확률이 매우 높다. 그러므로 제안서와 프레젠테이션 자료는 상세한 기술적 방안보다는, 이해하기 쉽도록 가독력 중심으로 작성해야 평가위원으로 하여금 높은 점수를 받을 수 있다.

다만, 국방사업의 경우에는 평가를 며칠에 걸쳐 진행하므로, 제안요청서상 요구사항 한 줄 한 줄에 대해 매우 상세히 해결 방안을 제시해야 한다.

금융사업의 경우, 공공사업과는 다르게 공정성보다는 사업을 발주한 기업에 얼마나 정책적, 전략적, 영업적 이익이 되는지가 매우 중요하다. 평가위원은 현업담당자가 일반적이나 의사결정자가 결정하는 경우도 많으며, 프레젠테이션 또한 현업담당자 및 의사결정자를 대상으로 두세 번 진행한다. 평가기간도 정해진 것이 없이 몇 주, 몇 달간 진행하는 것이 부지기수이며, 평가위원은 깊은 업무적 지식을 보유하고 있으므로, 얼마나 상세한 방안을 제시하는지가 높은 점수를 받을 수 있는 기준이 된다. 제안서 작성 시 가장 중요한 것은, 제안사가 관련 사업에 얼마나 경험이 많은지, 그리고 유경험자가 얼마나 투입되는지이다.

SOC 사업의 경우, 공공사업과 입찰진행 방식이 유사하며, 다만 조달청 외 발주기관 홈페이지를 통해 발주하는 경우가 종종 있다. 공공사업의 평가위원 선발방식과 유사하므로 이해하기 쉽게 작성해야 높은 점수를 받을 수 있다. 그리고 보다 현장감을 주기 위해 실측을 통해 현장 사진 등을 활용한 구체적 방안을 제시하는 것이 좋다.

서비스/제조사업의 경우, 금융사업과 유사하게 현업담당자와 의사결정자가 평가위원으로 활동하므로 세부적인 방안과 이를 통해 어떤 기대효과가 발생되는지 중심으로 기술해야 높은 점수를 받을 수 있다.

Part 2_
수주하기 위해 어떤 제안 프로세스가 필요할까?

2.1 우리가 흔히 진행하는 일반적인 제안 프로세스

수주 중심의 일정관리Scheduling가 어떤 것인지 알아보기 전에, 우리가 제안작업을 할 때 흔히 경험하는 제안작업의 흐름, 즉 제안 프로세스에 대해 돌이켜보면 다음과 같다.

일반적으로, 영업대표가 사업기회를 직책자에게 보고하고, 사업팀 또는 기술팀과 정보를 공유한 후, 원가, 수주가능성 그리고 예상되는 이슈사항을 분석하면서 사업참여 여부를 결정한다.

제안참여를 결정한 후부터 제안 프로세스가 시작되며, 프로젝트 관리자PM, Project Manager는 제안서를 작성할 인력을 내/외부에서 확보하여 기술 부분과 사업관리 영역을 작성한다. 착수 시점은 일반적으로 제안공고일에 준해서 정해지지만, 영업적 환경 및 전략적 판단에 따라 미리 구성되기도 한다. 또한 투입할 인력이 사내에 준비되어 있는 경우는 없으므로, 가용인력의 투입 가능 시기가 제안 착수 시점이 되기도 한다.

일반적인 제안 프로세스를 보면, 먼저 제안요청서를 바탕으로 과업범위와 사업에 대한 특징을 이해한 후 제안전략 회의를 진행한다. 이를 통해 도출된 제안의 방향성을 기준으로 제안서를 제출하기 약 5일 전까

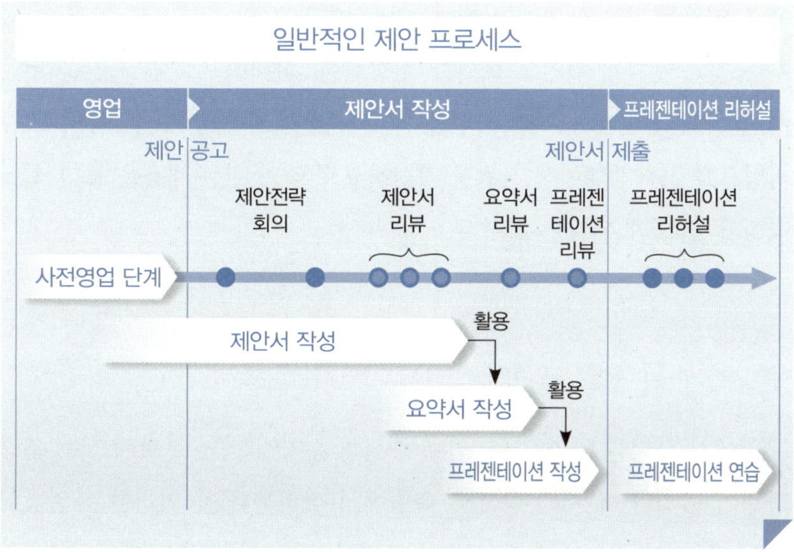

지 제안서 본문을 작성한다. 요약서는 제안서 본문의 내용을 활용하여 약 1~3일, 프레젠테이션은 약 5~6일에 걸쳐 작성하며, 병행하면서 또는 순차적으로 작업을 진행한다.

요약서를 작업하는 방식은 크게 두 가지로, 제안서 본문의 목차를 그대로 준용하여 콘텐츠를 발췌하는 방식과, 평가항목을 기준으로 제안 내용을 수정/보완하여 재작성하는 방식으로 구분된다. 두 방식의 공통점은 그동안 깊게 고민하여 작성한 제안서를 적극적으로 활용함으로써 자원을 상대적으로 적게 활용하여 제안작업의 효율성을 최대한 높이는 것을 목적으로 한다.

프레젠테이션의 경우, 제안서와 함께 제출하는 경우에는 일반적으로 제출하기 약 5~6일 전부터 작성하기 시작하며, 제출 날짜가 동일하지 않은 경우에는 제안서 제출 후 작성하기도 한다.

지금까지 살펴본 제안 프로세스는 고객에게 제출하는 산출물을 기준으로 업무를 순차적으로 진행하는 방식이라고 할 수 있다. 이러한 '업무 중심의 순차적 제안 프로세스'의 장점은, 상대적으로 긴 시간을 제안서 작성에 집중함으로써, 사업에 대해 충분히 이해할 수 있으며, 이를 바탕으로 프레젠테이션 자료를 작성하므로 깊이 있는 내용을 보다 쉽게 작성할 수 있게 된다는 것이다.

무엇을 위한 제안 프로세스인지 고민이 필요하다

앞에서 살펴본 바와 같이 '업무 중심의 순차적 제안 프로세스'는 분명 장점이 있지만, 문서의 중요도 측면에서 살펴본다면, 이러한 작업방식이 옳은 것인가에 대해서는 다소 고민이 필요해 보인다. 왜냐하면, 입찰에서 문서의 중요도 순서는 매우 특별한 경우를 제외하고 대부분 프레젠테이션, 요약서 그리고 제안서 순이기 때문이다.

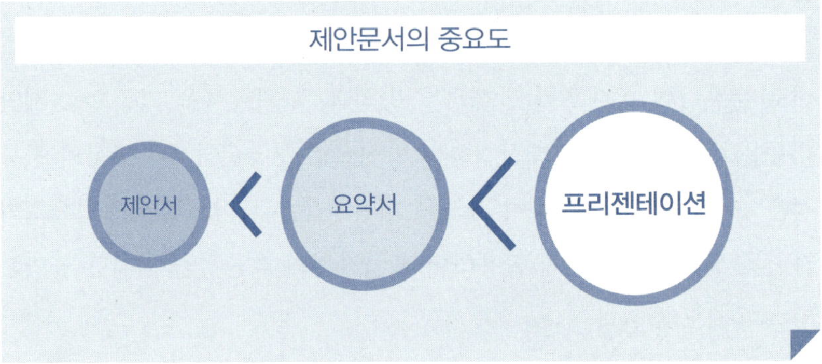

제안팀의 자원과 연계하여 보다 정확히 표현하자면, 상대적으로 덜 중요한 문서(제안서)에 자원과 시간을 많이 투입하고, 수주에 결정적 역할을 하는 문서(프레젠테이션)에 상대적으로 소홀하다고 표현할 수 있는

것이다. 즉, 제안문서의 중요도 순서와 작업 공수의 양이 반비례한다는 것이다.

물론, 제안서 본문은 중요하지 않으니 대충 기술하라는 것은 절대 아니다. 며칠씩 제안서를 검토하는 입찰의 경우 제안서의 품질은 곧 수주와 직결된다고 봐도 과언이 아니기 때문이다.

강조하여 이야기하고 싶은 것은, 입찰이라는 전쟁에서 승리하기 위해 제안의 특성에 맞게, 그리고 중요한 업무에 맞게, 제안팀의 자원과 시간을 집중시켜 수주확률을 높이는 제안 프로세스가 필요하다는 것이다.

2.2 이기는 제안에는 프로세스에 비밀이 있다

모든 행동에는 목적이 있고, 우리는 그 목적을 보다 쉽게 달성하기 위해 적절한 방법을 사용하게 된다. 일반적으로 조직에서는 목적을 보다 쉽게 달성하기 위해 정규화된 프로세스를 통해 조직 간 역할과 책임 Role & Responsibility을 정의하여 업무를 진행한다

마찬가지로 제안업무에서도 제안의 근본적 목적인 '수주'를 하기 위해, 한정된 자원을 보다 효율적으로 활용하면서 제안경쟁력을 확실하게 높일 수 있는 정규화된 프로세스가 필요하며, 이것을 바로 '수주 중심의 제안 프로세스'라고 한다.

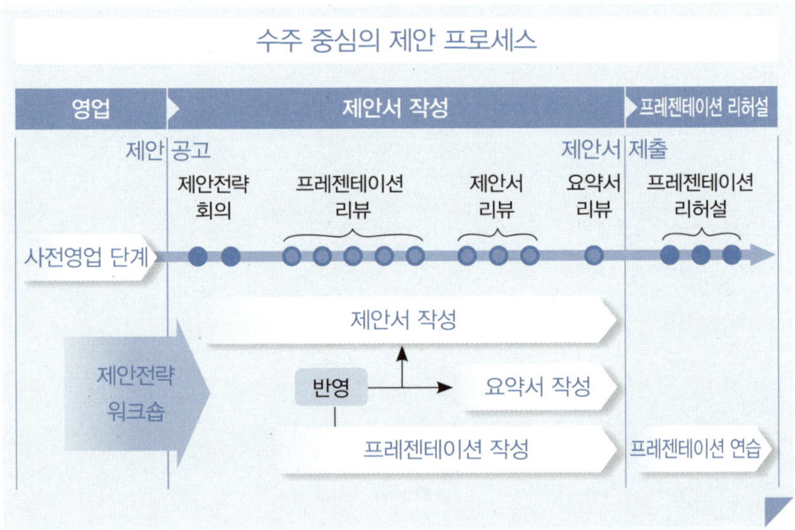

이 프로세스는 수주에 결정적 역할을 하는 문서에 제안팀의 한정된 자원을 집중시키는 것을 특징으로 한다.

가장 이상적인 프로세스는, 왼쪽의 그림과 같이 제안서 작성 인력과 프레젠테이션 작성 인력을 구분한 뒤 병행해서 진행하는 것이다. 이것은 충분한 제안인력이 있어야만 가능한 프로세스는 아니며, 프레젠테이션 전담 구성원을 단 한 명만 두고 작성 템플릿Template을 배포, 취합, 보완 등의 업무를 진행하는 방식으로도 가능하다. 프레젠테이션을 작성하면서 확정된 전략 및 제안 내용은 제안서를 작성하는 구성원에게 전달하여 반영하도록 해야 하며, 제안서가 어느 정도 마무리되면 해당 인력은 요약서를 진행하게 된다.

만약, 단 한 명이라도 프레젠테이션 전담인력을 구성할 수 없는 상황이라면, 제안서 작성에 너무 많은 시간을 투입하지 않는 방향으로 제안팀을 운영해야 한다. 이러한 경우, 제안서 초벌은 최대한 빨리 작성하는 것이 매우 중요하다. 초벌은 완벽한 제안서가 아닌, 전략 내용과 제안서의 방향이 녹아든 정도를 의미하며, 일반적으로 제안서를 작성할 때 백지에서 작성하는 것이 아닌, 기존 유사한 콘텐츠와 목차를 이용하여 작성하기 때문에 충분히 가능하다. 이렇게 빠른 시간 내에 제안서 초벌을 작성하는 이유는, 한정된 자원으로 프레젠테이션 자료를 작성하기 위해 시간을 벌기 위한 것이다.

이제 '업무 중심의 순차적인 프로세스'와 '수주 중심의 제안 프로세스'의 차이가 확실히 이해되었으리라 생각된다.

- 고객에게 제출하는 산출물을 중심으로 작성하는가?
- 수주에 영향이 큰 문서를 중심으로 작성하는가?

사실, 제안서를 써본 독자라면, 지금 설명한 '수주 중심의 프로세스가 정말 제안팀에 적용 가능한 프로세스일까?'라고 고민을 했을 수도 있다. 왜냐하면, 사업의 내용에 대해 상세히 알지도 못하고, 경쟁사 분석이 정확히 되지 않은 상태에서 프레젠테이션을 작성한다는 것이 현실적으로 어렵다라고 생각하기 때문이다. 실제로도 필자가 제안컨설팅을 해오면서, 불가능한 방식 또는 제안업무에 대해 잘 모르고 너무 이상적인 프로세스를 이야기한다는 말까지 들었던 기억이 있다. 하지만, '수주중심의 제안 프로세스'는 수많은 현장에서 이미 검증된 프로세스로 수주경쟁력을 확보하기 위한 기본적인 시스템이라고 할 수 있다.

새로운 도전을 두려워하기 전에, 내가 지금 하고 있는 일이 근본적 목적에 부합하는지 생각해본다면 이러한 고민은 문제가 안 되리라 생각한다.

제안일정표

제안은 짧은 시간에 급하게 진행됨에 따라 얼마나 일정을 상세하게 수립하는지가 제안서 품질을 확보하는 데 매우 중요하다.

제안서 작성 일정 외에도 계획수립 및 예산산정 등 일정을 고려하여 작성해야 하며, 가장 중요한 것은 누가 언제까지 할 것인지 각 업무Task별 담당자와 일정을 명확히 하는 것이다.

다음의 양식을 참조하기 바란다.

[양식 I-1] 제안일정표

Sample

	업무(Task)	담당자	01/01	01/02	01/03	01/04	01/05	01/06
			수	목	금	토	일	월
계획수립	1. 제안예산 수립							
	1.1 제안지원 계획/인쇄비 계획							
	1.2 자원계획/관련자 협의							
	1.3 직책자 보고 및 승인 요청							
	2. 제안팀 구성							
	2.1 제안팀 투입인력(자원) 계획/추천/확정							
	2.2 제안전략서 작성(제안일정 포함)							
	2.3 착수(Kick off) 미팅(사업설명, 제안방향 설명, 예정일정)							
	3. 제안용 파일서버 및 기타 관리							
	3.1 제안작업용 파일서버 확보							
	3.2 협력업체 참여 시 지원 제반사항(출입카드 등)							
	3.3 보안서약서 징구, 보안교육, 보안관리대장 등 기록 및 관리							
	3.4 야근식대 지원 필요 시 식권 구입							
	4. 디자인작업 계획							
	4.1 디자인작업 요청서 작성 및 발송							
	4.2 디자인작업 최종 일정 및 진행방법 확인							
	4.3 발표자료 디자인 최종 일정 및 진행방법 확인							
예산산정	5. 실행예산 산정							
	5.1 실행예산 산정							
	- 인건비 산정							
	- 외주비 산정							
	- 재료비 산정							
	- 경비 산정							
	- AS 비용 산정							
제안서 작성	6. 제안 템플릿 및 콘텐츠							
	6.1 제안서(요약서, 발표자료 포함) 템플릿 요청, 검토 및 확정							
	6.2 제안서(요약서, 발표자료 포함) 템플릿 검토 및 확정							
	6.3 참조 제안서(콘텐츠 및 자료) 확보							
	7. 제안전략 워크숍 실시							
	7.1 Session 1: 제안전략 수립 – 제안전략, 프레젠테이션전략(방향)							
	- 제안전략 워크숍 (1차/2차/3차)							
	- 스토리보드 작성							
	- 스토리보드 리뷰 및 개선/보완(1차/2차/3차)							

Part 3_
제안의 리스크를 최소화하기 위해 무엇이 필요할까?

3.1 제안 리스크의 최소화, 검토협의회Review Board

사업의 이해도가 아무리 높다고 하더라도, 어떤 제안이든 불확실한 요소는 반드시 존재하며, 제안 단계에서부터 이러한 숨겨진 리스크까지 얼마나 발굴하여 대응하는가는 매우 중요하다. 이것은 곧 조직의 이익률 제고를 넘어 한 회사의 시장 신용도 및 존폐 위기에까지도 영향을 미칠 수 있는 요소이기 때문이다.

검토협의회에서는 이러한 리스크를 찾아내고 해결하는 활동을 그 목적으로 하며, 영업 단계부터 사업을 수주하여 계약하는 단계까지 총 6단계의 검토협의로 진행된다.

3.2 각 단계별 검토협의회 역할 및 점검항목

6단계의 검토협의 중, 반드시 모든 단계를 수행해야 하는 것은 아니며, 소속된 조직의 환경과 특징을 고려하여 필요한 단계를 적용하면 된다. 다만, 제안 참여 여부를 결정하는 2차, 제안서 제출 여부를 결정하는 4차, 그리고 기술협상 결과를 반영하여 계약 여부를 결정하는 6차 검토협의는 리스크 관리를 위한 최소한의 점검 단계이므로 반드시 진행하는 것을 권장한다.

단계별 검토협의회

Sample

구분	영업 단계		제안서 작성 단계		협상 단계	
	사업기회 발굴	제안 준비	작성 중	제출	우선협상	계약 체결
단계별 검토 사항	1차	2차	3차	4차	5차	6차
	사업 참여 검토	RM 점검	품질 점검	이익률 점검	협상 이슈 점검	계약 이슈 점검
상세 점검 항목	• 사업타당성 점검 • 예산 적정성 가점검 • 예상 이슈 점검	• 제안참여 여부 결정 • 위험관리(RM, Risk Management) 점검 • 예상 이슈 점검	• 제안서 품질점검 • 제안 이슈 점검	• 제안원가 점검 • 위험관리 점검 • 제안서 제출 여부 결정	• 협상 지원 • 고객 추가사항 점검 • 계약진행 여부 결정	• 계약 지원

1차 검토협의는, 영업대표가 확보한 영업기회에 대해 사업타당성이 있는지, 사업 성격이 조직의 목표와 부합되는지 여부를 판단하여,

영업활동을 계속 진행할지에 관한 타당성을 확인하는 단계이다. 본 단계에서는 일반적으로 영업대표와 해당 직책자가 참여하여 판단을 한다.

2차 검토협의는, 제안요청서가 공고될 시점에서 제안참여 여부를 결정하는 단계로, 1차와는 다르게 사업팀 직책자가 참석하여 기술적 문제가 없는지, 사업수행상 리스크는 없는지 그리고 제안 및 사업을 수행할 인력은 확보 가능한지를 판단하게 된다. 무엇보다, 2차는 제안참여 여부를 결정하는 단계이므로 고객이 생각한 예산이 적절한지 개략적이라도 확인하는 과정이 필요하다.

3차 검토협의는, 제안기간 동안 작성된 제안서의 품질을 점검하는 단계로, 영업대표가 확보한 영업정보와 사업팀에서 분석한 경쟁사 대비 차별화 요소에 대해, 제안전략 및 해당 내용들이 제안서에 적절하게 반영되었는지를 중심으로 점검한다. 1회 또는 3회 이상 등 그 횟수는 제안의 중요도에 따라 그리고 제안팀의 상황에 따라, 판단하여 적용하면 된다.

4차 검토협의는, 제안서 제출 여부를 판단하는 단계로, 제안 단계에서 추가로 확인된 리스크뿐만 아니라 사업수행 시 원가 측면에서 문제가 없는지 확인함으로써 제안서의 제출 여부를 결정한다. 일반적으로, 현 단계에서는 제안서 제출을 포기한다기보다는, 추가로 확인된 이슈를 제안서에 보완하여 제출하는 경우가 대부분이다.

5차 검토협의는, 사업수주 후 우선협상 대상자로 선정되어 기술협상 단계에서 이슈를 점검하는 것으로, 고객의 추가 요구사항에 대한 기술적, 원가적, 관리적 측면에서 문제가 없는지 검토하는 단계이다. 일반적으로 제안팀 차원보다는 전사적 차원에서 법무팀, 프로젝트관리조직 PMO, Project Management Office 등 관련 팀의 도움을 받아 진행한다.

마지막으로, 6차 검토협의는, 고객과 계약 단계에서 리스크가 없는지 확인하는 단계로, 최종적으로 전반적인 이슈와 리스크를 점검한다. 현 단계에서 사업을 포기하는 경우는 매우 드물며, 고객과의 협의를 통해 수행 측면에서 문제를 최소화하는 방향으로 검토협의를 진행한다.

제안등급 관리를 통한 유연한 적용

수주산업 중심의 비즈니스를 갖는 회사의 경우, 일년 내내 제안팀이 운영된다고 해도 과언이 아니다. 필자가 소속되었던 회사의 경우, 1년

에 많게는 약 250~300개 정도의 제안서를 제출하였다. 이렇게 많은 제안서를 작성하는데, 한정된 자원으로, 품질점검 및 리스크 회의를 모든 제안에 동일하게 접목하여 관리한다는 것은 현실적으로 불가능하며, 무엇보다 자원을 비효율적으로 운영하는 결과를 초래할 수 있다. 따라서, 전사 제안의 효율적 관리를 위해 제안의 중요도에 따라 자원을 할당하여 점검하는 프로세스를 갖는 것이 중요하다.

제안등급의 평가에는, 일반적으로 다음과 같은 세 가지 요소를 중심으로 종합하여 등급을 부여한다.

- 매출 기여도
- 본 사업 외 연계된 사업의 존재 여부
- 전사 차원의 전략적 접근 여부

등급의 기준은 조직의 특성을 반영하여 3~5개로 관리하며, 6단계에 걸친 검토협의를 각 등급별로 어떻게 차등하여 적용할지 결정하면 된다.

제안등급 적용

Sample

등급	적용 비율	검토협의 적용
1등급	10%	1차, 2차, 3차, 4차, 5차, 6차
2등급	20%	1차, 2차, 3차, 5차, 6차
3등급	40%	2차, 4차, 5차, 6차
4등급	30%	2차, 4차, 6차

등급을 나누는 기준은, 전체 제안 건수에서 예시와 같이 적절한 비율로 분포될 수 있도록 가중치의 기준을 조정하면 된다.

[양식 I-2] 사업기회등급 계산양식

Sample

구분	매출/수익성 분석		사업잠재성 분석		전략적 접근 분석		등급 결과	
	예상수주액	예상 이익률(%)	후속사업 여부	연계사업 여부	핵심고객 여부	전략사업 여부	등급 점수	사업기회 등급
예상	7,500,000,000	12.2	1	1	-	1	204	2등급
산정	70	50	0.3	0.2	0.0	0.2		

등급평가 점수산정식 =
(예상수주액 산정점수+예상이익률 산정점수)×
{1+(후속사업 여부+연계사업 여부+핵심고객 여부+전략사업 여부)}

[산정기준 예시]

사업기회등급 산정

사업기회등급	등급평가점수(결정기준)
1등급	250점 이상
2등급	250점 미만~200점 이상
3등급	200점 미만~120점 이상
4등급	120점 미만

가) 예상수주액

예상수주액(원)	산정점수
100억 이상	100점
100억 미만~50억 이상	70점
50억 미만~30억 이상	50점
30억 미만~10억 이상	30점
10억 미만~5억 이상	10점
5억 미만	0점

나) 예상이익률

예상수주액(원)	산정점수
20% 이상	100점
20% 미만~15% 이상	70점
15% 미만~10% 이상	50점
10% 미만~7% 이상	30점
7% 미만~5% 이상	10점
5% 미만	0점

다) 사업잠재성 분석

잠재성 항목	가중치
후속사업 여부	0.3
연계사업 여부	0.2

다) 전략적 접근 분석

전략성 항목	가중치
핵심고객 여부	0.3
전략사업 여부	0.2

이러한 제안 등급제의 기준을 정의하는 데 가장 중요한 요소는 조직의 인력과 프로세스를 고려하여 현실성 있는 지원이 가능하도록 기준을 마련하는 것이다. 위의 등급별 적용 비율을 참조하여 조직에 맞는 등급제를 마련해보기를 추천하는 바이다.

3.3 검토협의회 진행 시 수주경쟁력 분석

검토협의회를 진행하는 데 점검해야 하는 요소 중 중요한 하나가 바로 현재 시점에서 제안팀의 역량과 경쟁력이 어떻게 되는지 분석하는 것이다. 분석항목은 고객 측면, 내부역량 측면, 프로젝트 관리자PM, Project Manager 역량 측면, 경쟁사 측면 그리고 원가 측면으로 분석해야 하며, 제안서 작성 단계인 제3, 4차 검토협의Review Board에서 주로 사용한다.

고객 관점에서는, 말 그대로 고객과 당사와의 밀착 정도를 분석한다. 고객이 사업계획을 수립하는 데 우리의 의도와 장점을 제안요청서에 기술되도록 영업을 했는지, 실무담당자 및 의사결정권자 등 핵심인력Key Person과의 연계성은 얼마나 되는지, 평가위원에 대한 정보는 있는지 등 고객과의 친밀도에 대해 분석한다.

역량 관점에서는, 제안과 사업수행 시 협력업체 측면에서 어떠한 역량을 보유하고 있는지를 분석한다. 고객사의 업무 및 IT 환경에 대해 얼마나 이해하고 있는지, 또는 타 고객사에서 유사한 사업을 수행하여 관련 지식과 노하우가 얼마나 있는지, 사업수행에 중요한 역할을 수행할 핵심 협력업체는 확보되었는지, 그리고 고객이 요청하는 핵심 솔루션 및 장비를 확보하였는지 등 실제로 업무를 수행하는 데 경쟁력이 얼마나 있는지를 분석한다.

프로젝트 관리자 역량 관점에서는, 제안팀의 리더인 프로젝트 관리자의 역량이 얼마나 되는지 분석한다. 모든 일에서 리더의 역할이 중요하듯 제안팀에서도 프로젝트 관리자의 역할과 역량은 매우 중요하며, 특히 프레젠테이션 발표력과 Q&A 역량은 사업을 수주하는 데 결정적 역할을 하게 된다. 또한, 사업과 관련된 분야의 업무적 지식이 얼마나 있는지, 원가분석의 역량은 어떻게 되는지도 분석한다.

원가 관점에서는, 인건비, 재료비 그리고 경비를 분석하여 조직에서 수립한 마진율을 확보할 수 있는지를 점검한다. 또한 잠재적 비용이 발생할 수 있는 요소를 사전에 발굴하여, 사업수행 시 발생할 수 있는 원가 리스크에 대응할 수 있는지를 분석한다.

경쟁사 관점에서는, 당사 역량 관점의 분석과 반대로, 경쟁사의 고객밀착 정도, 주요 협력사의 확보 정도 그리고 고객사가 요구하는 핵심 솔루션 및 장비의 확보 정도를 분석한다.

5개 관점의 분석은, 각 5점 만점을 기준으로 하며, '보통'의 상황인 3점을 기준으로 경쟁력 정도에 따라 1점, 2점을 가감하여 계산한다. 무엇보다 가장 중요한 것은, 현재 우리가 어떤 상황인지 인지하고 평가하는 것을 넘어서, 어떻게 해야 현재의 상황을 극복할 것인가를 중심으로 관련자와 회의를 진행해야 한다는 것이다. 이러한 모든 과정은 결국, 수주확률을 높이기 위한 활동이기 때문이다.

[양식 I-3] 수주경쟁력 분석 대시보드Dashboard

Sample

사업개요

고객사	사업명 사업기간	총 사업규모 (단위: 억) 계	개발	장비	기타	예상 목표	사업 유형	목표 이익률	목표 이익	Win Ratio	입찰 방식	입찰 기관
	○○○ 구축사업 '00.00.00.~'00.00.00.						SI	%		%	협상	조달청

사업내용		사업공고일	0000.00.00.
		제안서 제출일	0000.00.00.
		입찰일	0000.00.00.
		PT일	0000.00.00.
		평가방식	8 : 2

조직 및 구성원의 역할 및 책임(R&R, Role & Responsibility)

사전제안PM		제안PM		수행PM		사업관리자	
제안전략가		영업대표		기술영업		PMO(Project Management Office)	
핵심 제안인력 (A업무)		핵심 제안인력 (B업무)		핵심 제안인력 (C업무)		핵심 제안인력 (D업무)	

사업성 평가 대시보드(Dashboard)

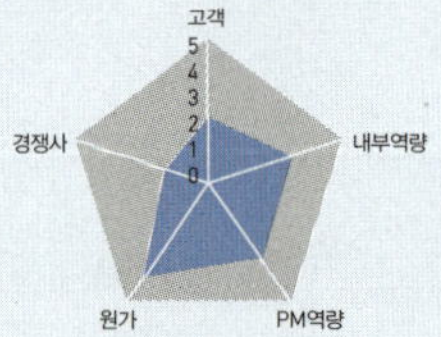

강점	
약점	
주요 활동	

평가요소별 점검내용과 대응전략

점검관점	점검결과 및 대응전략	점검항목
고객 관점 3등급		고객의 경영(사업)환경과 사업의도를 파악하였는가?
		당사에 대한 우호도는 어느 정도인가?
		핵심고객(실무담당자, 의사결정권자)에 대한 영업은 어느 정도인가?
		평가위원 후보, 평가위원 정보를 확보하였는가?
		고객의 고민거리(Pain Point)와 숨겨진 요구사항을 인지하였는가?
		사업계획의 수립에 적극 관여(지원)하였는가?
역량 관점 3등급		동일사업 또는 유사사업을 수행한 경험과 역량을 보유하고 있는가?
		사업수행에 필요한 전문가와 기수행인력을 보유하고 있는가?
		제안에 참여할 역량(내부인력, 협력사 등)을 확보할 수 있는가?
		사업수행에 필요한 핵심 협력사를 확보하고 있는가?
		사업수행에 필요한 당사 또는 협력사의 핵심 솔루션을 확보하고 있는가?
프로젝트 관리자 (PM) 역량 관점 3등급		제안 프로젝트 관리자의 프레젠테이션 능력은 어느 정도인가?
		동일 또는 유사 사업의 수행경험이 충분한가?
		원가분석 능력을 보유하고 있는가?
		제안 프로젝트 관리자는 제안을 원활히 이끌어갈 수 있는 능력이 있는가?
원가 관점 4등급		정확한 예가산정을 위한 정보를 확보하였는가?
		적정한 원가(인건비, 재료비, 경비)를 확보할 수 있는가?
		위험요인을 파악하였는가?
경쟁사 관점 2등급		경쟁구도(단독, 컨소시엄 등)를 파악하였는가?
		경쟁사의 장점과 단점을 파악하였는가?
		주요 협력사 확보 여부, 이해관계자(실무자, 평가위원 등) 영업 정도를 확인하였는가?
		경쟁사 대비 당사의 강점과 약점을 분석/파악하였는가?

제안 컨설턴트가 투입되지 않는 경우, 일반적으로 회사의 수주확률은 25~35% 정도 된다. 말 그대로 제안서를 10건 제출하면 3건 정도 수주한다고 볼 수 있는 것이다. 이것은 기술점수에서 뒤처져서 그리고 고객과의 친밀도가 낮아서 실주하는 경우도 있지만, 그 반대로 수주에 대한 자신감으로 기술점수에서 1위를 하고도 높은 가격을 제출하여 실주하는 경우도 있다.

수주확률을 높이는 가장 좋은 방법은, '조직의 전략적 판단을 통해 제안서를 제출하는 경우(성장을 위한 전략적 선택)'를 제외하고, 당사의 경쟁력 분석을 통해 선택과 집중할 제안을 선별하여 작업하는 것이다. 이러한 판단의 근거를 제시해줄 수 있는 것이 바로 '수주경쟁력 분석 대시보드 Dashboard'인 것이다.

Sample

경쟁력 분석 평가점수에 따른 선택과 집중

진행 여부	대시보드(Dashboard) 평가점수	비고
포기(Drop)	10점 이하	수주확률이 매우 낮은 경우
관심(Attention)	11점~15점	제안환경의 개선 여지가 있는 경우
추진(Drive)	16점 이상	전사 지원을 통해 수주확률이 있는 경우

참고로, '조직의 전략적 판단에 따라 제안서를 제출'하는 경우는, 새롭게 개발한 솔루션의 적용, 고객사의 향후 사업에 대한 영업적 연계 그리고 조직의 새로운 비즈니스 진출 등이 있다.

우리가 얼마나 노력하고 고민했는가에 따라 그 결과가 충분히 달라질 수 있다.

'선택과 집중'을 한다는 것에 절대 오해하지 말아야 할 것이 있다. '수주경쟁력 분석 대시보드' 분석을 통해 선택과 집중할 제안서를 선별하여 작업한다는 것은, 실주할 것으로 예상되는 제안을 포기Drop하라는 의미보다는, 우리의 제안경쟁력을 5개 관점에서 분석하고 보완 활동을 통해 수주경쟁력을 높이는 활동을 지속적으로 수행해야 한다는 것을 의미한다. 쓰기 싫다고 해서 안 쓸 수 있는 제안이 아니기 때문에, 그리고 회사가 시장에서 생존하기 위한 어쩔 수 없는 선택이기 때문에, 좋은 결과를 낳기 위해 노력해야 함은 너무나 당연하다.

Part 4_

원가는 어떻게 확보할 수 있을까?

4.1 프로젝트 원가요소

우리가 어떤 물건을 구매하는 데 있어서, 똑같은 제품을 어떤 사람은 100원에, 또 다른 어떤 사람은 120원에 판다면, 우리는 당연히 100원에 그 물건을 사려고 할 것이다. 인터넷에서 가격비교 사이트가 인기 있는 이유도 사람들의 이러한 당연한 심리 때문이다.

우리의 고객 또한 동일한 마음일 것이다. 제안사들이 제공하는 서비스가 동일 또는 비슷하다고 가정한다면, 가장 낮은 금액을 제시한 제안사와 계약을 맺으려고 하는 것은 너무나 당연해 보인다. 왜냐하면, 사업의 목적과 과업범위를 수행하지 못할 회사는 제안서를 제출하지 않을 것이라는 전제조건이 있기 때문이다. 이러한 이유 때문에, 입찰에서의 원가는 근본적이고 원초적인 경쟁력이며, 또한 경쟁사와 차별화할 수 있는 매우 매력적인 요소임에는 틀림없다.

프로젝트에서 원가요소는 크게 네 가지로 구분된다. 주관사업자의 인건비를 의미하는 노무비, 협력업체의 인건비를 의미하는 외주비, 고객이 원하는 제품을 만들기 위해 소비되는 물품비용인 재료비, 마지막으로 이러한 활동을 위해 사용되는 비용으로, 노무비, 외주비, 그리고 재료비를 제외한 모든 비용을 의미하는 경비로 구성된다.

프로젝트 원가요소

노무비

- 업무활동과 관련된 인건비를 가리키는 원가요소
- 일반적으로 자사 인건비를 의미함
- 회사마다 단가체계가 상이하여 인건비 관련 원가경쟁력에 영향이 큼

외주비

- 다른 회사에 맡겨 어떤 제품을 생산하는 인건비를 가리키는 원가요소
- 일반적으로 협력업체 인건비를 의미함
- 기술등급, 적용기술에 따라 상이한 단가체계

재료비

- 어떤 제품을 만들기 위해 소비되는 물품비용을 가리키는 원가요소
- 소프트웨어(SW), 하드웨어(HW) 및 기타 원자재 비용을 의미

기타 경비

- 원가를 제외한 모든 비용을 가리키는 원가요소
- 수선비, 식비, 임대료 등의 모든 비용을 의미

4.2 원가산출방법의 특징

노무비, 외주비, 재료비 그리고 경비의 원가를 산출하는 방식에는 크게 두 가지 방식이 있으며, 하향식 원가산출기법Top – Down Estimating과 상향식 원가산출기법Bottom – Up Estimating이 이에 해당된다.

원가산출방식

구분	하향식 원가산출기법 (Top – Down Estimating)	상향식 원가산출기법 (Bottom – Up Estimating)
개념	• 업무단위별 경험 중심의 대략적인 원가추정 방식	• 원가항목별 견적을 통한 정확한 원가산출 방식
장점	• 사업기획 및 제안초기 원가 추정에 적절 • 원가 측면에서 사업타당성 점검에 유용	• 최하위 단위까지 산출함에 따라 원가요소 누락을 최소화할 수 있음 • 사업수행 전 제안 단계에서 유용
단점	• 예전 경험에 의존하므로 정확한 원가산출에 한계	• 원가산출에 상대적으로 시간이 많이 소요됨
특징	• 유사사업의 경험 많은 인력 투입이 필요	• 사내 구매팀 중심으로 원가산출

하향식 원가산출기법 방식은 사업기획 단계에서 정확한 원가산출보다는 대략적으로 어느 정도 예산이 소요될 것인지, 경험을 활용하여 원가를 추정하는 방식을 의미한다. 과업에 대한 업무범위와 투입될 장비의 상세 요건이 확정되지 않았기 때문에 정확한 원가산출에는 한계가 있을 수밖에 없다. 예산상 오차를 줄일 수 있는 가장 좋은 방법은 유사사업 경험이 많은 인력이 기존 예산수립 사례를 활용하여 산정하는 것이다.

상향식 원가산출기법 방식은 하향식 원가산출기법과는 반대로, 원가항목별로 실제 업무를 수행할 협력업체로부터 견적서를 받아 최하위 단위까지 예산을 산출하는 방식으로, 원가요소의 누락을 최소화할 수 있다는 장점이 있다. 일반적으로 사업수행 전 제안 단계에서 유용하며 사내 구매팀을 중심으로 진행한다.

4.3 원가경쟁력 확보를 위한 역방향Backward 전략

제안작업 시 원가산출 작업을 해본 사람이라면 아마도 이러한 생각 역시 해봤을 것이다. '과연 이 제안의 원가를 맞출 수 있을까? 빨리 포기하고 다른 제안을 써야 하는 것 아닌가?'라고 말이다.

필자의 경험을 비춰봤을 때, 이제까지 수많은 제안전략 컨설팅을 수행하고, 또한 제안팀 일원으로서 예산작업을 해보면, 초도견적으로 원가를 산출한 결과, 단 한 번도 사업에 대해 희망을 가져본 적이 없었던 것 같다. 왜냐하면, 산출한 원가가 사업비 대비 많게는 300%, 아무리 적게 나와도 160~170% 정도 되었기 때문이다. 인력과 제품의 상세요건을 다소 조정하여 2차 원가취합을 하더라도 초도견적 대비 대체로 약 30% 정도는 줄어들긴 했지만, 여전히 제안서를 제출할 정도로 원가가 희망적이지는 않았다.

사실, 제안사의 마진뿐만 아니라 가격점수까지 고려하며 원가 작업을 하는 것은 실제로 대단히 어렵다. 하지만, 목표한 원가를 맞추기 위한 현장에서 검증된 방법은 있으며, 이것을 '역방향Backward 접근방법'이라고 한다. 역방향 접근방법은 원가요소별 목표원가를 수립하고 그것을 맞춰가며 원가경쟁력을 확보하는 방식을 의미한다.

먼저, 회사에서 정한 마진Margin을 반영하여 목표원가를 수립하고, 제안요청서를 기준으로 협력업체로부터 견적서를 받아 원가를 산정한다. 일반적으로 두 번 정도 원가를 취합해보면 각 원가요소별로 원가가 어느 정도 되는지, 그리고 전체 예산에서 각 원가요소별로 '비율'이 어떻게 되는지를 확인할 수 있다.

2차까지 견적작업을 통해 각 원가요소별로 금액이 어느 정도 되는지

원가산정 역방향Backward 접근방법

초도견적 취합
- 제안요청서 기준으로 원가분석
- 원가규모의 1차적 파악

2차견적 취합
- 제안요청서 요건을 정교화하여 보다 구체적인 원가규모 파악
- 원가분석의 단위 정의(업무 단위, 협력업체 단위, 원가요소 단위 등)

[마진율을 적용한 목표원가의 역방향 접근]

원가요소별 목표원가 수립

[원가요소별 목표원가 수립]
- 2차 견적상 각 요소별 금액의 비율을 기준으로 목표원가 수립

원가요소별 원가협상
- 목표원가를 맞추기 위해 원가요소별 견적금액 협상
- 더 낮은 견적을 제시하는 협력업체 지속적 발굴

를 확인하였으니, 그다음 단계에서는 목표원가와의 차이를 계산하고 그 차이를 극복하기 위해 각 원가요소별로 얼마나 줄여야 할지를 고민해야 하며, 그 고민의 근거는 '각 원가요소별 비율'을 근거로 한다. 쉽게 표현하자면, 각 원가요소별로 전체에서 해당하는 비율만큼 원가를 줄인다는 것이다. 예를 들어, 사업비가 총 10억 원인 이러닝e-Learning 시스템 개발사업이 있으며, 그중 소프트웨어 개발비는 60%, 하드웨어 구축비는 40%가 목표라고 가정해보자. 현재까지 견적작업을 한 결과, 총 15억 원이 산출되었고, 그중 소프트웨어 개발비는 10억 원, 하드웨어 구축비는 5억 원이라고 하자. 이러한 경우, 총사업비는 5억 원이 초과한 상황이다. 여기서 '각 원가요소별 비율'을 근거로 줄인다는 의미는, 소프트웨어 개발비는 초과한 금액에서 60%를, 하드웨어 구축비는 초과한 금액에서 40%를 줄인다는 것이다. 즉, 소프트웨어 개발비는 3억 원(5억 원의 60%)을, 하드웨어 구축비는 2억 원(5억 원의 40%)을 줄여야 하는 것

이며, 이 기준에 따라 협력업체와 협상을 해야 한다. 물론, 비율을 소수점까지 정확하게 지켜야 한다는 것이 아닌, 그러한 기준을 가지고 원가를 맞춰가야 한다는 것을 의미한다.

주의할 점은 각 항목별로 원가를 조정하는 데 있어서, 인력이든 제품이든 그 수량과 단가 모두를 줄여야 목표원가를 달성할 수 있다는 것이다. 하지만, 무턱대고 줄이다간 실제 사업수행 단계에서 문제가 발생할 수 있으므로 고객과 협의할 부분은 협의하고, 협력업체와 협상할 부분은 협의하여 진행할 필요가 있다.

원가작업은 '[양식 I-4] 실행예산 산출내역서' 양식을 활용하며, 노무비, 외주비, 재료비, 경비 외 AS 비용까지 시트별로 구성되어 있으니, 업무에 활용하기 바란다.

[양식 I-4] 실행예산 산출내역서

Sample

사업일반

고객사		공고일/제출일		영업대표	
프로젝트명		제안기간		작성자(팀/성명)	
사업예산		사업수행기간		검토자(팀/성명)	

투찰가

사업예산	5,000,000,000	투찰률	97.000%	투찰가	4,850,000,000

제안예산 수립 및 검토

프로젝트 관리자(PM) 작성란						검토자 작성란
구분			금액	비율	산출 근거	검토 결과
매출액			4,850,000,000	100%		
제안가	매출원가	사내인건비	99,000,000	2%		
		기타용역 외주비	99,000,000	2%		
		재료비	4,017,500,048	83%		
		경비	11,080,000	0%		
		AS비	33,300,000	1%		
		소계	4,259,880,048	88%		
	매출차액		590,119,952	12%		
영업비용	제안비용		20,000,000	0%		
	영업비용		57,000,000	1%		
매출마진			513,119,952	11%		

종합 의견

검토 결과

4.4 요건 재정의를 통한 원가 확보

역방향 방식으로 원가작업을 아무리 진행해도 고객이 생각하는 예가預價를 맞추지 못하는 경우가 있다. 이런 경우, 우리가 흔히 사용하는 방법으로, 높은 원가경쟁력을 보유하고 있지만 고객이 그다지 선호하지 않는 협력업체나 제품을 선정하여 원가를 맞추는 방법이 있다. 하지만, 이러한 경우 상황에 따라 다를 수 있으나, 고객에게 밉보일 가능성이 매우 높아 안 좋은 결과를 낳을 때가 많다. 따라서, 이러한 경우에는, 원가의 패러다임Paradigm을 바꾸는 원가작업을 고려해볼 필요가 있다.

원가의 패러다임을 바꾸는 방법에는 사업비 측면과 원가조정 측면의 두 가지가 있다.

원가 패러다임 변화 방안

사업비 측면	업무조정 측면
• 사업비 증액 – 추가예산 확보	• 노무비 절감 – 과업범위 조정 • 외주비 절감 – 과업범위 조정 • 재료비 절감 – 장비/솔루션 상세 요건 (Spec) 조정 – 납품항목 조정

사업비 측면에서 가장 대표적인 방법은 사업비 자체를 증액하는 것이다. 공공사업의 경우, 두 번 유찰이 되면 사업의 타당성을 파악하여 재공고를 내도록 프로세스가 법제화되어 있고, 민간기업의 경우도 유찰 횟수만 다를 뿐 유사한 프로세스를 갖기 때문에 활용할 수 있는 방법이다. 하지만, 사업비 자체를 증액하는 것은 공공사업의 경우는 매우

어렵기 때문에 적용하는 데도 한계가 있는 것 또한 사실이다.

사업비 증액 외에, 가장 현실적 패러다임 전환 방법은 과업범위를 조정하는 것이다. 제안요청서가 공고된 시점에는 요건을 수정하기가 불가능하기 때문에, 담당 고객에게 상황을 충분히 설명하고, 우선협상자로 선정된 후 기술협상 단계에서 과업범위를 조정하는 것이 가장 현실적인 방법이다. 납품되는 장비 측면에서도 해당 장비의 상세 요건을 하향하든지, 또는 납품항목의 개수를 조정하는 방법으로 원가를 맞출 수 있다.

4.5 제안비용, 또 하나의 예산

어떤 일을 진행하든, 어떤 조직에 소속이 되든, 원가를 산정한다는 것은 매우 중요한 일이다. 왜냐하면 회사의 이익과 직결되고, 결국 그 회사가 존속하는 데 밑거름이 되기 때문이다.

여러 회사에서 제안전략 컨설팅을 수행하면서 원가와 관련하여 특이한 것을 알게 되었는데, 각 회사별로 원가를 산정하는 기준이 다소 상이하다는 것이다. 어떤 회사에서는 자사의 인건비, 즉 노무비를 원가에 정확히 반영하지 않아도 허용되는 회사가 있는가 하면, 또 어떤 회사에서는 지방 체류 등의 비용을 회사경비로 처리하여 사업비 원가에 반영하지 않는 경우도 있었다. 어느 방식의 원가체계가 맞다 틀리다, 혹은 더 좋다 나쁘다를 이야기하는 것은 아니며, 원가항목에 대해 유연한 기준을 갖고 있는 조직일수록 보다 수월하게 원가작업을 할 수 있는 것에는 틀림없어 보인다.

제안 단계에서의 원가요소는, 제안서를 작성할 노무비, 외주비 그리고 제안서 출력, 야근식대 등의 경비로 구성된다. 각 회사마다 제안비용에 대한 기준이 다르겠지만, 제안비용 또한 사업수행의 원가로 계산하는 것이 적절하다.

제안 단계의 원가요소

사업예산 수립 시 제안 단계의 비용까지 원가요소로 추가하는 가장 큰 이유는, 제안비용이 영업비용의 하나라고 볼 수 있기 때문이다. 만약, 회사 차원의 경비처럼 일정한 예산 안에서 나눠 쓰는 것이라면, 각 제안의 프로젝트 관리자는 다른 제안의 상황은 안중에도 없이 본인의 제안을 위해 최대한 인력과 경비를 집행하려고 할 것이고, 결국 연말쯤이면 전사에 제안비용이 남아 있지 않을 것이다. 예를 들어, 제안이 유찰되거나 제출일정이 지연되었다면, 프로젝트 관리자는 제안서를 다시 제출할 때까지 제안팀 인력을 한정 없이 유지하려고 할 것이다. 따라서, 제안비용은 전사 차원에서 지속적으로 관리하여 일정한 범위를 넘지 않도록 해야 회사 차원에서 불필요한 비용을 최소화할 수 있는 것이다.

유찰 혹은 지연과 관련하여 고민해볼 것이 있는데, 미뤄진 일정에 맞춰 인력을 계속 유지하며 제안서를 작성하는 것이 제안품질 향상에 얼마나 도움이 될 것인가에 대한 고민이다. 확실한 것은, 제안팀을 2주, 3주, 4주 더 운영한다고 해서 제안품질이 생각만큼 올라 가지는 않는다는 것이다. 물론, 전혀 안 올라간다고 말할 수는 없지만, 수주 여부를 판가름할 정도로 대단히 좋아지지는 않는다.

제안서를 작성하는 데 가장 효과적이고 이상적인 방법은 원래 정해진 일정에 맞게 제안서 작성 및 품질을 높이는 활동을 하고, 제출일정이 지연된 경우에는, 핵심인력 2~3명만 유지하며 품질향상 활동을 하는 것이다.

[양식 I-5] 제안예산 검토의견서 및 산출내역서

Sample

사업일반

고객사		공고일/제출일		영업대표	
프로젝트명		제안기간		작성자(팀/성명)	
사업예산		사업수행기간		검토자(팀/성명)	

제안예산 수립 및 검토

프로젝트 관리자(PM) 작성란				검토자 작성란
구분		금액	산출 근거	검토 결과
사내인건비		13,750,000		
외주비	기타용역외주비	9,000,000		
매출원가	인쇄제본비	5,000,000		
	회의비(잡비)	0		
	시내교통비(택시)	300,000		
	국내출장비	1,500,000		
	석식대	287,000		
	전문가수수료	0		
	소계	7,087,000		
합계		29,837,000		

종합 의견

검토 결과

Part 5_
제안요청서를 분석하는 데 지름길이 있을까?

5.1 제안요청서 작성과 분석 측면의 특징 이해

제안요청서란, 고객이 발주한 사업과 관련하여 사업추진 요건 및 과업에 대해 제시함으로써 제안사가 제안서를 작성하는 데 가이드를 제공하는 문서를 의미하며, 일반적으로 RFP Request For Proposal라고 한다. 따라서, 제안사의 입장에서는 제안요청서상 한 문장 한 문장을 이해해야 고객을 설득할 수 있는 제안서를 작성할 수 있고, 나아가 경쟁사와 차별화된 제안전략을 수립할 수 있는 것이다.

제안요청서에는 다음과 같이 두 가지 특징이 있다.

- 고객은 제안요청서에 모든 것을 담지 않는다.
- 개인의 경험에 편중하여 제안요청서를 해석한다.

고객은 제안요청서에 모든 것을 담지 않는다

제안요청서에는 고객이 생각하는 사업의 목적과 방향성, 그리고 업무적, 기술적, 관리적 요건을 상세하게 기술하지만, 실제로 모든 요건을 정리해놓은 것은 아니다.

요구사항의 종류

공식 요구사항

- 제안요청서, 사업계획서 등에 기술된 요건

비공식 요구사항

- 낮은 표현력에 따른 요건에 대한 비구체적인 기술
- 고객의 고민에 따른 제안요청서상 숨겨진 요구사항

제안요청서에 모든 것을 담지 못하는 이유에는 여러 가지가 있겠지만 그 대표적인 것으로, 낮은 표현력을 들 수 있다. 실제로 우리가 생각하고 있는 것을 읽는 이로 하여금 오해 없도록 글로 정확히 표현하는 것은 생각보다 매우 어려운 일로, 문서작업을 해본 사람이라면 아마도 쉽게 이해하리라 생각된다. 한 문장에서 주어와 동사를 맞추는 단순한 것뿐만 아니라, 조사 및 형용사 하나를 잘못 쓰거나 위치를 달리해도 그 뜻이 의도하지 않게 바뀌는 경우가 많이 있기 때문이다.

또 다른 이유로는 고객의 숨은 고민이 있을 수 있다. 말할 수 없는 숨은 고민이라는 것은, 고객의 내부적인 이슈로 사업의 내용과 방향에 대해 정확히 밝힐 수 없는 경우를 말한다. 예를 들어, 필자가 일전에 '빅데이터 구축사업'의 제안 컨설팅을 수행한 적이 있었는데, 제안요청서를 아무리 분석해봐도, 빅데이터를 어떻게 구축할 것인지, 그리고 어떤 분석 알고리즘을 계획하고 있는지 등 상세한 요건이 없어 조금 의아한 적이 있었다. 나중에 고객을 만나보고 알게 된 것이, 이전 사업에서 '자원통합'이라는 사업명으로 사업을 추진하였으나, 중견기업이 수행한 결과가 만족스럽지 않았고, 후속사업에는 대기업으로 사업참여 기회를 확대시키기 위해 사업명을 '빅데이터'라고 바꿨다는 것이다. 결국, 사업의 기본적인 방향이 빅데이터 구축보다는, 기관 내 흩어져 있는 서버 자원들을 통합하고 분산된 데이터를 통합하는 '자원통합'이었던 것이다. 만약 이러한 고객의 숨은 고민을 파악하지 못했다면, 제안전략을 전혀 다른 사업방향으로 수립하여, 결국 고객의 마음을 얻는 데 실패할 것임에는 분명해 보인다.

이와 같이, 제안요청서를 아무리 잘 이해했다고 하더라도, 반드시 고객을 만나 고객의 고민과 숨은 사업의 의미를 확인해야 고객을 설득할 수 있는 제안서를 작성할 수 있는 것이다.

개인의 경험에 편중하여 제안요청서를 해석한다

앞에서의 특징이 제안요청서를 작성하는 고객 측면에서 바라본 것이라면, 두 번째 특징은 제안요청서를 이해하는 제안사 측면에서 바라본 것이며, 이는 제안의 핵심을 본인 관심사 중심으로, 그리고 그동안 경험했던 프로젝트 중심으로 제안요청서를 이해하고 해석한다는 것이다.

이것은, 우리 제안팀원의 성향을 생각해보면 쉽게 이해가 될 것이다. 하나의 제안요청서를 제안팀원 여러 명이 함께 분석한다고 가정해보자. 아마도 각 팀원은 사업의 핵심과 핵심 성공요소를 오직 본인이 담당한 업무 중심으로만 생각할 것이다. 예를 들어, 사업관리자는 협력업체 및 인력 구성, 품질확보 방안 등을 중심으로 고민할 것이고, 개발자

개인별 제안요청서 분석 방향

프로젝트 관리자	엔지니어	사업관리자	영업대표
• 고객성향 분석 • 사업수행 구도분석 • 사업추진 조율 • 예상 이슈 및 대응 • 매출 및 원가 등	• 상세 요건(Spec) • 구체적 구현방안 • 업무별 이슈사항 • 고객 업무환경 특징 • 관련 솔루션 등	• 조직/인력 구성 • 추진일정 및 품질 • 주요 마일스톤 • 프로젝트 관리조직(PMO, Project Management Office) 운영 등	• 핵심고객 분석 및 성향 • 고객 숨은 요구사항 • 고객 선호 솔루션 및 협력사 등

는 아직 수주도 하지 않은 상황임에도 불구하고 어떻게 개발할 것인지를 고민할 것이다. 그리고 프로젝트 관리자는 사업에 어떤 이슈가 있는지, 현업담당자 등의 고객이 어떤 성향을 갖는지, 그리고 매출 및 원가는 어떻게 해야 하는지 등 사업을 실제 수행하는 것까지 고민을 할 것이다.

그러므로, 고객의 고민과 사업의 궁극적 목표에 정확히 부합하기 위해서는, 제안팀원 각각의 R&R Role & Responsibility(역할과 책임)에 따라 제안요청서를 분석하고 지속적 워크숍을 통해 서로 공감대를 형성한 후, 제안전략 및 사업이슈에 대해 아이디어를 내는 것이 중요하다.

5.2 제안요청서 분석이 어려운 경우

제안전략 컨설팅을 수행하거나 제안전략 강의를 진행할 때 가장 당황스럽고 조금은 놀라운 질문 중에 하나가, 제안요청서를 어떻게 분석하는지 질문하는 것이다. 그런데 더 당황스러운 것은, 이런 유사한 질문을 하는 사람들이 생각보다 의외로 많다는 것이다.

이렇게 제안요청서 분석에 어려움을 느끼는 경우는 다음과 같이 크게 두 가지 경우가 있을 수 있다는 생각이 든다.

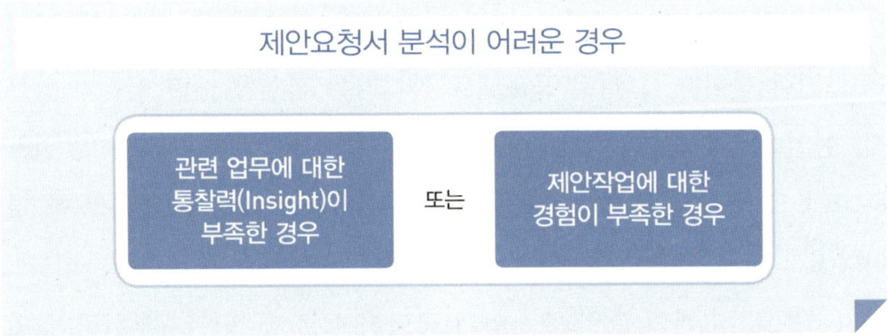

첫 번째는, 고객이 제시한 과업 그리고 고객사 업무에 대한 경험과 이해가 부족하여 제안요청서 내용 자체를 이해하는 데 어려움을 느끼는 경우이다. 이러한 경우에는 말 그대로 업무적 경험이 부족하여 과업 자체를 이해할 수 없는 경우로, 제안요청서상 요건을 분석하는 스킬Skill을 높이는 것보다는, 제안요청서와 관련한 업무 자체의 이해를 높이는 것이 필요할 것으로 생각된다. 업무지식 없이 분석 스킬만을 키우는 것은 요건을 깊이 있게 이해할 수 없으며, 결국 설득력 있는 제안서를 쓰기에 한계가 있기 때문이다. 예를 들어, 사회생활을 막 시작한 신입사원에게 일정한 분석양식을 주며 복잡한 금융업무의 분석을 담당하게 한다고 한들, 만족한 결과가 나올 수 없다는 것은 아마 누구나 알고 있는 사실이라 생각된다.

두 번째 경우는, 과업과 관련하여 업무적 경험은 있으나 제안업무에 익숙하지 않아 제안요청서를 분석하는 데 어려움을 느끼는 경우이다. 이런 경우에는 제안요청서 요건을 분석하는 스킬을 높일 필요가 있으며, 이것은 간단한 양식을 적용함으로써 가능하다. 해당 양식은 뒤에서 보게 될 「5.3 제안요청서 분석력 향상」 부분에서 상세히 설명하고자 한다.

5.3 제안요청서 분석력 향상

제안요청서는 여러 고객이 함께 작업을 하다 보니 요건이 중복되어 기술되기도 하고, 때로는 동일한 요건에 대해 여러 곳에 기술하면서 구체적 요건이 다르게 기술되는 경우도 종종 있다. 그뿐만 아니라 요건을 이해하기 쉽도록 목차 중심으로 명확하게 카테고리화되어 있지도 않은 경우도, 그리고 관련된 하나의 요건이 여러 장에 흩어져 있는 경우도 많다. 물론, 최근에는 요구사항을 논리적으로 구성하기 위해 일련번호를 부여하여 제시되는 경우도 있으나, 여전히 MECEMutually Exclusive Collectively Exhaustive(상호배제와 전체포괄)하게 제시하는 것에는 아쉬움이 있는 것도 사실이다.

이렇게 요건이 산재되어 있고 중복되어 있는 제안요청서를 분석하는 데 가장 쉽게 접근할 수 있는 방법은 의외로 간단하며, 그것은 바로 '제안요건 분석서'를 적용하여 제안요건에 대해 카테고리화하는 것이다.

[양식 I – 6] 제안요건 분석서

Sample

구분			제안요청서(RFP) 과업 요건	RFP 페이지	요건중복 여부	평가항목	예상 이슈 및 리스크	원가반영 여부
개요 부문	제안의 이해도							
	제안전략 및 추진계획							
	현황분석							
기술 부문	목표모델 방안	비전 및 목표모델						
		구성도						
		향후 발전 방안						
	과업내역 (구축 방안)	A 업무						
		B 업무						
		C 업무						
		D 업무						
		E 업무						
	구성장치 내역 및 세부규격							
	장비 납품 및 설치 방안							
	표준화 방안							
	보안 및 개인정보보호 방안							
	시험 및 운영 방안							
제안 업체 부문	사업수행 실적							
	신용평가 및 신인도							
사업 관리 부문	사업관리 방안							
	품질보증 방안							
	추진일정 방안							
	수행조직 및 인력투입 방안							
안정화 부문	교육훈련 방안							
	유지보수 방안							
	기술이전 방안							
	기타 지원 방안							

'제안요건 분석서'는 과업을 중심으로 그룹화하여 요건을 보다 명확히 함으로써 이해도를 높이는 것을 목적으로 하며, 작성기준은 다음과 같다.

- [필수영역] 기본작성 부분
  - 제안요청서상 흩어져 있는 요건의 그룹화

타이틀 영역	설명
구분	제안요청서상 기술된 제안서 작성목차를 기준으로, 제안요청서 분석 과정에서 확인된 과업을 추가 MECE하게 그루핑(Grouping)하는 것이 가장 중요
과업요건	제안요청서상 흩어져 있는 요건들을 페이지별로 정리
RFP 페이지	제안요청서상 해당 페이지 기술
평가항목	그루핑된 과업의 중요도 확인

- [비필수영역] '예상 이슈 및 리스크'
  - 제안팀 상황에 따라 기술 여부 결정

타이틀 영역	설명
예상 이슈 및 리스크	각 요건별로 사업수행 시 예상되는 이슈 및 리스크 작성

- [비필수영역] '원가반영 여부'
  - 제안팀 상황에 따라 기술 여부 결정

타이틀 영역	설명
원가반영 여부	원가누락 이슈를 사전에 방지 목적

제안서에는 고객이 계획하고 고민하고 걱정하는 모든 것들에 대해 명확한 방법을 제시해야 한다. 그렇게 하기 위한 첫걸음이 바로 고객이 무슨 계획을 하고 있고, 어떤 고민을 하고 있는지 분석할 수 있는 역량을 갖추는 것이다.

만약, 여러분이 제안업무에 익숙하지 않다면, 다소 시간이 소요되더라도 반드시 '제안요건 분석서'를 작성하여 요건을 명확히 하고 요건에 대한 이해도를 높인 후 제안서를 작성하기를 권장한다.

왜냐하면, 앞서 언급하였듯이, 제안서는 고객의 고민거리에 대해, 이렇게 하면 해결될 수 있다라고 고객에게 정답을 제시하는 문서이기 때문이다.

"머릿속에서 벌어지는 인지작용, 인지심리학"

인지심리학 이론과 적용Cognition Theories and Applications

– Stephen K. Reed

인지란 "감각정보가 변형되고, 축소되고, 정교해지고, 저장되고, 인출되고, 활용되는 모든 정신활동을 일컫는 말"로, '감각정보의 변형'이란 바깥 세상에 대한 표상Representation이 단순화나 정교화 같은 능동적 정신활동을 통해 구축된다는 것을 의미한다. 따라서, '축소'에는 정보가 상실된다는 의미가 담겨 있으며, 우리는 주변의 물리적 자극 중 일부에만 주의를 기울일 수 있고, 주의를 기울인 것 중에서도 또 일부만 기억할 수 있다는 것을 의미한다. '정교화'는 주어진 감각정보에 다른 어떤 것을 추가할 때 더 상세한 정보가 인지되는 것을 말하며, 예를 들어 한 친구를 만나서 그 친구와 함께 과거의 경험을 연상 촉매제를 통해 떠올리는 경우가 그 예이다. 정보의 '저장'과 '인출'은 기억에 해당되며, 특히 인출은 그 입력된 감각정보를 끄집어내는 과정을 의미한다.

정보처리 프로세스 구성 단계

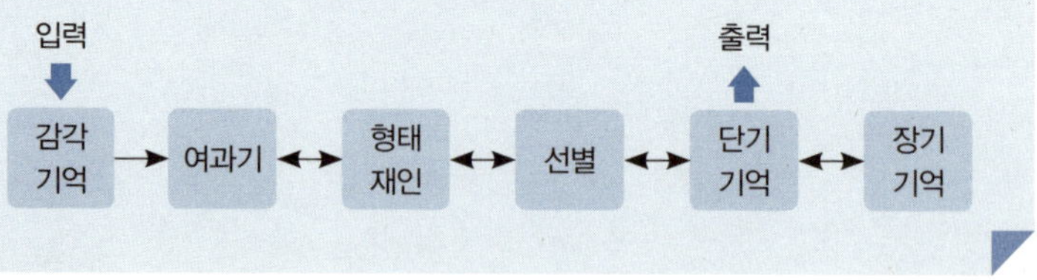

이러한 인지과정 때문에, 인지심리학Cognitive psychology을 흔히 인간 정보처리론Human Information Processing이라고도 하며, 인간의 마음을 컴퓨터의 작동원리에 비유하여 설명한 것이다.

읽기는 지식의 재료만 제공한다.
읽은 것을 지식으로 만드는 것은 독자의 생각이다.

– John Locke, 영국 철학자

글을 읽는 과정에서 인지기능Cognitive Skills 중 가장 중요한 것 하나를 꼽으라면 단연 '이해'라고 할 수 있을 것이다(McNamara & Magliano, 2009). 우리가 어떤 어려운 글을 읽을 때, 그 글을 정확하게 이해하기 위해 중요한 것이 '읽는 속도'이며, '읽는 속도'에 영향을 미치는 요소가 바로 '재료의 친숙성'이라고 할 수 있다(Van Den Broek, 2010).

이것을 제안서 입장에서 생각해본다면, '재료의 친숙성'은 제안내용에 대한 고객의 '전문지식'을 의미할 수 있다. 문제는, 고객의 이 '전문지식' 정도를 제안사 입장에서는 대응할 수 있는 방법이 없기 때문에, 같은 내용을 기술하더라도 글에 대한 이해도를 높이기 위한 스킬이 필요하며, 그 대표적인 방법으로 두 가지 수준에서 정보를 조직화하여 내용을 기술하는 것이 중요하다. 먼저, 거시적 수준에서는 이야기 전체에 걸쳐 전개되는 주요 사건을 아우르는 '전역적 통일성'이 확립되어야 하며, 미시적 수준에서는 '국지적 통일성'이 확립되어야 한다(Graesser, Singer & Trabasso, 1994). 이것을 제안서 내용과 연결해보면, '전역적 통일성' 측면에서는, 제안서 I 장에서 기술된 제안전략 내용이 기술 부분, 사업관리 그리고 품질관리 부분에 연계되어 기술되어야 한다는 것을, 그리고 '국지적 통일성'에는 업무영역별, 사업관리별 그리고 품질관리별 각각의 내용상에서 통일성이 있어야 한다는 것을 의미한다.

이러한, '전역적 통일성'과 '국지적 통일성'의 전제조건은, 글을 읽는 사람이 글의 인과관계Causal Relation를 통해 글 속에서 중요한 것과 중요하지 않은 것이 무엇인지 판단할 수 있다는 것이다(Trabasso & Sperry, 1985; Trabasson & Van Den Broek, 1985).

이러한 인과관계를 형식적으로 표현하면 다음과 같다.

'사건 A가 일어나지 않은 상태에서, 사건 B도 일어나지 않았다면, 사건 A는 사건 B의 원인으로 간주된다.'

이것을, Stephen K. Reed는 "목표를 달성하기 위해 반드시 필요한 일이나, 사건을 예방해버리면, 원하는 목표를 달성할 수 없게 된다." 라고 바꾸어 설명하고 있다.

이러한 인과관계를 제안서의 경우로 예를 들어 보면 다음과 같다. 잦은 수작업으로 인한 낮은 업무생산성 문제를 해결목표로 설정했다면, 기존의 수작업을 자동화하지 않고서는 이 문제를 해결할 수 없고, 업무의 자동화는 관련 솔루션이 없으면 해결할 수 없으며, 그리고, 해당 솔루션은 관련 경험이 있는 인력이 없다면 적용할 수 없는 논리이다. 그러므로 이 세 가지 행위는 모두 고객이 현재 고민하고 있는 문제를 해결하기 위한 목적과 필연적 인과관계를 맺고 있는 것이며, '경험 있는 인력'의 중요성을 인식시키고 기억시키는 데 유용한 방법론인 것이다.

결국 이러한 인과관계에 대한 이해는, 목표를 달성하는 데 있어서 어느 것이 중요하고 중요하지 않은지를 판단하게 되는 것이며, 이런 과정을 통해 글에 대한 이해도를 높이고 기억의 정도를 높일 수 있는 것이다.

돌아보기

I. 제안을 톺아보다

수주경쟁력 요건

- 기술경쟁력, 제안환경 경쟁력, 사업구도 경쟁력, 가격경쟁력

'수주경쟁력 분석 대시보드Dashboard'를 통한 경쟁력 관리

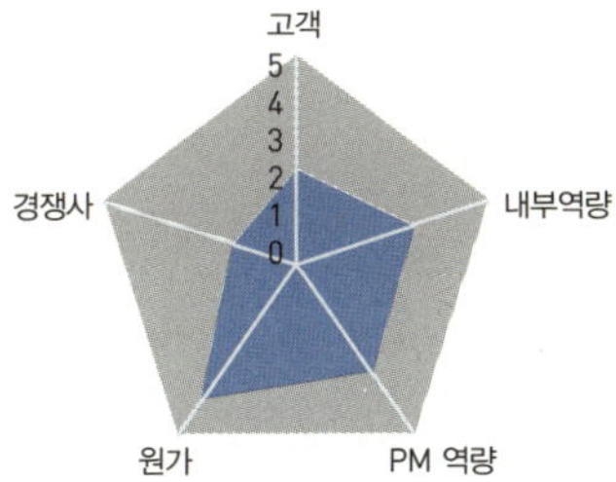

고객 관점	경영환경, 당사 우호도, 대고객 영업 등
역량 관점	수행경험, 인력역량, 협력사 보유 등
PM 역량 관점	PT 역량, 수행경험, 원가분석 역량 등
원가 관점	적정 원가확보 여부, 위험요건 파악 등
경쟁사 관점	경쟁구도 분석, 경쟁사 장단점 분석 등

이기는 제안을 위한 수주 중심의 제안 프로세스 원칙

- 프레젠테이션 중심으로 제안서 작성과 병행하여 진행

제안등급 관리를 통한 효율적 자원활용체계 구축

- 매출수익성 분석: 예상 수주액 및 이익률 분석
- 사업잠재성 분석: 후속사업 및 연계사업 여부 분석
- 전략사업 여부 분석: 핵심고객 및 전략사업 여부 분석

원가경쟁력을 위한 역방향Backward 전략

'제안요건 분석서'를 통한 제안요청서 분석역량 향상

제안에 대한 기존 생각과 사고에 어떤 변화가 있었습니까?

제안 업무 및 관리에 어느 것을 먼저 적용해 보시겠습니까?

Ⅱ

제안전략 수립

본질적 경쟁력을 확보하는 전략을 수립한다

Part 1 _ 이기는 제안전략의 프레임(Frame)은 무엇일까?

Part 2 _ 차별화된 전략도출을 위해, 사업의 본질은 어떻게 분석해야 할까?

Part 3 _ 전략은 어떤 내용, 어떤 프로세스로 수립해야 할까?

Part 4 _ 제안에서의 콘셉트란 무엇일까?

무소의 뿔 中

숫타니파타(Suttanipata)

소리에 놀라지 않는 사자와 같이,
그물에 걸리지 않는 바람과 같이,
흙탕물에 더럽히지 않는 연꽃과 같이
무소의 뿔처럼 혼자서 가라.

탐욕과 혐오와 헤맴을 버리고
속박을 끊어 목숨을 잃어도 두려워하지 말고
무소의 뿔처럼 혼자서 가라.

사람의 마음에는, 다른 사람들과 함께 살아가야 한다는 '사회적 속성'과 결국 혼자일 수밖에 없다고 생각하는 '개인적 속성'이 상존한다. 이것을 조직 관점에서 생각해본다면, 어떤 과업에서 성과를 내기 위해 동료와 협업을 해야 한다는 생각과 개인 힘으로 이루어야 한다는 생각이 양립하여 상존한다고 볼 수 있으며, 어느 것이 더 옳다고 정의를 내릴 수는 없을 것이다. 하지만, 어느 논리이든 중요한 것은 우리가 '성과'를 내기 위해서는, 우리 스스로 어떠한 것이 진실로 옳다고 생각한다면, 다른 누구에게도 심리적으로 의존하지 말고 오직 자신을 믿고 행동해야 다른 사람의 불필요한 간섭과 참견으로부터 독립되고 자유로워질 수 있으며, 결국 그러한 상황에서만이 '개인적 속성'과 '사회적 속성' 모두가 만족하는 결과를 얻을 수 있다는 것이다. 무소의 뿔처럼 흔들림 없이, 내가 옳다고 생각한 인생의 길을 무던히 나아간다면, 하고자 하는 것에서 분명 성공한 삶을 얻을 수 있을 것이다.

Part 1_
이기는 제안전략의 프레임(Frame)은 무엇일까?

1.1 제안전략의 정의와 특징

우리는 일상적인 생활에서도 '전략'이라는 단어를 자주 사용하고 있다. 그만큼 '전략'이라는 단어는 우리에게 친숙한 단어로, 그 뜻은 일반적으로 어떤 목표한 바를 이루기 위한 계획 또는 방법 정도로 사용되곤 한다.

원래 '전략'이라는 단어는 군사용어에서 출발했다고 하며, 그 유례에는 크게 두 가지 설이 있다. 첫 번째로는, 그리스어로 '군대'를 의미하는 'Stratos'와 '무리를 이끌다lead'를 의미하는 '–ag'가 합쳐져 '장군들이 쓰는 기술'의 의미인 'Strategos'라는 용어에서 유래되었다는 설이 있다. 두 번째는 그리스 아테네의 부족을 지휘하던 장군이 구사하는 용병술을 의미하는 'Strategia'라는 용어에서 유래되었다는 설도 있다. 어떤 기원에서 유래되었든, '전략'의 의미는, 전쟁에서 상대방을 이기기 위한 기술, 작전 또는 방법을 의미하는 것에는 분명해 보인다.

그럼, 제안서를 작성하는 입장에서는, '전략'이란 어떤 뜻을 내포하고 있을까? 아마 제안업무에 익숙하지 않은 사람이라도 '입찰에서 경쟁사를 이기기 위한 방법 또는 방안'이라고 쉽게 예상했을 것이다.

이러한 '제안전략'의 의미를 보다 전문가스럽게 표현하면 다음과 같다.

제안전략이란?

경쟁입찰에서 수주를 하기 위해,
고객의 요구사항인 제안요청서와 **평가항목을 기준**으로,
경쟁 포지셔닝 기반의 차별화된 접근을 통해,
우리가 본 사업의 최적임자라고 **고객을 납득**시키는 것

'제안전략'이란, 입찰이라는 전쟁에서, 전투의 규칙인 '평가항목'을 기준으로 각 평가항목별로 우리가 어떤 경쟁력을 갖고 있는지 설명하는 것이다. 이 '설명'의 방향은 항상 경쟁사와 비교하며 우리가 어떤 경쟁력을 보유하고 있는지, 즉 경쟁 포지셔닝을 분석하여 우리의 강점을 극대화하고 단점은 희석화함으로써 고객을 설득하는 과정을 의미한다.

제안전략의 정의에서 가장 중요한 한 단어는?

사무기기의 납품 입찰과 같이 일정한 기준에 부합되면 누구나 납품할 수 있는 단순 입찰이 아닌, 경쟁을 통해 하나의 업체를 선정해야 하는 입찰의 경우, 앞에서 이야기한 제안전략의 정의에서 가장 중요하다고 생각되는 한 단어를 뽑으라고 하면 어떤 단어를 선택할 수 있을까? 필자의 오랜 컨설팅 경험을 비추어봤을 때, 가장 중요한 단어는 바로 '경쟁 포지셔닝 기반'이라고 할 수 있다. 왜냐하면, 평가위원은 항상 오직 하나의 제안사만 선별해야 하는 '심리적 의무감'을 갖고 있으며, 따

라서 입찰은 절대평가가 아닌 상대평가로 진행되기 때문이다.

평가항목을 아무리 정교하게 그리고 객관적 수치를 중심으로 수립한다고 하더라도, 그 평가항목을 활용하여 평가를 내리는 주체는 결국 (감성적 동물인) 사람이다. 입찰에 참여한 여러 제안사의 프레젠테이션을 들을 때, 평가위원은 어느 제안사가 더 적합한지를 정성적으로 (논리적, 계량적이 아닌) 판단한 후, 정량화된 평가시트에 정성적으로 판단한 결과를 정량적 점수로 환산하여 부여한다. 그러므로 제안서를 작성할 때는, 반드시 경쟁사와 비교하여 나의 위치는 어떠한지, 그리고 지금의 상황을 극복하기 위해서 어떤 기술과 방법을 활용할지를 설명해야 평가위원으로 하여금 우리에게 유리한 정성적 판단을 내리게 할 수 있는 것이다.

제안전략 강의에서 '경쟁 포지셔닝' 관련된 설명을 할 때 항상 예로 드는 것이 있는데, 그것은 바로 우리가 회사에서 일반적으로 작성하는 문서와 이성을 만나는 유형을 연계하여 설명을 하는 것이다.

우리가 사무실에서 작성하는 문서에는 크게 세 가지 종류가 있으며, 그것은 '제안서', '기획서' 그리고 '보고서'이다. 각자 다른 목적으로 쓰여지고 있고, 그 내용과 목차 또한 목적에 맞게 각각 다르게 구성을 한다. 하지만, 문서작성의 방향성 측면에서 본다면, 근본적으로 큰 차이점 하나가 있다. 그것은 바로 문서를 작성할 때 '누구에 집중하여 문서를 작성하는가'이다.

모든 사람들이 잘 알고 있겠지만, 미팅은 남자와 여자 모두 여러 명이 만나서 서로의 이상형이 있는지 알아가는 만남의 한 유형이다. 자연히 여러 이성 중에서 어떤 상대가 더 나은지 비교를 하며 본인의 이상형에 맞는 사람을 찾을 것이다. 외모가 이상형에 맞는지, 옷은 잘 입는

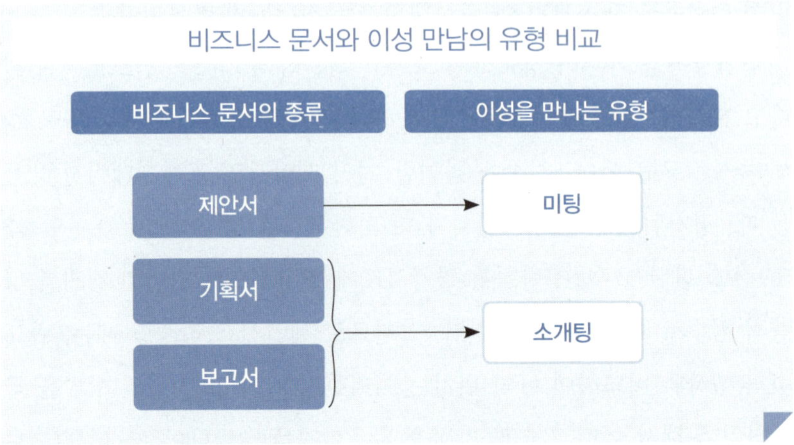

지, 말투는 고운지 또는 유머 감각이 있어 재미있게 해주는지 말이다. 그러고는 한 이성을 선택한 후, 그 상대에게 잘 보이기 위해 친구들보다 내 자신이 더 괜찮은 사람이라는 것을 표현하려고 노력할 것이다. 이러한 과정이 바로 제안서와 동일한 경우이다. 나의 경쟁자를 물리쳐야만 나의 목표 즉 고객의 선택을 받을 수 있는 것이다.

반면에, 소개팅은 이성 간에 1:1로 만나는 유형으로, 경쟁자가 없는 상황이며, 다른 것 생각할 것도 없이 오직 내 앞에 앉아 있는 이성의 마음에 들도록 행동만 하면 되는 것이다. 즉 오직 고객이 원하는 것에만 집중하여 고객의 선택을 받으면 목표를 달성하는 것이다. 이것이 바로 보고서와 기획서인 것이다.

앞에서 살펴본 대로, 비즈니스 문서를 작성하는 데 있어서 가장 큰 차이점은 바로, '고객의 마음을 얻는 데에 경쟁자가 있는가 없는가'이다. 경쟁자가 있다면 경쟁자를 이겨야 나에게 기회가 생기는 것이다. 이것이 바로 경쟁 포지셔닝 기반의 사고가 필요한 이유이다.

제안전략 수립 시 관점별 특징

■ 경쟁 관점

수주목표 달성을 위하여, 경쟁사 대비 장점을 부각하고 단점을 최소화하여 당사 제안서의 기술평가 경쟁력을 극대화하기 위한 의사결정 사항

■ 평가자 관점

제안요청서 요구사항에 대하여 당사가 경쟁사보다 최고의 가치Value를 제공하였다고 평가하도록 유도할 수 있는 의사결정 사항

■ 제안서 작성 관점

제안서 경쟁우위 확보를 위하여 제안서 작성 방향과 작성 내용에 대한 지침이 되는 의사결정 사항

참고로, 관점별 특징을 설명할 때, '의사결정 사항'이라고 표현한 것은, 전략을 수립할 때 프로젝트 관리자 혼자 결정하는 것이 아닌, 조직 내 여러 관련자 및 직책자와 협의하고 아이디어 발굴 과정을 거치기 때문이다.

1.2 차별화를 극대화하기 위한 제안전략 공정도

경쟁사와 차별화하여 제안전략을 도출하기 위해서는 일정한 프로세스가 필요하다. 크게 3단계로 진행되며, 보다 구체적인 내용은 다음의 각 장에서 설명하고자 한다.

- 고객 이슈 분석:

「Part 2. 사업의 본질은 어떻게 분석해야 할까?」

- 제안전략 수립:

「Part 3. 전략은 어떤 내용, 어떤 프로세스로 수립해야 할까?」

- 전략 콘셉트화:

「Part 4. 제안에서의 콘셉트란 무엇일까?」

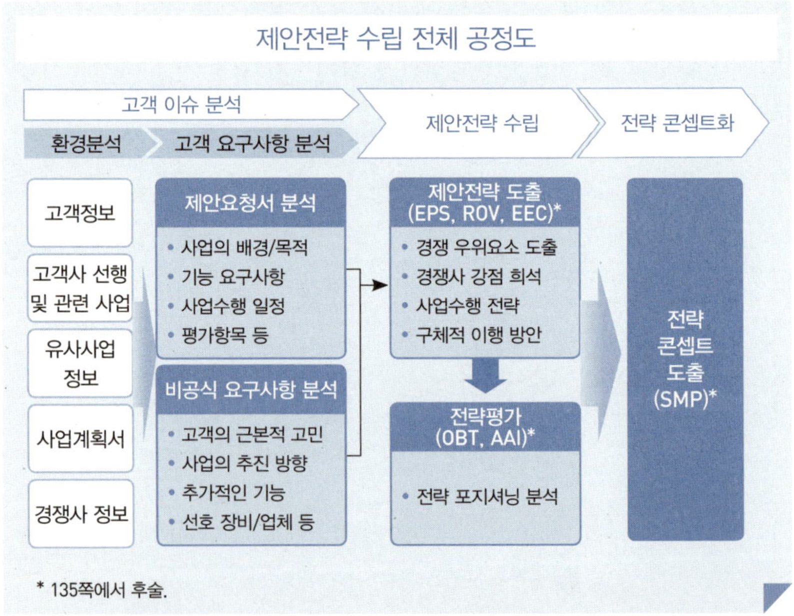

고객 이슈 분석

제안요청서 등의 문서를 통해 공개적으로 제시된 요구사항과 고객의 숨은 요구사항에 해당하는 비공식 요구사항에 대해 분석하는 단계를 말한다. 차별화된 제안전략을 도출하는 데 있어서는 비공식 요구사항을 얼마나 많이 발굴했는지가 매우 중요하며, 특히 고객이 사업을 발주한 근본적 원인에 접근하는 데 필수적인 사항이다. 왜냐하면, 고객이 생각하는 업무의 중요도 및 사업추진의 방향성에 대해 좀 더 정확히 이해할 수 있기 때문이다.

제안전략 수립

입찰이라는 전쟁에서 승리를 하기 위한 전략을 수립하는 것으로, 크게 '사업 본질에 대한 고민'과 '사고의 전환Paradigm Shift', 즉, 고정관념에 대한 전환을 통해 차별화된 전략을 수립하는 단계이다. 주의할 점은, OBTOnly-Better-Too 기법과, 전략 캔버스를 통해 도출된 전략을 평가하고 전략이 차별화될 수 있도록 지속적, 반복적인 고민이 필요하다.

전략 콘셉트화

제안서는, 앞서 도출된 제안전략을 기반으로 우리의 전략을 한 단어 또는 한 문장으로 개념화하여 설명하는 단계를 의미한다. 제안요청서상 제시된 과업범위가 넓다 보니 당연히 하고자 하는 이야기도 많고, 설명해야 할 이슈의 해결 방안도 많다. 문제는 평가위원에게 이렇게 많은 정보를 어떻게 전달하고 기억시키느냐이다.

필자가 공공기관 그리고 기업체에서 평가위원으로 활동하면서 여러 제안사의 프레젠테이션을 들을 때마다 매번 생각했던 것 한 가지가 있는데, 그것은 바로 각 제안사가 프레젠테이션을 하는 동안에는 발표자가 무엇을 말하고 있는지 이해가 되었지만, 막상 프레젠테이션이 모두 끝난 후에는 각 제안사별로 어떤 내용이 중점 사항이었고 차별되는 내용이 무엇이었는지 기억하기가 매우 힘들었다는 것이다.

이런 단점을 보완하기 위해, 우리의 강점과 관련하여 기억하기 쉬운 '제안의 콘셉트'를 부여하는 것이며, 평가위원들로 하여금 우리의 가장 큰 장점, 경쟁사와의 차이점 또는 특징에 대해 우리 회사는 이러한 관점으로 수행하겠다라고 기억을 강요하는 것이다. 그렇게라도 강요를 해야 프레젠테이션이 모두 끝난 후, 평가위원이 우리를 기억해주기 때문이다.

보다 상세한 내용은 각 파트에서 상세히 설명하고자 한다.

1.3 제안, 제안사 간 출발점이 다른 허들 경주

제안서를 작성할 때, 우리가 쉽게 오해하는 것 중에 하나가 바로 경쟁사와 우리는 동등한 상태에서 제안에 참여한다고 생각하는 것이다.

제안요청서가 공고될 즈음하여, 경쟁사와 우리 모두 비슷한 시기에 제안팀이 구성된다고 생각하는 것은 매우 큰 오산이다. 왜냐하면, 각 제안사별로 영업환경, 고객 친밀도, 업무 및 기술 노하우 등 과업에 대한 이해도와 전문성이 다르기 때문에, 설사 비슷한 시기에 구성되었다고 하더라도 그 역량에는 큰 차이가 있다. 허들 경주에 비유한다면, 경주가 끝나는 지점은 동일한데, 우리는 경쟁사보다 30m 앞에서, 혹은 20m 뒤에서 경주를 시작하는 것이다. 이렇게 경쟁사 간 차이가 발생하는, 즉 출발점이 다른 원인에는 크게 두 가지가 있으며, 그것은 영업적 환경의 차이, 그리고 사업적 환경의 차이 때문이다.

따라서 이러한 차이가 발생한 원인이 무엇인지 분석하고 그것을 어떻게 극복할 것인가에 대한 고민이 필요하다.

영업적 환경의 차이

영업적 환경의 차이는, 우리가 핵심고객Key Person과 어떤 관계를 유지하고 있는지, 그리고 고객사에 대한 경험과 친밀도가 높은 협력업체와 얼마나 전략적 제휴를 하고 있는지에 대한 것이다.

이러한 영업적 환경에서 경쟁사보다 훨씬 앞에서 레이스를 시작하기 위해서는, 사전 기술영업을 통해 제안요청서에 우리의 강점을 전달한다든지, 고객사를 잘 알고 있는 협력업체와 영업적 연계를 해야 한다.

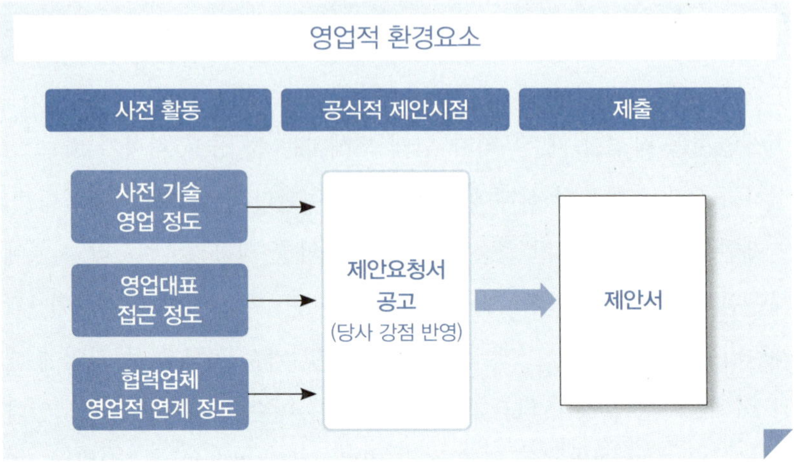

■ 사전 기술영업 정도

고객 혼자 사업기획서 및 제안요청서를 작성하며 입찰을 진행하는 경우는 매우 드물며, 기술 부분과 업무적 상세내용은 유지보수 혹은 기존 시스템을 개발한 협력업체의 도움을 받을 수밖에 없다. 사업기획 단계부터 고객에게 기술지원 및 예산수립 등 기술영업 차원의 사업발주 지원을 하게 되면, 경쟁사보다 한발 앞선 영업환경을 만들 수 있다.

■ 영업대표 접근 정도

영업대표의 고객 및 협력업체 친화도를 바탕으로 다양한 정보와 자료를 수집할 수 있으며, 이를 통해 보다 차별화된 전략수립이 가능하다.

■ 협력업체 영업적 연계 정도

작은 프로젝트라도 한 사업자가 모든 업무를 책임지며 진행할 수 없으므로, 어떤 협력업체와 협업하여 진행하는지가 매우 중요하다. 따라서 고객과 고객 업무환경을 잘 알고 있는 협력업체와 협업한다면, 더욱 현장감 있는 전략도출이 가능하다.

사업적 환경의 차이

앞에서 살펴본 '영업적 환경의 차이'가 영업대표 혹은 특정 제안팀원의 개인역량에 의존하여 제안의 출발점을 다르게 만드는 요소라면, 이와는 반대로, '사업적 환경의 차이'는 보다 조직 차원의 역량이라고 할 수 있다.

고객사의 선행사업, 관련사업 또는 다른 산업에서 유사사업의 경험을 바탕으로, 당사의 역량이 경쟁사 대비 열위인지(공성), 아니면 우위인지(수성) 또는 경쟁력이 비슷한지를 판단한다.

경쟁상황에 따른 사업환경

경쟁상황		사업환경
경쟁우위 (수성)	당사의 사업환경 우세	• 당사가 선행사업 수행 • 당사가 관련 또는 유사사업 수행
경쟁열위 (공성)	당사의 사업환경 열세	• 경쟁사가 선행사업 수행 • 경쟁사가 관련 또는 유사사업 수행
동등경쟁 (난타전)	당사 및 경쟁사 모두 특별한 우위가 없는 경우	• 당사가 선행사업을 수행하였으나, 이슈가 발생하여 인지도 추락한 경우 • 고객사가 오래간만에 사업을 발주하여 영업 기회가 없었던 경우 • 신기술 또는 일반화된 기술 적용으로 경쟁사 간 차별이 없는 경우

마찬가지로, 경주에서 경쟁사 대비 앞서서 출발하기 위해서는, 경험이 풍부한 협력업체와 협업이 필수적이다.

경쟁상황별 활용 가능한 제안전략과 관련해서는 「Part 3. 제안전략 수립 방법론」에서 상세히 설명할 예정이다.

출발점을 이해해야 이길 수 있다

앞에서 살펴본 바와 같이 '영업적 환경'과 '사업적 환경'에 대한 분석을 통해, 우리가 경쟁사와 비교하여 어떤 위치에 있는지를 확인할 수 있고, 그러한 이해를 바탕으로 차별화된 제안전략을 도출할 수 있다.

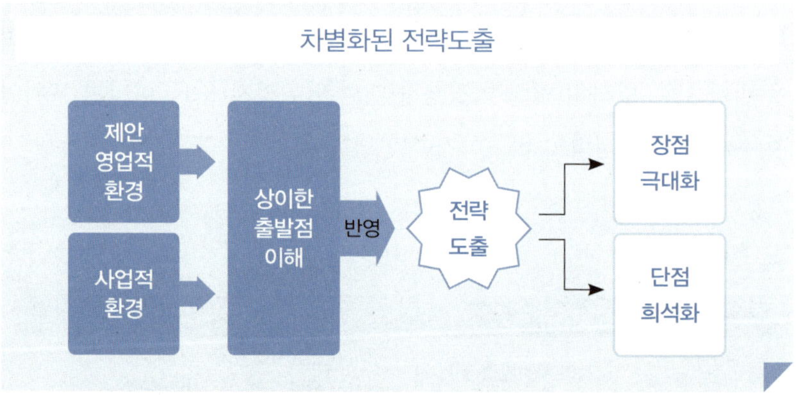

우리의 강점을 극대화하고, 단점을 희석화함으로써 경쟁사보다 높은 가치Value를 제공할 수 있다고 고객을 납득시킬 수 있는 것, 이것이 바로 제안전략 도출을 위한 출발점의 이해이다.

1.4 제안전략의 기본 사고, 경쟁 포지셔닝

차별화된 전략을 도출하기 위해서는 사고의 기준이 필요하며, 이러한 기준이 되는 것이 바로 '경쟁 포지셔닝에 대한 이해'라고 이미 앞에서 언급하였다. 이것은 분석대상별로 우리가 얼마나 경쟁력이 있는지를 판단하는 것으로, 입찰에서는 평가항목을 그 판단기준으로 한다. 필요한 경우, 고객의 관심사 또는 핵심 이슈를 중심으로 경쟁 포지셔닝을 분석하기도 하지만, 입찰공고서에 제시된 평가항목을 기준으로 경쟁 포지셔닝을 분석하는 것이 가장 적절하다.

평가항목은 산업에 따라, 그리고 사업 유형에 따라 다소 상이한 기준을 갖고 있지만, 일반적으로 다음과 같은 공통적인 평가항목의 유형으로 구성되어 있다.

- 사업수행계획 부문: 사업의 이해도 및 유사분야 수행경험
- 기술 부문(업무 부문): 납품내역에 대한 기술요건, 시스템 사양/기능 등의 구축 방안, 개발방법론 및 개발환경 등
- 관리 부문: 업체 일반현황(재무/인력/조직 등), 품질보증, 관리방법론 및 일정계획 등
- 지원 부문: 시험운영 방안, 교육훈련계획, 유지보수 방안, 보안준수 방안 및 비상대책 등
- 전문업체 및 상호협력 부문: 전문업체 참여, 상호협력 및 중소기업 보호/육성

어떤 평가항목의 유형이든 제안서를 써본 사람이라면, 모든 항목에 대해 경쟁 포지셔닝을 분석한다는 것이 현실적으로 얼마나 어려운지 잘

알 것이라 생각된다. 어떻게 보면 모든 항목을 분석한다는 것이 불가능해 보이기도 한다. 그뿐만 아니라, 경쟁 포지셔닝을 분석할 때에는 수치화된 정량적 기준이 없기 때문에, 일정 부분은 주관적 의사가 반영되므로 그 객관성에도 한계가 있는 것 또한 사실이다.

하지만, 아무리 어렵고 개인적 사고가 다소 추가된다고 하더라도, 차별화된 제안전략 도출을 위해서는 평가항목의 전체적인 분석뿐만 아니라, 세부 평가항목까지 꼼꼼히 살피며 경쟁사와의 비교를 통해 우리의 경쟁력을 분석하는 것이 반드시 필요하다.

평가항목별 분석방법과 관련된 상세한 내용은 「1.5 제안전략 차별화의 프레임워크Framework, 제안전략서」에서 살펴볼 예정이다.

제안전략 수립에 영향을 미치는 요소

제안전략에 영향을 미치는 요소는 특정 한두 개보다는 여러 요소가 복합적으로 영향을 미치며, 또한 상호의존적 그리고 상호보완적인 역할을 한다.

먼저, 기술력은, 요구사항, 즉 제안요청서의 과업내역에 대해, 제안사가 갖고 있는 해결역량을 의미한다. 특정 분야에서의 기술력이 경쟁

사보다 우월한 경쟁력을 갖는다면, 근본적이고 확실한 제안전략을 가질 수 있지만, 해당 기술력이 없다면, 단점을 보완하기 위해 협력업체와 협업하거나, 관련 경험이 있는 직원을 채용해야 경쟁사의 강점을 희석화할 수 있다.

가격경쟁력은, 이윤창출을 목적으로 하는 회사로서는 원초적으로 필요한 역량이며, 입찰에서 얼마나 낮은 가격으로 투찰하여 사업을 수주할 것인가에 대한 고민이다. 입찰에서의 평가는 일반적으로 기술점수와 가격점수로 구분되며 사업의 성격에 따라 9:1, 8:2 또는 최저입찰제 등 고객이 가격을 얼마나 중요하게 생각하는지에 따라 그 비율이 달라지게 된다. 공공사업의 경우 8:2, 민간 기업의 경우에는 7:3 또는 6:4의 비율로 공고하는 것이 일반적이다. 또한 가격경쟁력은 해당 조직의 구매력(구매팀 역량)에 의존적이며(때로는 프로젝트 관리자 역량에 의존), 이것은 결국, 제안팀이 전략을 수립하는 데 있어서 선택의 폭을 넓혀주는 역할을 할 수 있다.

영업경쟁력은, 전략수립에 큰 영향을 미치는 요소 중에 하나로, 역량이 부족한 회사지만 경험 많은 영업대표 한 명만 있어도 시장에서 두각을 나타내는 경우가 있을 만큼, 영업대표의 영향력은 매우 크다. 영업경쟁력은 일반적으로 규모가 큰 제안사일수록 조직역량에, 규모가 작은 제안사일수록 개인역량에 의존적인 경향이 있다.

경험은, 기술력을 증명할 수 있는 사례, 즉 참조사례Reference를 의미하며, 유사산업에 경험이 많을수록 고객의 신뢰를 얻을 수 있다. 실제로도 모든 입찰에서 제안사의 경험은 사업수행역량의 척도로 활용되고 있다.

투입인력은, 어느 산업을 막론하고 모든 평가위원이 가장 관심을 갖는 평가요소이다. 왜냐하면, 프로젝트는 결국 사람이 수행하므로 투입인력의 역량이 곧 프로젝트 성패에 직결되기 때문이다. 투입인력을 평가하는 기준은 두 가지로, 얼마나 많은 인력이 사업에 참여하는지, 그리고 얼마나 경험 있는 인력이 투입되는지이다. 사실, 많은 인력투입이 곧 좋은 품질을 의미하는 것이 아님에도 불구하고, 평가 현장에서 투입인력 수(M/M, Man/Month)가 인력평가에 중요한 잣대로 사용되고 있으며, 이러한 평가방식은 솔직히 아쉬움이 드는 것도 사실이다.

마지막으로, 협력업체는 사업에 따라 캐스팅 보트Casting Vote 역할을 할 정도로 매우 중요한 요소이다. 특히 우리의 강점을 극대화하고 약점을 보완하는 데 가장 효과적으로 사용할 수 있는 요소 중에 하나이다. 공공사업의 경우에는, 중소기업 상생에 높은 점수를 부여하므로 이에 대한 지원 방안이 매우 중요하다.

경쟁 포지셔닝에 따른 전략도출 방향

우리가 이번 사업에서 최적임자라고 고객을 납득시키기 위한 기본 방향은, 다음의 두 가지 패턴이 있다.

[희석화 전략]

경쟁사의 예상되는 강점과 관련하여, 당연히 우리도 잘할 수 있고,

[극대화 전략]

우리가 경쟁사보다 잘할 수 있는 것은, 사업성공에 매우 중요한 요소라고 크게 부각시키는 것이다. 설사 그것이 아주 사소한 것이라고 해도 말이다.

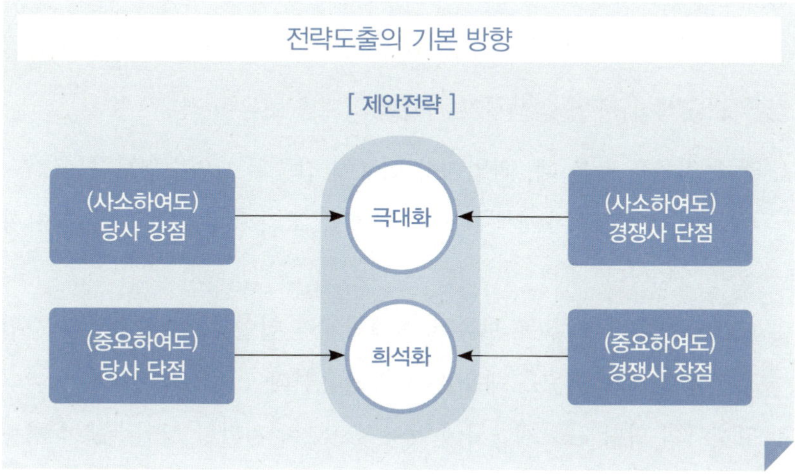

예시 고객사 업무에 대한 경험과 깊은 이해 보유

경우 1 [극대화 전략] 당사가 경험과 이해를 보유한 경우

1. 고객사는 다른 회사와 비교했을 때, 프로세스와 조직구성 측면에서 매우 독특한Unique 특성을 보유하고 있다. 따라서 고객업무에 대한 경험 없는 업체가 사업을 수행하면, 초기 적응문제가 발생하여 일정과 품질에 큰 리스크가 발생할 수밖에 없다.
2. 고객업무와 관련하여 내재화된 인력을 보유하고 있으므로, 분석/설계 단계를 최소화하고 테스트 단계에 집중함으로써, 품질향상을 위한 차별화된 프로세스가 가능하다.
3. 본 업무는 고객사의 업무생산성을 위해 A업무와 B업무를 연계해야 하며, 상호 복잡한 프로세스의 의존성이 있으므로, 경험과 이해가 매우 필요한 사업이다.

경우 2 [희석화 전략] 경쟁사가 경험과 이해를 보유한 경우

1. 전체 업무를 봤을 때, 과업대상 업무에 집중된 사업수행보다는(경쟁사 우위요소), 타 업무와(당사 우위요소) 연계를 고려해야 실질적 생산성 향상이 가능하다.
2. 고객사 업무 노하우를 보유한 협력업체와 협업Sourcing함으로써 사업 추진에 문제가 없음을 대응 논리로 활용한다.
3. 고객사의 담당자를 제안사에 채용함으로써 원활한 사업수행이 가능함을 강조한다(업무의 노하우 보유 및 고객과의 소통(Communication) 역할 부여).

중요한 것은, 고객을 납득시키기 위한 논리전개

고객을 납득시키기 위해서는, 제안전략을 중심으로 나만의 논리 전개가 필요하다. 전략은 전략대로, 제안서의 내용은 제안서 내용대로 작성한다면, 일관성과 연계성이 없기 때문에, 고객을 납득시키는 것은 둘째 치고, 앞뒤가 안 맞는 이상한 문서가 될 수 있다[77쪽「I. 국지적 통일성」및 265쪽「III.2.3 제안서의 스토리텔링 적용 방법」참조].

제안서가 일관성 및 연계성을 갖는다는 것은, 전략으로 제시한 것이 업무수행 부분에도 기술될 뿐만 아니라, 사업의 이해 및 사업관리 부분을 작성할 때에도 논리적으로 연계성이 있어야 한다는 것을 의미한다.

예시 제안서의 논리적 통일성

평가항목별로 경쟁 포지셔닝을 분석한 결과, '사업수행계획 부문'과 '개발 부문'은 경쟁사 대비 열위를 보이고 있고, '관리 부문'과 '지원 부문'은 동등경쟁, 마지막으로 '전문업체 및 상호협력 부문'에서만 당사의 강점이 있다고 가정해보자.

다시 말하면, 업무추진 측면보다는 협력업체 구성 중심으로 강점이 있다면, 제안서 개요부분을 작성할 때는 다음과 같은 논리적 흐름을 갖추어야 하는 것이다.

제안서의 논리적 전개

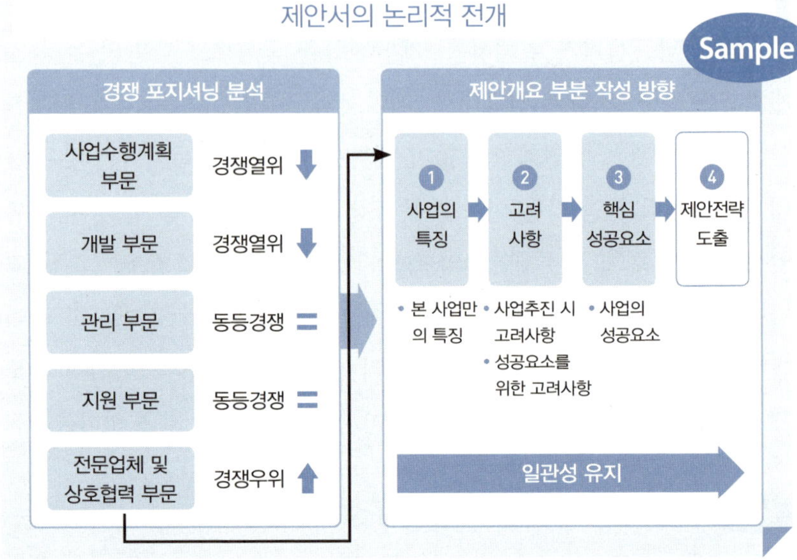

당사 경쟁우위 요소 중심의 일관성 있는 논리 전개

① 사업의 특징:

→ 고객사만의 독특한 업무가 존재함을 강조

→ 타사와 상이한 조직 및 프로세스 등이 존재

② 고려사항:

→ 따라서, 고객사 경험이 사업성공의 핵심

③ 핵심 성공요소:

→ 결국, 고객사 특수성을 이해하는 검증된 수행조직이 필요

④ 제안전략:

→ 그러므로 우리는 고객사 경험인력 70%를 투입

→ 또한, 기존 자산Asset의 재활용을 통한 품질확보 구성

1.5 제안전략 차별화의 프레임워크Framework, 제안전략서

10년이 넘는 기간 동안, 수많은 제안전략 컨설팅을 하다 보니, 첫 번째 제안전략 회의만으로도 제안팀이 어떤 성향을 갖고 있는지, 엔지니어 중심으로 구성되어 있는지 그리고 제안 경험은 얼마나 있는지 등을 쉽게 예상할 수 있었다.

대부분의 제안팀은 제안전략 회의에서 논의된 것을 충실히 이행하고, 제안전략 컨설턴트가 제시하는 방향대로 진행을 하려고 한다. 하지만, 일부는 본인들의 생각이 사업에서 더 적절하니, 굳이 컨설팅의 모든 부분을 따라갈 필요가 없다라고 생각하고, 본인이 이제까지 진행했던 전략 스타일을 고집하여 진행하는 경우가 가끔 있다. 이런 경우, 제안요청서에서 제시된 요구사항에 대해 기술 중심으로 구체적인 해결방안에 집중하여 제안전략을 수립하는 경우가 대부분이었다. 물론, 기술적 방안에 대해 구체적으로 설명해야 하는 것은 당연하다. 하지만, 기술 중심으로 작성하면 할수록, 평가위원은 "(내용을 정확히 모르겠지만, 어쨌든) 고생했네."라고 표현하지, "(이해가 잘 되도록) 잘 썼네."라고 표현하지는 않는다는 것이다. 보다 정확히 표현하자면, 기술 측면으로 깊이 들어가면 들어갈수록, 평가위원이 아닌 제안팀원의 자기만족에 가까워지는 것이다.

마찬가지로, 제안전략에 대해, "정말 고민 많이 했네. 설득력이 있어."라는 말을 듣기 위해서는, 고객이 얻게 되는 기대효과를 중심으로 보다 이해하기 쉽게 제안전략을 수립하는 것이 필요하다.

제안팀을 인터뷰하다 보면, 또 다른 특징 중의 하나가, 거의 모든 제안팀에서 경쟁사 상황을 고려하여 전략을 수립하고 있다고 말한다는 것이다. 하지만, 그 과정을 살펴보면, 구체적인 근거나 정황보다는, 제안 프로젝트 관리자제안 PM의 개인적 노하우를 중심으로, 그리고 선호하는 전략을 중심으로 작성하는 경우도 많이 있었다.

이러한 개인적 경험의 한계를 극복하고 3CCustomer, Company, Competitor 기반의 경쟁 포지셔닝을 분석하는 데 유용한 것이 바로 지금부터 이야기할 '제안전략서'이다.

■ 제안전략서 작성 목적

- 3C를 고려한 경쟁 포지셔닝 기반의 제안전략 도출
- 제안팀 구성원 간 소통Communication
- 제안작업의 역할과 책임R&R, Role & Responsibility 공유

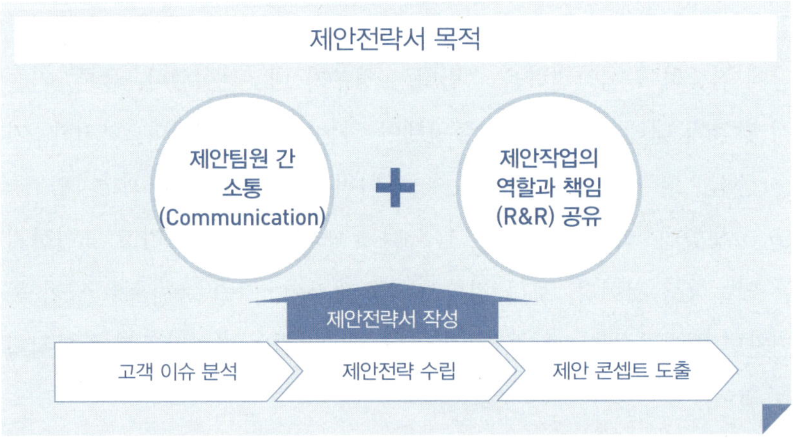

제안전략서는 고객의 이슈 분석을 통해 제안전략을 수립하고, 마지막으로 제안의 콘셉트를 수립하는 과정으로 구성되어 있으며, 각 항목별로 상세히 살펴보고자 한다.

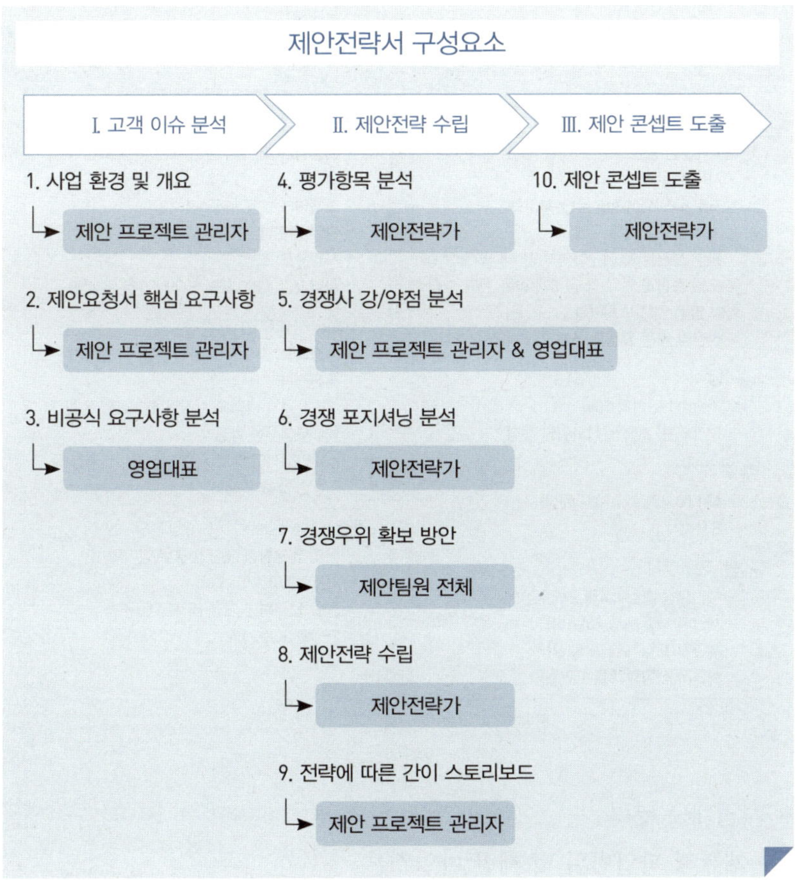

예시 [양식 Ⅱ-1] 제안전략서-① 사업 환경 및 개요

사업의 개괄적 정보에 대한 공유를 목적으로 한다.

1. 사업 환경 및 개요

I. 고객 이슈 분석

Sample

사업개요 분석

과업범위

1. 업무생산성 향상
   - 사내 업무 통합 설계
   - 프로세스 재설계를 통한 최적화
2. 정보화 컨설팅 계획 수립
   - 본부 전산실 및 전산실의 이전 시나리오 수립
   - 포털 통합 방안 수립 등 8개 항목 계획 수립
3. 현행 업무 인프라 최적화
   - 전산망 공동 활용 등 6개 업무 추진

평가방식

- 기술 80%, 가격 20%
- 평가위원: 조달청 심사위원 선정

주요 경쟁사

- A사 (D사와 컨소시엄 예상)
- B사

제안 주요일정

- 제안요청설명회: 4월 21일(금)
- 제안서 제출: 4월 25일(화)
- 제안 발표일: 4월 28일(금)
- 사업자 선정일: 5월 1일(월)

사업환경 분석

사업 일반

- 사업명: 통합 업무환경 개선 및 시스템 구축
- 고객사: ○○○ 부처
- 고객명: ○○○ 사무관
- 관련 기관: □□□ 부처
- 사업규모: 52억 원
- 사업기간: 00년 5월 ~ 00년 1월 (8개월)

고객의 사업추진 배경 및 목적

- 추진목표: 수요자 중심의 정보시스템 구축
- 추진전략:
  가. 사용자 관점의 시스템 최적화를 통한 업무생산성 향상
  나. 안정적인 정보 자원 이전 및 IT 통합 운영 효율성 제고

관련 선행/관련/유사 사업현황

- 통합 업무환경 개선 및 시스템 구축 1단계: 20XX. 06.
- 통합 업무환경 개선 및 시스템 구축 2단계: 20XX. 04.

○○○팀

■ 사업개요 분석

- 개괄적 과업범위 및 제안 마일스톤
- 기술점수/가격점수 비율 및 평가위원 정보
- 예상되는 주요 경쟁사

■ 사업환경 분석

- 사업명, 고객사, 규모 등 프로젝트 정보
- 관련 선행/관련/유사 사업 분석을 통한 연관성 분석

예시 [양식 Ⅱ-1] 제안전략서-② 제안요청서 핵심 요구사항 분석

2. 제안요청서 핵심 요구사항 분석 Ⅰ. 고객 이슈 분석

Sample

구분	핵심 요구사항
업무생산성 향상	• 현행 인프라 최적화 이행 • 개선 목표치 수립 - 현 업무 프로세스 분석을 통한 통폐합 계획 - 기존 10단계 업무 프로세스의 30% 단축 • 개선 방안에 대한 온/오프라인 협의체 구성 • 업무생산성 향상을 위한 전산시스템 분석
정보화 컨설팅 계획 수립	• 본부 전산실 및 각 지사 전산실의 정보시스템 이전 시나리오 수립 • 포털 통합 방안 수립 • 중장기 정보보호체계 수립 • 사용자 관리체계 개선 방안 수립 • 업무 통합 및 공동활용 범위 확대
현행 업무 인프라 최적화	• 현행 업무 인프라 최적화 이행 - 유휴장비 최대한 발굴 및 자산화 계획 수립 • 자산 재배치 계획 수립 및 이행 • 층간 구성원 배치 및 엘리베이터 활용 방안 수립

핵심 요구사항 분석은, 과업 중 고객의 주요 관심사, 핵심 요구사항 또는 이슈사항 등의 공유를 목적으로 한다.

분석기준을 핵심 이슈 중심으로 작성할 수 있으나, 영업환경 변경에 따른 수정, 보완을 용이하게 하기 위해 제안요청서상 과업목록을 중심으로 작성하는 것을 추천한다.

예시 [양식 Ⅱ-1] 제안전략서-③ 비공식 핵심 요구사항 분석

3. 비공식 핵심 요구사항 분석 Ⅰ. 고객 이슈 분석

Sample

구분	비공식 핵심 요구사항
업무담당자 (담당 고객)	• 업무생산성 향상을 위해 가장 필요한 전산시스템은 자원관리시스템임 • 온라인 협의체는 모바일 기능이 필수임 • 현재 자산에 대한 정확한 파악이 안 되어 있으므로, 재배치 이전에 조사가 필요함 • 포털 운영 방안에서 운영 단위별 정확한 운영조직 지정 필요 • 엘리베이터 활용 방안 제출 시 정확한 시뮬레이션 결과 제시 필요
담당 팀장 (관리자)	• 프로세스 개선을 하더라도, 품질관리 단계는 강화 필요 – 현재 1단계 품질관리를 2단계로 확대 필요 • 주요 개선 업무(Task)는 영업관리 프로세스 중심
○○○ 기관 (관련 기관)	• 협의체 진행 시 관련 유관기관의 참여기회 확대 필요 • 주요 의사결정 사항에 대해서는 실시간 공유 필요

고객 인터뷰를 해보면, 제안요청서상의 요구사항과 담당자의 요구사항이 상이한 경우가 종종 있으므로, 제안전략을 수립하는 데 있어서 비공식 요구사항은 매우 중요한 역할을 할 수 있다. 얼마나 다양한 고객의 의견을 친밀도 있게 수렴하는지가 곧 제안전략의 품질을 좌우하게 되는 것이다.

- 고객사 경영층 비공식 요구사항
- 고객사 현장담당자 비공식 요구사항
- 고객사 외 관련/협조 기관의 비공식 요구사항

예시 [양식 Ⅱ-1] 제안전략서-④ 평가항목 분석

4. 평가항목 분석

Ⅱ. 제안전략 수립

Sample

대항목	중항목	평가요소	배점기준
계획 부문	유사 분야에서의 사업수행 경험	…	30
	대상사업의 이해도	…	
	추진전략	…	
사업수행 부문	기능 및 성능	…	25
	사업수행 방법론	…	10
	사업수행 환경	…	
관리 부문	경영상태	…	10
	사업수행조직	…	
	품질보증 방안	…	
	관리방법론	…	
	일정계획	…	
지원 부문	시험운영	…	5
	교육훈련	…	
	유지보수 방안	…	
	기밀보안	…	
	비상대책	…	
전문업체 참여 및 상호 협력 부문	전문업체 참여	…	10
	상호협력	…	
	중소기업 보호, 육성	…	10

1. 핵심 평가항목 현황
   - 계획 부문(30), 사업수행 부문(35), 관리 부문(10), 지원 부문(5),전문업체 참여 부문(20)
   - 특히, 기능 및 성능 분야에서 25점으로 높은 평가 점수를 보임
2. 제안경쟁력 측면에서 점수 차가 예상되는 세부 평가요소
   - 계획 부문: 유사 분야에서의 사업경험
   - 사업수행 부문: 기능 및 성능(프로세스 개선 항목)
3. 세부 평가요소는 52개임
4. 시사점
   - 본 사업은 업무생산성 향상을 위한 프로세스 개선과 정보화 컨설팅수행 부문의 평가점수 비중이 높아 유사 분야에서의 사업경험이 평가 점수를 좌우할 것으로 판단됨
   - 관련 분야 경험이 수주/실주에 결정적 역할을 할 것으로 예상됨
   - 당사의 전산실 이전 및 구축의 사업경험에 대한 경쟁우위가 필요함

○○○팀

고객이 어느 부분을 중요하게 생각하는지 확인할 수 있는 것이 바로 평가항목과 그 배점이다.

■ 공공 등 조달청을 통한 IT사업

- 한국정보사회진흥원 사업관리 방안의 '기술성 평가기준'의 평가항목과 비교하여 각 배점의 차이를 분석

■ 비 IT Non-IT 또는 일반 기업의 사업

- 고객사에서 이전에 발주했던 타 사업의 평가항목과 비교하여 각 배점의 차이를 분석

예시 [양식 Ⅱ-1] 제안전략서-⑤ 경쟁사 강/약점 분석

5. 경쟁사 강/약점 분석 Ⅱ. 제안전략 수립

Sample

구분	당사	A사 (D사와 컨소시엄 예상)	B사
강점	• 통합 업무환경 개선 및 시스템 구축 1단계 • 고객 간 소통(Communication) 채널 확보 • 업무생산성 향상을 위한 프로세스 개선 노하우 보유	• 전산실 구축 및 이전 관련 사업의 풍부한 경험 • 사업의 약점을 극복하고자 사업경험자인 D사와 기술과 전략적 제휴 가능성 높음	• 현 전산실 구축업체로, 업무환경에 대한 이해 보유 • 고객 계층별 영업능력 보유
약점	• 통합 업무환경 개선 및 시스템 구축 2단계 사업 연기(Delay)로 고객 불만 발생 • 과장 레벨에서, 2단계까지 성과에 대해 불만의 목소리 존재	• 고객사 관련 경험이 없음	• 가격경쟁력 중심으로 저가 수주하여 프로젝트 수행 시 과업범위와 관련하여 고객과 이견이 자주 발생함
예상전략	• 고객사 업무역량 강조 • 고객사 업무환경에 대한 깊은 이해도 • 3단계 불만인 약점 → 강점으로 전환 • 별도의 컨설팅 조직 보유를 통한 사업수행	• 당사의 3단계 마무리 지연 강조 가능성 있음 • 이전 사업 관련하여 유사 사업의 경험을 강조할 가능성 높음	• 가격경쟁력 중심의 전략 예상 • 절감되는 예산을 고객의 다른 업무영역에 무상 지원

차별화된 제안전략을 수립하기 위해서는, 우리와 경쟁사가 어떤 장점과 단점이 있으며, 이것을 바탕으로 경쟁사는 어떤 전략으로 나올지, 그리고 우리는 어떤 전략을 수립할 것인지 분석을 한다.

주의할 사항은, 의지적 또는 희망적으로 분석하는 것이 아닌, 근거를 중심으로 하여 다소 보수적으로 분석하는 것이 전략수립에 도움이 된다.

예시 [양식 Ⅱ-1] 제안전략서-⑥ 경쟁 포지셔닝 분석

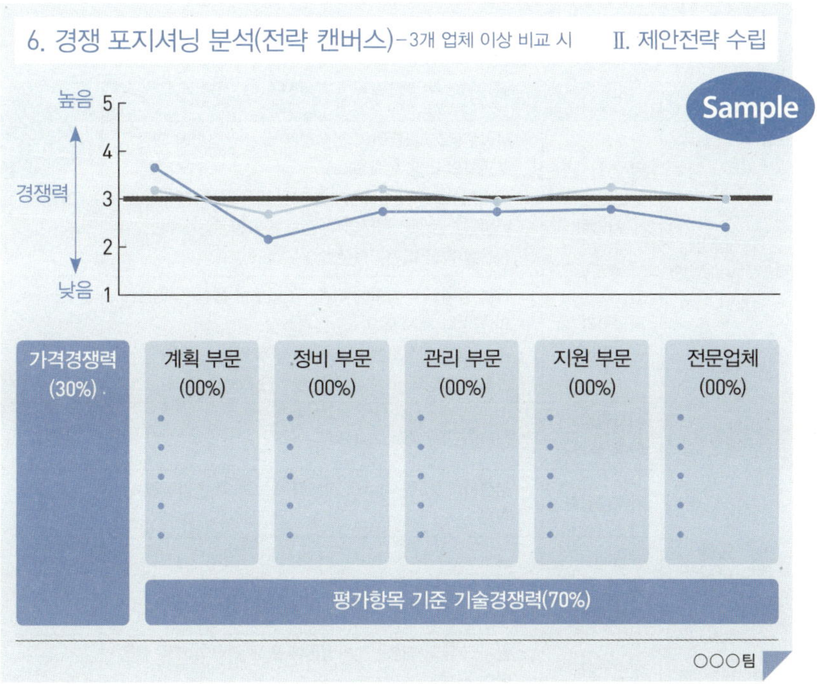

앞에서 경쟁사와의 장단점 및 예상전략을 분석했다면, '경쟁 포지셔닝 분석' 단계에서는 평가항목을 기준으로, 우리의 경쟁력이 어느 정도 수준인지를 확인한다. 이를 통해, 제안이라는 허들 경주에서 우리가 어떤 출발점에 위치하고 있고, 앞으로 어떤 부분을 '극대화'하고, 어떤 부분을 '희석화'해야 하는지 알게 된다.

예시에서는 우리의 경쟁력 단계를 3으로 하고, 계획 부문, 장비 부문 등 각 평가항목을 기준으로 경쟁사의 수준을 예측한 것이다.

예시 [양식 Ⅱ-1] 제안전략서-⑦ 경쟁우위 확보 방안

7. 경쟁우위 확보 방안 Ⅱ. 제안전략 수립

Sample

구분	경쟁 포지셔닝 분석에 따른 추가 역할		기한
제안 프로젝트 관리자 (제안 PM)	당사 일반현황 - 차별화	• 사업수행조직 (분야별 전문업체 및 수행경험에 의한 주관사의 리딩 능력 확보) - 업무시스템 : 1, 2단계 참여인력 투입 최대한 확보 • 컨설팅 : 컨설팅 전문업체, 정보보호 전문업체 확보 • 전산실 장비 이전 : 전문업체 구성	3/21
	사업관리 - 차별화	• 과업 범위의 다양화에 따른, 각 업무별 품질관리기준의 정량화 제시 필요 • 본 사업에 최적화된 방법론 커스터마이징 • 온라인 협의체 구성을 위한 솔루션 확보	3/21
영업 대표	심사위원 현황/섭외	• 지속적 파악 필요	3/25
	가격경쟁력	• 경쟁사와 0.5점 이내의 경쟁력 확보를 위한 협력업체 확보	3/27
	고객 요구사항 추가 파악	• 비공식 요구사항 추가 확보	3/17
	장비구성 - 차별화	• 당사 고유의 제품선정방법론에 의해 최적의 제품 선정 방안 상세화 - 다수의 유사 사업현장에서 검증된 장비 제시	3/25
제안 전략가	이행 방안 상세화	• 당기 확정된 전략아이템 기반의 이행 방안 상세화 구성	3/23

평가항목을 기준으로, 우리의 경쟁력이 어떤 위치에 있는지 확인을 했으니, 이제 이를 극복하기 위해서 어떠한 노력을 해야 하는지 정의하는 단계이다.

제안전략서를 작성하는 데 있어서 가장 중요한 장표 중의 하나로, 우리의 단점을 보완하기 위해 제안팀 주요 인력의 역할과 책임R&R, Role & Responsibility을 정하고, 지속적 회의를 통해 서로 체크하고 지원하는 활동을 수행할 목적으로 작성한다.

예시 [양식 Ⅱ-1] 제안전략서-⑧ 제안전략 수립

8. 제안전략 수립

Ⅱ. 제안전략 수립

Sample

전략 1 내재화된 경험과 노하우를 활용한 업무생산성 25% 향상

이행 방안 1-1. 사용자 중심의 업무프로세스 컨설팅 수행

- 현재 발생하고 있는 정보환경의 오류 및 개선사항에 대한 집중적 관리

업무프로세스 분석	프로세스 혁신을 통한 생산성 향상	전략 방향성
• 기간: 3개월 • 인력구성: 고객사 경험 인력 투입 • 업무적 특징: + 요구사항 집중 반영기간 + 현행 인프라 최적화	• 기간: 잔여 사업기간 (6개월) • 인력구성: 4명 상주 지원 (유지보수팀과 통합) • 지원특징: + 헬프데스크 중심의 시스템 안정화/최적화 + 문의사항 불편사항 응대(기능개선 활동)	• 고객 불만에 대한 대응 중심으로 사업수행 - 고객 신뢰회복 • 고객사 업무를 고려 - 빠른 시간에 업무효율성 증대

이행 방안 1-2. 프로세스 재활용을 통한 최적 업무환경 구축

- 기존 자원의 재활용

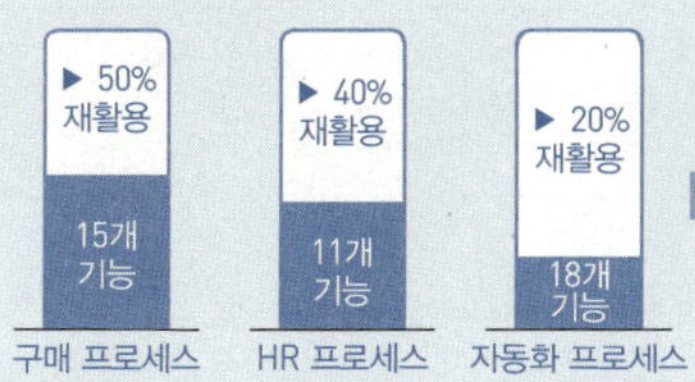

기간 단축으로 품질확보를 위한 여력확보

- 기능 재활용으로 추후 유지보수 용이
- 검증된 기능 적용으로 시행착오 최소화
- 테스트 기간 단축으로 사용자 중심의 기능 구성 용이

→ 타 사업자가 수행하면, 업무적 특수성 이해 및 정보화 환경 이해에 많은 시간 소요

OOO팀

'경쟁 포지셔닝 분석'을 통해 우리의 전략방향성을 수립하였으므로 해당 전략을 제안서에 구체적으로 어떤 내용으로 작성할지 정의하는 단계이다. 전략을 수립하기 전 '7. 경쟁우위 확보 방안'을 먼저 고민한 이유는, 좀 더 발전된 제안 영업환경을 확보한 후, 제안전략을 수립하기 위함이다.

주의할 점은, 제안팀원 간 정확한 커뮤니케이션을 위해 보다 구체적으로 기술하는 것이 필요하며, 방향성이 미확정된 경우 기본 방향성 중심으로만 작성하여 공유한다.

예시 [양식 Ⅱ - 1] 제안전략서 - ⑨ 간이 스토리보드

9. 간이 스토리보드 Ⅱ. 제안전략 수립

Sample

목차		제안전략 기반의 차별화 포인트
Ⅰ. 제안개요	1. 제안의 목적/전략	• 단계별 발전 로드맵 제시 • 사업수행전략의 세부 실행 방안 구체화 작성
	2. 제안범위	
	3. 제안의 특징 및 장점	
Ⅱ. 사업관리 방안	1. 사업관리계획	• 품질보증 방안 및 품질보증 전문인력 경험/능력 차별화 • 적용 기술의 국내/국제 인증 제시 및 기술적용계획표 준수 • 사업수행 리스크 및 대응 방안 제시
	2. 관리방법론	
	3. 산출물 관리 방안	
	4. 통제 및 위험관리 방안	
Ⅲ. 업무개선 방안	1. 업무프로세스 개선 방안	• 전략 2의 실행 방안에 대하여 구체화 제시 • 항목/방안 구체화 • 제안요구사항 100% 이상 수용
	2. 컨설팅 수행 방안	
	3. 생산성 향상 측정 방안	
	4. 요구사항 수용조건	
Ⅳ. 장비구성 방안	1. 제안장비 구성	• 전략 3에 대한 단계별 상세화 필요 • 최적제품 선정방법론 제시 • 자체 성능검증의 항목/평가 데이터 제시 • 제요청사항 규격 100% 이상 만족 • 효율적 태그 부착 및 유지관리 방안 구체화하여 차별화
	2. 제안장비의 소개 및 특장점	
	3. 제안장비 납품 및 설치 방안	
	4. 환경 구성 및 공사 방안	
	5. 자산태그 부착 및 진행관리	
	6. 제안장비 유연성	
	7. 규격사항 수용조건표	
Ⅴ. 유지보수 및 지원 부문	1. 유지보수 방안	• 전략 2의 실행 방안에 대하여 구체화 제시 • 항목/방안 구체화 • 제안요구사항 100% 이상 수용
	2. 기술지원	
	3. 교육훈련 방안	
	4. 사고대응 및 비상대책	
Ⅵ. 제안사 일반사항	1. 연혁 및 일반현황	• 전략 5의 실행 방안에 대하여 구체화 제시 • 사업실적은 당사뿐만 아니라, 협력사 사업실적 강조
	2. 제안사 경영상태	
	3. 전문업체 참여/협력	
	4. 사업수행조직	
	5. 인력투입계획	
	6. 전문업체 참여/협력	

제안전략서는 제안의 전략을 어떻게 가져갈 것인가에 대한 내용을 포함하지만, 제안서를 전체적으로 어떻게 작성할 것인지, 그리고 문서의 앞뒤를 어떻게 일관성 있게 작성할 것인가에 대해서도 가이드를 제공한다.

프로젝트 관리자PM가 기 수립된 제안전략을 바탕으로 자신의 생각을 추가하여 '간이 스토리보드'를 작성하고, 이를 바탕으로 사업관리자 또는 각 업무리더PL, Part Leader가 세부목차를 작성한 후 팀원에게 배포하여, 전체 콘텐츠 간 일관성을 확보한다.

예시 [양식 Ⅱ-1] 제안전략서-⑩ 제안 콘셉트 도출

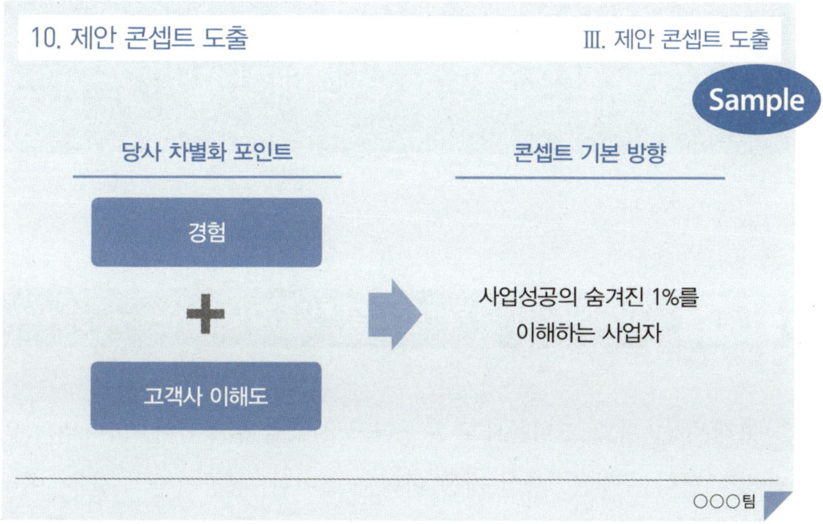

제안 콘셉트를 도출한다는 것은, 고객에게 우리 제안이 어떤 특징을 갖고 있는지, 우리가 이번 사업을 어떻게 바라보고 있는지 하나의 문장 또는 하나의 문구로 표현하는 것을 의미한다. 제안서를 작성하는 것만으로도 머리가 아픈데, 굳이 어렵게 콘셉트를 만드는 이유는, 의도된 하나의 개념을 부여하여 평가위원에게 더 오래, 그리고 더 좋은 이미지를 심어주기 위한 것이다.

제안 콘셉트를 설정하는 방법과 예시는 「Part 4. 제안에서의 콘셉트란 무엇일까?」에서 상세히 설명할 예정이다.

Part 2_
차별화된 전략도출을 위해, 사업의 본질은 어떻게 분석해야 할까?

2.1 사업추진의 근본적인 목적을 이해하는 사고

고객은 늘 바쁘고 힘든데도 불구하고 사업을 발주한다. 하나의 사업을 발주한다는 것은, 사실 매우 어려운 일이다. 공공기관의 경우, 여러 직책자들에게 보고를 하고 사업의 타당성에 대해 검증을 받은 후, 관련 조직과의 협의를 거쳐 조달청에 공고를 의뢰하여 사업을 발주한다. 민간기업의 경우에는 조달청이 아닌 사내 구매팀을 통해 공고를 낼 뿐, 보고의 많은 산을 넘어야 예산을 받고 사업을 추진하는 것은 동일하다고 할 수 있다.

그럼, 고객은 왜 이렇게 험난한 과정을 거치는데도 불구하고 사업을 발주할까? 그것은 바로 현재 겪고 있는 어려움이 너무나 크고, 당장 해결하고 싶은 마음이 간절하기 때문일 것이다. 반대로, 제안사의 입장에서는 바로 그 고민, 간절한 마음이 무엇인지 정확히 이해해야 경쟁사와 차별화된 전략을 수립할 수 있고, 나아가 사업수행 시에도 사업의 근본적 목적에 접근하여 프로젝트가 성공할 수 있는 것이다.

고객의 그 고민을 정확히 이해하는 가장 쉬운 방법은, 다음의 두 가지 질문을 스스로에게 계속해서 하는 것이다.

[사업목적] 고객은 이 사업을 왜 하는 걸까?
[기대효과] 사업을 통해서 고객은 무엇을 얻고 싶은 걸까?

먼저, "고객은 이 사업을 왜 하는 걸까?"에 대한 질문은, 곧 고객이 사업을 하는 근본적 목적을 분석하는 것이다. 험난하고 피곤한데 도대체 왜 사업을 발주할까에 대한 답이기도 하다. 간절히 해결하고 싶은 것! 그것이 바로 사업의 근본적 목적인 것이다.

두 번째로, "이 사업을 통해서 고객은 무엇을 얻고 싶은 걸까?"는, 첫 번째 질문을 통해 알게 된 사업추진 목적을 달성하게 되면, 고객에게는 어떤 기대효과가 발생하는가이다. 고객 입장에서 좋아지는 것, 그것을 통해 변화된 모습, 나아가 얻게 되는 가치Value가 이것에 해당한다.

다시 한번 강조하고 싶은 것, 사업의 본질을 이해하기 위해서는, 반드시 '근본적 목적'과 '기대효과'에 대한 분석적 사고와 접근이 있어야 가능하다.

사업의 '근본적 목적'과 '기대효과'

사실, 우리의 고객이 ITInformation Technology를 통해 얻고 싶은 것은 명확하다. 고객의 입장에서 IT는 '사업의 목적'이 아닌, '목적을 달성하기 위한 수단'으로 사용하며, 따라서, 사업의 '근본적 목적'과 '기대효과'를 분석할 때에는, 제안사 관점이 아닌, 고객사 관점에서 그 '목적'이 무엇인지 고민을 해야 한다.

고객사 관점의 고민에는 그 범위가 명확히 정해져 있으며, 그것은 100% 다음의 5가지 경우 안에 있다.

- 업무효율성 향상
- 생산성 향상
- 비용절감
- 리스크/이슈 제거
- 고객의 고객을 위한 가치Value 제공

업무효율성 향상Business Improvement은, 현재 고객사의 업무가 비효율적으로 운영되고 있어서, 이것을 해결하기 위해 IT 환경을 구축하여 업무혁신을 하려는 경우이다. 예를 들어, 어떤 한 회사가 주별, 월별 경영계획 자료를 산출하는데, IT 인프라가 빈약하여 여러 인력이 밤을 새워가며 보고서를 작성한다면, 회사 차원에서는 여간 비효율적인 업무처리 방식이 아닐 수 없을 것이다.

이러한 경우, 경영정보시스템을 구축하여 재무/회계정보를 실시간 산출하고 이런 데이터를 기반으로 다음 분기를 추정할 수 있는 시스템을 구축한다면, 한 번에 업무효율성을 높일 수 있을 것이다.

생산성 향상Productivity Improvement은, 현재의 낮은 생산성으로 업무환경에서 한계가 있는 경우, 이를 향상시켜 매출증대를 목적으로 IT 인프라를 활용하는 경우이다. 예를 들어, 생산라인에서 생산공정의 자동화율이 낮아 제품의 생산량을 올리는 데 한계가 있다면, 스마트 공장Smart Factory의 IT 기술을 적용하여 생산라인을 자동화함으로써 생산량과 품질을 함께 높일 수 있을 것이다.

비용절감Cost Cutting은, 고객사의 특정 업무에서 불필요하게 많은 비용이 발생함에 따라, 이 비용을 절감하기 위해 IT 인프라를 활용하는 것으로, 결국 이를 통해 이익증가가 발생하는 경우이다. 예를 들어, 한 조직에서 프로세스가 정형화되어 있지 않고, 또한 타 조직 간 데이터 연계가 원활하지 않아 불필요한 인력낭비가 심한 경우, 전사적 자원관리ERP, Enterprise Resource Planning 시스템 구축을 통해 데이터의 유연한 연계가 가능한 선진 프로세스 체계를 적용함으로써, 결국 비용절감 효과를 내는 것이다.

리스크/이슈 제거Risk/Issue Hedge는, 고객 업무 환경에서의 안정성 향상을 위해 리스크 및 이슈를 제거하는 경우를 의미한다. 예를 들어, 네트워크가 불안정하여 소비자에게 인터넷 서비스를 제공하는 데 문제가 있다면, 많은 비용이 드는 네트워크 증설 대신에, 기존 네트워크를 효율적으로 운영할 수 있는 모니터링 시스템을 구성하여 불안정한 네트워크에 효과적으로 대응할 수 있는 체계를 구축하는 것이다.

고객의 고객을 위한 가치 제공Value Proposition은, 우리의 고객이 영업활동을 하는 데 있어서, 고객의 고객에게 줄 수 있는 가치Value 및 서비스 등을 어떻게 향상시킬 것인가에 대한 고민으로, IT 인프라를 활용하는 경우이다. 예를 들어, 이동통신사에서 충성고객의 서비스 증대를 위해 마일리지 체계를 통한 다양한 혜택의 시스템을 구축한다든지, 대형마트에서 온라인 구매 사이트의 편의성을 높이기 위해 화면구성을 달리한다든지가 이에 해당된다.

아마도, '업무효율성 향상', '생산성 향상' 그리고 '비용절감'이 동일한 범주의 내용이라고 생각하는 사람도 있으리라 생각된다. 현재의 상황을 혁신한다는 측면에서 보면 동일한 범주라고 해도 크게 문제될 것은 없다. 다만, 기대효과 측면에서 고려해본다면, '업무효율성 향상'은 '업무개선'을, '생산성 향상'은 '매출증대'를, '비용절감'은 '이익증가'를 의미하므로, 고객 입장에서는 분명한 차이가 있으니, 반드시 세분화하여 사업의 '근본적 목적'과 '기대효과' 차원으로 고민해보기를 추천한다.

요구사항에 대한 '근본적 목적'과 '기대효과'

'근본적 목적'과 '기대효과'를 도출하는 데 있어서 보다 프레임적으로 접근하기 위한 '논리적 방법론'에 대해 살펴보고자 한다.

논리적 구성을 위한 피라미드 구조Pyramid Principle

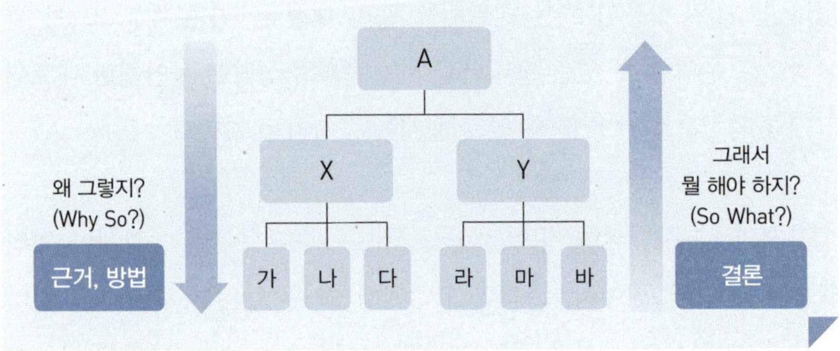

모든 컨설팅 책들에서, 논리적 구조를 구성하는 데 가장 효율적인 도구로, 바바라 민토Barbara Minto가 지은 『논리의 기술(*The pyramid principle*, 2002)』를 제시하고 있다. 이 구조에서 가장 핵심적인 것은, 각 계층 간 논리적 구조를 구성하기 위해, 'Why so'와 'So What' 사고를 해야 한다는 것이다.

요구사항에 기반하여 사업의 본질을 분석하는 것 또한 이러한 피라미드 구조를 통해서라면 보다 쉽게 접근할 수 있다.

예시 근본적 목적 및 기대효과 분석

버스정보시스템BIS, Bus Information System 사업 목적 및 기대효과

지금은 거의 모든 버스정류장에 보급되어 일상생활이 된 버스정보시스템, 즉 BIS는 어떤 버스가 언제 도착하는지 알려주는 시스템으로, 휴대폰과 같은 단말기 등에서도 확인할 수 있어 우리 생활에 매우 편리하고 유용한 정보를 제공해주는 시스템이다.

논리구조 활용방법에 대해 보다 쉽게 설명하기 위해, 이 버스정보시스템BIS 사업을 활용하여 사업의 본질이 무엇인지 살펴보겠다. 앞에서 언급했듯이, 버스정보시스템의 1차원적 목적은 '버스 운행정보를 제공하는 인프라 구축(1단계)'이며, 이 사실Fact에 "이 사업을 왜 하지(Why so)?"라고 질문을 해보자.

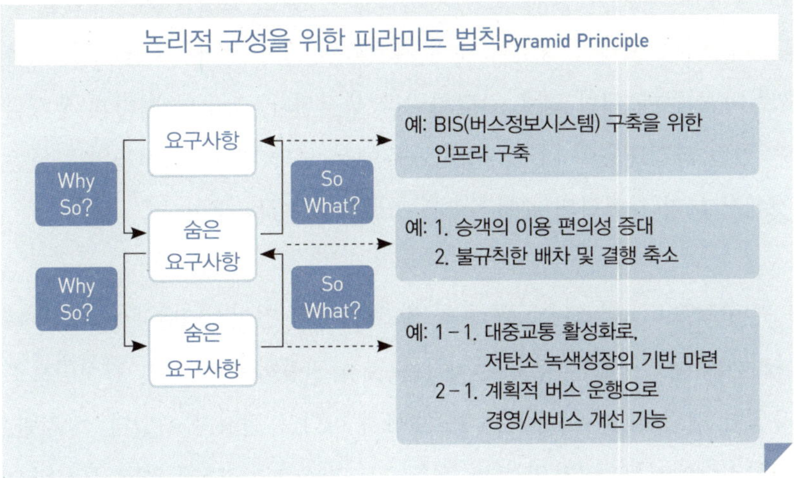

이 과정을 통해, 국민 입장에서는 '승객의 이용편의성을 증대'하고, 운송업체 입장에서는 '불규칙한 배차 및 결행을 축소'한다는 목적을 생각해낼 수 있을 것이다. 사실, 여기까지는 제안요청서나 사업계획서상

추진목적 및 기대효과를 꼼꼼히 살펴보면 알아낼 수 있는 내용이라 생각된다. 하지만, 경쟁사와 차별화된 전략을 도출하기 위해서는, 여기서 한 번 더 "왜(Why So)?"라고 고민을 해야 한다.

승객의 이용편의성이 증대됨에 따라(2단계) '이용 승객이 증가하여, 결국 버스 운영업체는 수익이 증대'되고, 사회적으로는 '저탄소 녹색성장을 할 수 있는 기반을 마련할 수 있다(3단계)'라는, 좀 더 발전된 사업목적을 발굴할 수 있는 것이다.

결국, 1단계와 3단계에서의 사업목적을 비교해보면,

- [1단계] 버스정보시스템 인프라 구축
- [3단계] 녹색성장 기반 마련 및 운송업체 경영 혁신

여러분이 생각하기에 이 둘 중에서, 어느 것이 더 사업에 대해 고민한 것처럼 보일까? 어떤 것이 고객에게 더 좋은 인상을 줄 수 있을까? 그리고 어떤 것에서 경쟁사 대비 차별화된 제안전략을 도출할 수 있을까? 이 질문에 대한 답은 간단하리라 생각된다. 누구나 뻔하게 생각할 수 있는 과업내용이 아닌, 고객 차원에서 보다 더 큰 비전을 제시하는 것에서 분명 차별화된 제안전략을 도출할 수 있는 것이다.

일반적으로, 비즈니스 문제를 해결하는 데 있어서 5단계(Toyota 5 Why 기법)까지 논리구조를 갖고 분석하는 것을 권장하고 있으며, 컨설팅으로 유명한 맥킨지McKinsey에서는 7단계까지 파악을 권장하고 있다. 하지만, 제안전략에서는, 필자의 오랜 경험으로 봤을 때, 2단계 Why 분석만으로도 충분하리라 생각된다.

사업 본질을 정의하는 사고와 관련하여 일반적인 패턴이 하나 있는데, 엔지니어일수록 기술 중심의 구체적인 방안에 집중하고, 영업Sales 관련 역할일수록 고객 관점의 기대효과에 집중하는 경향이 있다는 것이다. 그 이유는, 엔지니어일수록 구체적으로 어떻게 사업을 수행할 것인가를 고민하기 때문이며, 버스정보시스템으로 예를 들면, 버스 내 단말기와 인공위성 간 수신율을 어떻게 높일 수 있을까 등의 세부적인 부분에 관심을 갖는다. 반면에, 영업 관련 인력은 기술적인 부분에 지식이 상대적으로 낮고, 고객을 현혹시킬 영업적 관점으로 더 고민하기 때문에, 고객에게 멋진 꿈을 심어주기 위한 기대효과 중심으로 사고하는 것이다. 어느 것이 옳고 그름도, 맞고 틀림도 아닌 담당업무에서 나오는 사고의 차이라고 할 수 있다.

이렇게 구성원 간 업무 차이에서 나오는 편중되는 사고의 특성을 이해하고 제안팀원 간 정확한 공유를 위한, 가장 쉬운 방법은 '업무별 목적 및 기대효과 분석서'를 작성하는 것이다.

[양식 Ⅱ-2] 업무별 목적 및 기대효과 분석서

과업	목적	기대효과
업무 A (또는 요구사항)		
업무 B (또는 요구사항)		
업무 C (또는 요구사항)		

'업무별 목적 및 기대효과 분석서'는 각 업무단위별로 목적과 기대효과를 기술하는 문서로서, 구성원 간 업무별 방향성을 공유하는 문서이다. 구분이 되는 업무단위는 핵심 이슈 중심으로 작성할 수도 있으나, 제안요청서상 과업을 대상으로 작성하게 되면 요구사항에 대해 전체를 이해하는 데 도움이 되는 장점이 있다.

'업무별 목적 및 기대효과 분석서'를 통해 업무별 목적과 기대효과를 도출했다면, 해당 내용을 활용하여 논리구조The Pyramid Principle 방식으로 사업의 목적과 기대효과를 도출하는 데 활용하면 보다 쉽게 접근할 수 있다.

2.2 고객의 핵심 고민사항Pain Point의 접근방법

사업 본질에 대한 분석의 출발점인, '핵심 고민사항Pain Point 파악'을 위한 방법에는 크게 세 가지가 있다.

① 제안요청서 분석
② 인터뷰를 통한 분석
③ 검색을 통한 분석

① 요구사항 이해의 기본, 제안요청서 분석

고객의 '핵심 고민사항'을 분석하기 위한 출발점이면서 가장 쉬운 방법은 바로 제안요청서를 이해하는 것이다. 특히, 제안요청서상 '사업개요', '추진목표', '추진전략' 등 사업추진 방안 부분은 고객이 사업을 어떻게 바라보는지를 이해할 수 있는 가장 기본적인 척도에 해당된다.

- 사업개요: 사업명, 추진배경 및 필요성, 개요
- 현황 및 문제점: 정보화 현황, 업무 현황 및 문제점
- 사업추진 방안: 추진목표, 추진전략, 추진체계, 기대효과

② 인터뷰를 통한 핵심 요구사항 및 고민사항 분석

고객이 생각하는 바를 가장 정확히 이해할 수 있는 방법은 무엇보다 직접 대면하고 생각을 듣는 것이다.

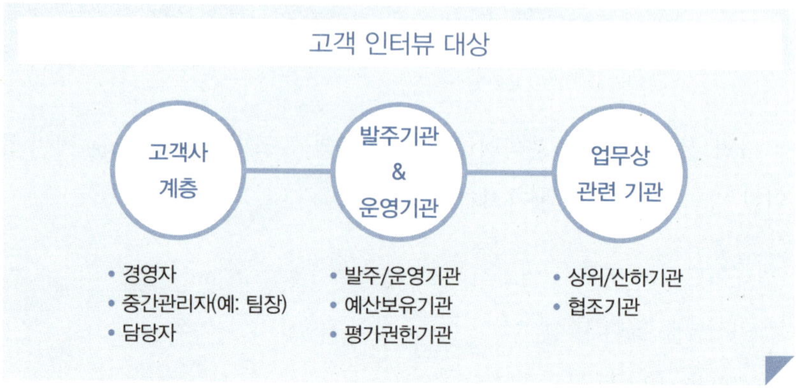

고객사 계층 분석은, 고객사의 경영자, 중간관리자 그리고 현업담당자별로 사업성공을 위해 어떤 부분이 가장 중요한지, 어떤 부분이 핵심 이슈인지 인터뷰를 통해 확인하는 것이다.

발주/운영기관 분석은, 사업을 발주하는 기관과 실제로 운영하는 기관, 예산을 보유하고 있어 입김을 내는 기관, 제안의 평가권한을 갖은 기관 등 입찰에서 역할과 책임에 의해 권한을 갖고 있는 다양한 기관의 의견을 수렴해야 한다.

업무상 관련 기관의 분석은, 사업이 완료된 후, 해당 인프라를 업무에 실제 활용하는 기관의 요구사항을 분석하는 것으로, 어느 기관보다 사업에 관심이 많은 기관이며, 또한 업무적으로 깊은 이해를 바탕으로 혁신에 대한 아이디어 또한 많은 고객이다.

앞에서도 설명했듯이, 이렇게 다양한 고객을 만나서 의견을 듣는 것은 매우 어려운 일이다. 고객이 시간을 내주는 경우가 드물 뿐만 아니라, 설사 시간을 내어주더라도 입찰에 참여한 업체에게 속 시원히 내부적 이슈까지 말해주는 경우가 드물기 때문이다. 하지만, 그렇더라도 협력업체를 동원하든, 지인을 통해 고객과 연결하든, 최대한 의견을 수렴해야 한다. 그래야 현장감 있는 내용과 차별화된 제안전략 도출을 위한, 다면적Multi-Aspect 사고가 가능하기 때문이다.

만약, 어느 한 업무에 대해 고객별로 다른 의견을, 또는 핵심 이슈에 대해 다른 방향성을 제시하는 경우에는 어떻게 해야 할까? 이런 경우에는 제안평가에 누가 더 영향을 미치는가에 초점을 맞추면 된다. 아무리 현업담당자가 사업의 핵심이 이것이다라고 이야기해도, 의사결정자가 다른 방향을 제시하면, 제안 단계에서만큼은 평가에 영향을 미치는 고객의 방향대로 이야기하는 것이 적절하다. 왜냐하면, 고객 간의 이슈가 있는 부분은 수주하고 난 후 사업수행 때 고민해도 늦지 않기 때문이다.

앞에서 설명한 것과 같이, 여러 인터뷰를 통해 수집된 요구사항(비공식 요구사항)에 대해 그 중요도를 분석하는 데 유용한 것이 '비공식 요구사항 분석서' 이다.

[양식 II-3] 비공식 요구사항 분석서

고객				비공식 요구사항			반영 여부
소속/직책	성명	역할	친밀도		영향력	중요도	

'비공식 요구사항 분석서'는 고객 인터뷰를 통해 발굴한 요구사항에 대해 그 중요도를 분석하여 제안서에 반영 여부를 판단하는 문서이다.

비공식 요구사항을 기술할 때, '영향력' 및 '중요도' 부분은 상/중/하로 표현하며, 요구사항의 상세내용을 기술할 때 주의할 사항은 오해나 의역이 없도록 고객이 언급한 말투, 단어 등을 그대로 적는 것이 중요하다. 또한 역할 부분에는 해당 고객이 제안평가에 얼마나 영향을 미치는지, 혹은 사업수행 때 어떤 역할을 하는지 등을 기술하여 비공식 요구사항을 반영하는 데 중요한 척도로 활용한다.

[양식 Ⅱ-4] 핵심 이슈 분석서

핵심 이슈 그룹	이슈 상세내용			고객			반영 여부
		중요도	영향도	소속/조직	성명	역할	

참고로, '핵심 이슈 분석서'는 고객의 의견을 이슈를 중심으로 그루핑하여 정리하는 양식으로, 작성방법은 '비공식 요구사항 정의서'와 동일하게 작성한다.

다만, 두 문서의 차이는 고객의 의견을 중심으로 작성하는가 아니면, 이슈를 중심으로 작성하는가의 차이이며, 제안상황에 맞게 양식을 선택하여 작성하면 된다.

③ 검색을 통한 핵심 요구사항 및 고민사항Pain Point 분석

세 번째는, 모든 사람들에게 공개된 정보이나 상대적으로 간과되고 있는 고객과 관련된 인터넷 정보이다.

유형	내용	분석 관점
매스컴(기사)	고객사 관련 사회적 이슈, 문제, 장단점 및 특징	• 경쟁상황의 장단점 분석 • 사업의 핵심 사항(Key Point)과 연계
관련 자료	논문 등 관련 자료	• 과업에 대한 이해 확대 • 사업의 핵심 사항 • 유사사업의 핵심 성공요소
고객사 홈페이지	고객사의 비전, 이념 및 추구하는 가치	• 고객사 비전과의 부합(Align) 여부 • 미래방향(To-be)에 대한 방향성 • 사업과 관련된 고객사 활동

먼저, 매스컴을 통한 검색은, 기사와 같이 일반적인 채널을 통해 국민에게 공개된 고객사 정보에 대해 확인하는 것을 의미한다. 실제로, 고객사 관련한 기사를 검색해보면, 그동안 몰랐던 고객사 현황을 상대적으로 보다 쉽게 확인할 수 있다. 예를 들어, 고객사 업무시스템에 문제가 발생했다던지, 사회적 이슈가 발생하여 접속 폭주로 인해 서버가 다운됐다는 등, 제안전략으로 활용할 수 있는 아이템을 확보할 수 있다. 특히 경쟁사와 관련된 문제, 이슈 등의 기사라면 더더욱 유용할 것이다.

필자의 경우, 제안팀에 투입되기 1~2일 전에는 반드시 기사를 검색하여 고객사 현황과 유사사업에서 핵심이 무엇인지를 확인한다. 예를 들어 사회적으로 큰 이슈가 되었던 사업에 투입되었을 때, 이틀 동안 출력한 기사가 100페이지가 넘었고, 그런 기사 내용만으로도 당사와 경쟁사의 장단점, 그리고 예상되는 전략을 정리할 수 있을 정도였다. 제안팀에 투입되기도 전에, 제안요청서를 읽기도 전에, 그리고 고객과 제안팀원 인터뷰를 하기도 전에, 이미 사업에 대해 제안전략의 방향성을 어느 정도 머리에 정리한 것이다. 물론, 예시로 설명했던 사업의 경우, 사회적으로 큰 이슈가 되었던 만큼 기사도 많았던 것은 사실이다. 하지만, 꼭 이슈가 된 사업이 아니더라도 고객사 관련된 기사는 반드시 있기 때문에 현황을 이해하는 데 큰 도움이 된다.

논문 등 관련 자료의 검색은, 과업과 관련하여 보다 깊은 정보를 얻을 수 있다. 일반적으로 과업에 대한 내용 또는 방향성에 대해 깊은 지식이 없는 경우에 주로 활용된다. 특히, 사업의 핵심이 무엇인지, 성공요소는 무엇인지 그리고 어떤 성공사례가 있는지를 중심으로 검색하면 전략을 수립하는 데 도움이 된다.

마지막으로 고객사 홈페이지 검색은, 고객사의 비전 그리고 그동안 어떤 사업을 진행했는지 등을 확인하는 데 용이하다. 비전 및 미래방향 To-be에 대한 정보는, 고객사가 향후 나아가고자 하는 방향성을 이해할 수 있으므로 제안전략으로 활용이 가능하다. 또한, 사업추진 이력 정보는 공고된 사업의 다른 사업과의 관계를 확인하는 데 힌트를 얻을 수 있다.

2.3 고객 고민사항 분석의 주의점

제안팀에 투입되면, 모든 제안팀에서 공통적으로 듣는 불평이 하나 있다. 그것은 바로 "제안서를 작성할 시간도 부족한데, 어떻게 한가하게 인터넷을 검색하고 논문을 찾아볼 수 있겠습니까?"라는 것이다. 맞는 말이다. 제안작업은 짧은 시간에 많은 작업을 하다 보니 야근도 많고 힘든 작업임에는 틀림없다. 그렇게 힘든데 추가적으로 어떤 일을 해야 한다면, 화가 나는 것이 당연하다. 하지만, 우리가 이렇게 힘든 제안작업을 왜 하는지, 그리고 제안서를 작성하는 목적이 무엇인지 생각해 보면 그런 생각은 조금 바뀔 수 있다고 생각한다.

제안서를 작성하는 목적은, 제안서를 제출한다는 그 자체가 아니라, 수주를 통해 경쟁에서 살아남기 위한 것이다. 경쟁에서 살아남기 위해서는 남보다 더 많이 알고, 더 많이 고민해야 하는 것은 당연한 것이라 생각한다. 똑같이 밤새워 고생했는데, 누구는 사업을 수주하고 누구는 실주한다면, 여러분이라면 어떤 결과를 선택하겠는가?

사업의 본질과 핵심이 무엇인지 이해하는 데 있어서, 편중된 정보에서 벗어나기 위해 제안요청서 외에도 인터뷰 그리고 검색을 통한 정보수집이 필요한 이유이다.

고객의 핵심 요건과 당사의 논리 연계

정보를 검색하고 수집하는 것에도 한 가지 주의할 것이 있다. 그것은 바로 우리의 강점, 우리가 생각하는 사업의 성공요소, 그리고 우리가 생각하는 사업 이슈에 대해, 수집된 정보와 연계하여 해석해야 한다는 것이다.

우리가 회사에서 회의를 하다 보면, 같은 이야기를 했는데도 불구하고, 회의에 참석했던 직원이 각자 다르게 이해하고 있는 경우가 종종 있다. 그것은 바로 서로가 자기만의 사고와 경험 중심으로 해석하고 기억하기 때문이라 생각된다. 마찬가지로 제안작업에서도, 고객 정보는 사실Fact로 받아들이되, 전략도출을 위한 해석은 우리 강점, 우리가 생각하는 사업의 성공요소 그리고 우리가 생각하는 사업 이슈와 연계하여 생각해야 한다. 이것은 사실Fact을 왜곡하는 것이 아니라, 전략을 도출하기 위한 논리적 전개를 마련하는 것이다.

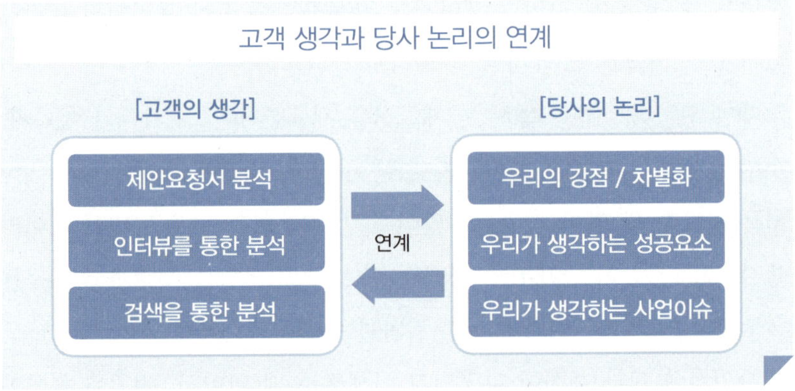

Part 3_

전략은 어떤 내용, 어떤 프로세스로 수립해야 할까?

3.1 제안전략 수립 방법론

제안작업을 하다 보면, 누구나 사업을 수주하는 데 있어서 가장 중요한 것이 전략이라고 말하며, 경쟁사에 차별화된 전략을 도출하기 위해 많은 노력을 한다.

하지만, 실제로 전략을 수립하는 과정을 살펴보면, 고객사 업무환경을 잘 알고 있는 어떤 업체와 협업을 해야 할지, 어느 제품이 더 비용이 저렴한지, 그리고 어떤 추가제안을 해서 고객에게 잘 보일지 등에 집중하는 경우가 있다. 물론 우리의 경험과 역량을 보완하기 위해 매우 중요한 전략임에는 분명하다. 하지만, 이러한 사업관리 측면이나 원가 측면의 전략들은, 영업환경이 바뀌거나 직책자와 단 한 번의 미팅으로 삭제될 수 있는 전략들로, 우리 제안서의 경쟁력을 근본적으로 향상시키는 것에는 한계가 있다. 왜냐하면, 경쟁사를 이기기 위한 전략을 내부가 아닌, 외부에서 찾으려고 했기 때문이다. 내부에서 경쟁력을 찾는 것, 바로 사업관리, 추가제안 등과 같은 장식품Decoration보다는, 사업의 본질적 측면에서 차별화된 전략을 수립하는 것이다.

오해하지 않도록 다시 한번 말하자면, 사업관리 측면의 전략은 우리의 단점을 보완하는 데 매우 중요한 전략임에는 틀림없지만, 좀 더 업무적 차원의 접근이 필요하다는 것을 강조하는 것이다.

■ 본질本質: 사물이나 현상을 성립시키는 근본적인 성질

그럼, 사업의 본질에 접근하는 전략이란 무엇일까? 사업의 본질적인 측면의 전략이란, 예를 들어 회계시스템을 구축한다면, 회계업무의 생산성을 향상시키는 방법을, 버스정보시스템BIS을 구축한다면 승객의 이용편의성을 높이고 불규칙한 배차를 개선할 수 있는 방법을, 스마트팩토리를 구축한다면 작업생산성을 향상시키기 위해 어떻게 할 것인가에 대한 구체적 방법을 제시하는 것을 의미한다. 이러한 접근이 너무나 당연한 것 같지만, 실제로 우리 제안서에는 이러한 본질적 접근에 대한 내용이 생각보다는 많지 않다는 것이 현실이다.

고객이 듣고 싶어 하고 궁금해하는 것은 바로 사업의 근본적 질문에 대한 해답임을 꼭 기억해야 할 것이다.

제안전략을 수립하는 데 있어서 가장 중요한 것

인생에 정답이 없는 것처럼, 사람 사이에서 정답이 없는 것처럼, 제안전략에도 또한 모든 상황에 맞고 언제든 고객의 마음을 사로잡는 정답은 없다.

하지만, 제안전략에는 일정한 유형과 패턴이 존재하고, 그 유형과 패턴 중 적절한 전략을 선정한 후 제안환경에 맞게 변형하여 적용을 해야 한다. 이런 과정을 통해 경쟁사보다 더 높은 가치를 제공한다고 고객을 납득시키는 것이다. 어떻게? 바로 우리의 논리로 말이다. '우리가 이번 사업을 바라봤을 때, 이 사업이 성공하려면 이러이러한 부분이 가장 중

요하니, 우리가 그것을 해결할 방안이 있다'라고 설득하면서 말이다.

제안전략이란 결국, 사업이 성공하기 위해서 반드시 필요한 것, 이것을 우리의 논리로 고객을 납득시켜 우리의 생각에 동의하도록 만드는 것이다.

제안전략 도출의 프레임Frame, '제안전략 수립 방법론'

제안전략을 수립하는 방법론은 크게 두 단계로, '전략도출' 그리고 '전략평가'로 구성되어 있다.

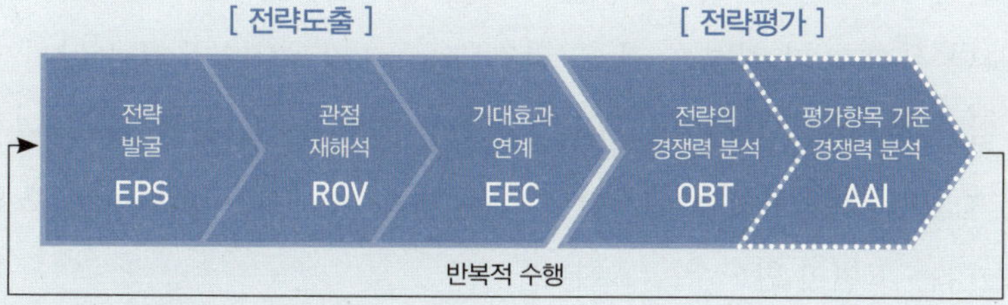

EPS: Essence & Paradigm shift Strategy
ROV: Reinterpretation Of Viewpoint
EEC: Expected Effect Connection
OBT: Only & Better & Too
AAI: Analysis Of Assessment Items

먼저, '전략도출' 단계는 3단계로 구성되며, EPSEssence & Paradigm shift Strategy는 '기술적 측면의 전략도출'을 의미한다. 사업의 본질적 측면Essence과 사고의 전환 측면Paradigm Shift으로 사고하고 분석하여 경쟁사와 차별화된 전략을 발굴하는 단계이다.

ROVReinterpretation Of Viewpoint는 '고객 관점의 재해석'을 의미한다. 제안에서 기술적 측면의 차별점을 강조하는 것은 당연하다. 문제는, 평가위원으로 들어오는 고객의 대부분은 엔지니어가 아니라 직책자 또는 대학 교수분들일 가능성이 매우 높다는 것이다. 따라서 기술적 측면의 내용을 좀 더 고객 관점에서 쉽게 풀어주는 것이 필요하다.

EECExpected Effect Connection는 '기대효과와의 연계'를 의미한다. 기술적 측면을 고객 관점으로 재해석하였고, 이것을 통해 고객사에 어떤 효과가 발생하는지, 어떤 점이 좋아지는지 등의 기대감을 갖게 하여 전략을 극대화하는 단계이다.

두 번째 단계는 '전략평가'로, OBTOnly & Better & Too는 '당사 전략의 경쟁력 분석'을 의미한다. 'Only'는 우리만 할 수 있는 것, 'Better'는 경쟁사보다 우리가 더 잘하는 것, 그리고 'Too'는 경쟁사나 우리나 같이 할 수 있는 것으로 구분하여, 도출된 전략의 경쟁 수준을 분석하는 단계이다. 중요한 것은 'Too'에 위치한 전략은 'Better'로, 'Better'는 'Only'로 끌어올리는 고민이 반드시 필요하다.

AAIAnalysis Of Assessment Items는 '평가항목 기준의 경쟁력 분석'을 의미한다. 앞 단계까지는 전략을 도출하고 그 전략이 경쟁사 대비 얼마나 경쟁력이 있는지 분석했다면, AAI 단계에서는 평가항목을 기준으로 얼마나 경쟁력이 있는지 분석하는 단계이다.

전략도출 과정을 세부적으로 설명하기 위해 전체 5단계로 구분하였으나, 제안업무에 익숙한 사람이라면 EPS, ROV 및 EEC 의 3개 단계를 상황에 맞게 유연하게 적용하며 한 번에 수행하여도 된다.

다만 중요한 것은, 경쟁사에 차별화된 전략도출을 위해, '전략도출'과 '전략평가' 단계를 영업환경 변화에 따라 반복적으로 수행해야 한다는 것이다.

3.2 이기는 '전략도출'의 프레임Frame

'전략도출'은 전략발굴EPS, 관점 재해석ROV, 기대효과 연계EEC 단계로 진행된다고 이미 언급하였고, 지금부터는 하나하나 상세히 살펴보도록 하겠다.

■ 전략도출의 절대 프레임, EPS 기법

전략발굴EPS은 사업의 본질적 측면Essence과 사고전환 측면Paradigm Shift을 바탕으로 다면적Multi-Aspect 사고를 통해 차별화된 전략을 도출하는 것을 의미한다.

1. 사업의 본질Essence

① 고객이 정말 고민하고 있는 것에 대한 분석

앞에서 설명했듯이, 사업의 본질 측면에서 고민한다는 것은, 회계시스템을 구축한다면 회계업무의 생산성을 향상시키는 방법을, 버스정보시스템을 구축한다면 승객의 이용편의성을 높이고 불규칙한 배차를 개선할 수 있는 방법을, 스마트팩토리를 구축한다면 작업생산성을 향상시키는 방법을 고민하는 것이다.

고객의 고민에 대한 분석기준은, 비공식 요구사항 등을 고려하여 제안요청서의 업무구분을 기준으로 작성하거나, 또는 이슈 중심으로 작성할 수 있으며, 제안팀 상황과 입찰 특징에 따라 유연하게 정의하면 된다.

■ 고객 고민에 대한 분석기준

- 제안요청서 업무분 또는
- 핵심 이슈 사항

※ 제안전략 수립 방법론의 각 단계별 차이를 이해하기 위해 '(가칭) 사고대응시스템 구축사업'을 기준으로 예를 제시할 예정이며, 참고로 '사고대응시스템'이란, 태풍, 홍수, 지진 등 자연재해뿐만 아니라 사람에 의한 화재와 사고로부터 국민의 재산과 생명을 보호하기 위한 대응시스템을 의미한다.

※ 해당 내용은 소방기술사 교육내용 및 관련 사업의 제안요청서 내용을 기반으로 작성하였으며, 특정 사업을 대상으로 작성하지 않았다.

예시 사고대응시스템 구축사업의 고객 이슈 분석: 프로세스 기준 – 사업의 본질적 요소 분석(가정)

대응 활동별 사업본질 도출

Sample

관리 단계	대응 활동	활동 단계별 고객이 고민하는 사업의 본질적 요소
예방/대비	감시/예측	• 발생의 사전감시역량 향상 방안 • 전국 안전 통합관제 모니터링 방안
사고 대응	신고접수	• 접수 통합관리 및 신속한 인근 소방서 배정 방안
	대원출동	• 도로상황 및 교통상황을 고려한 최단거리 안내 방안
	구조작업	• 지하에서도 작전 수행을 위한 통신기술 및 단말기 납품 • 화재 등에 대처 가능한 망 생존성 등 확보
복구	구호활동	• 이재민 물자 지원, 피해복구 지원 방안 등 방안

예시에서는 업무 프로세스 기준, 즉 5단계의 대응 활동을 기준으로 고객이 생각하는 사업의 핵심, 예상되는 이슈 그리고 구축의 방향성을 기술하고 있다.

앞에서 살펴본, '비공식 요구사항 정의서', '핵심 이슈 분석서' 등의 문서를 활용하여 작성 가능하다.

② 우리가 정말 잘할 수 있는 것에 대한 분석

①에서 고객의 고민과 이슈사항에 대해 분석을 했다면, 이러한 분석 결과를 바탕으로 우리는 어떤 역량이 있는지, 그리고 우리가 정말 잘할 수 있는 것은 무엇인지 고민을 해야 한다.

우리가 잘할 수 있는 것에는 두 가지 측면이 있으며, 과업과 조직 차원에서의 강점이 이에 해당된다.

- 과업 측면: 제안요청서상 과업과 관련된 기술적 역량
- 조직 측면: 과업과 별개로, 회사가 갖고 있는 기술적 역량

일반적으로, 큰 조직일수록 전사에서 진행하는 업무를 모두 알기 힘들고, 숨어 있는 우리의 경쟁력들이 많이 있을 수 있다. 따라서, 과업 내용과 별개로 우리 회사의 기술적 역량을 분석할 때에는, 관련 조직과 회사 내 타 제안서를 참조하면서 파악하는 것이 필요하다.

예시 대응체계 구축사업에 대한 당사 강점 분석: 업무 프로세스 기준 – 우리의 강점 분석(가정)

먼저, 우리가 갖고 있는 기술적 차별점과 관련하여, 전체 5단계의 대응 활동 중, '감시/예측', '대원출동' 그리고 '구조작업' 단계에서 기술적 차별점이 있다고 가정해보자.

- '감시/예측' 단계: 전국 물류유통을 관리하는 국내 최대 관제센터를 구축/운영한 경험을 보유하고 있으며, 이것을 전국 대응체계 구축 시 활용 가능
- '대원출동' 단계: 자체 보유한 내비게이션을 활용하여, 발생 시 교통 상황에 따라 우회도로 안내 가능
- '구조활동' 단계: 지하에서도 통신이 가능한 기지국 기술을 보유하여 소방대원이 지하에서도 원활한 작전수행이 가능

이러한 조직 측면의 강점을 정리하면 다음과 같다.

대응 활동별 당사의 기술적 강점 도출

Sample

관리 단계	대응 활동	당사 관점의 잘할 수 있는 요소
예방/대비	감시/예측	• 국내 최대 택배 물류 관제센터 보유 (전국 관제센터 구축 및 운영 역량보유)
사고 대응	신고접수	-
	대원출동	• 교통상황을 실시간 반영하여 안내하는 내비게이션 (사용자에게 기 검증된 인지도 1등)
	구조작업	• 지하에서 통신 가능한 기지국 보유
복구	구호활동	-

두 번째는, 과업 외 회사 차원에서 어떤 강점이 있는지 확인해야 한다. 예를 들어, 우리 회사는 차세대 신기술에 관심이 많아 연구개발 R&D, Research & Development에 많은 역량을 집중하고 있으며, 특히, 최근 이슈화되고 있는 드론, 빅데이터 그리고 사물인터넷IoT, Internet of Things 분야에 시장경쟁력이 있다고 가정해보자.

과업 외 조직 측면의 기술적 강점 도출

조직 측면 기술적 강점	차세대 신기술 보유 (드론, 빅데이터, IoT)

과업 외적으로 우리가 어떤 강점이 있는지 확인했으니, 이것을 어떻게 과업과 연결시키느냐가 남았고, 다음과 같이 대응 활동에 추가할 수 있다.

- '감시/예측' 단계: 빅데이터 기술을 활용하여 사고가 자주 발생하는 환경적 상황(날씨, 지역, 지형 등)을 분석하여, 해당 지역에 감시역량을 향상시키는 차별점 제시

- '신고접수' 단계: 드론을 활용하여 대원이 현장에 도착하기 전 상황을 파악할 수 있는 차별화 가능

과업 외 조직 측면의 기술적 강점 연계

Sample

과업 측면		회사 측면
우리가 잘할 수 있는 것	+	우리가 잘할 수 있는 것

대응 활동	활동 단계별 우리가 잘할 수 있는 요소
감시/예측	• 일원화된 전국 관제센터 구축 (통합 스크린) • 빅데이터(Big Data)를 활용하여, 날씨, 지형 등 환경적 요소와 사고 유형 간 분석
신고접수	드론을 통한 재해현장 분석 가능
대원출동	교통상황을 실시간 반영하는 내비게이션 (사용자에게 기 검증된 인지도 1등)
구조작업	지하에서 통신 가능한 기지국 보유
구호활동	–

③ 고객 고민과 우리 장점의 비교를 통한 경쟁력 분석

과업에 대해 업무단위별로, 고객은 어떤 고민을 갖고 있고, 그것에 대해 우리는 또 어떤 역량과 차별점을 갖고 있는지 연결하여 확인하는 것만으로도 우리의 경쟁력 그리고 어떤 부분에서 역량을 키워야 하는지 한눈에 쉽게 확인할 수 있다.

대응 활동별, 고객 고민과 당사 강점 비교

Sample

관리 단계	대응 활동	고객이 고민하는 사업의 본질적 요소	당사 관점의 잘할 수 있는 요소
예방/대비	감시/예측	사고발생의 사전 감시역량 향상 전국 사고안전 통합관제 모니터링 방안	통합 스크린으로 전국관리 용이 사고예상 상황에 대해 드론을 활용한 감시로 사전 감시역량 제고 가능
사고 대응	신고 접수	사고접수 통합관리 신속한 인근 소방서 배정 방안	현장도착 전, 드론을 통해 재해 규모를 분석하여 통합관제센터에서 인력 및 장비 사전분석 가능
	대원 출동	도로상황 및 교통상황을 고려한 최단거리 안내 방안	최단시간 내에 현장에 도착하여 작전수행 가능(검증된 내비게이션)
	구조 작업	지하에서도 작전수행을 위한 통신기술 및 단말기 납품 화재 등에 대처 가능한 망 생존성 등 확보	지하용 기지국을 활용하여, 극한 상황에서도 작전수행이 가능
복구	구호 활동	이재민 물자 지원, 피해복구 지원 방안 등 방안	-

이 단계에서는 우리가 잘할 수 있는 부분의 문구를 고객 고민에 맞게 수정해야 보다 설득력 있는 전략이 된다. 앞 예시에서는, 복구 단계를 제외하고 각 대응 단계별로 그 나름 괜찮은 차별점을 보유하고 있음을 확인할 수 있다.

하지만, 대부분 제안팀의 경우에는, 오랫동안 관련 사업을 수행해왔거나, 또는 고객사에 대한 깊은 지식을 보유한 경우가 매우 드물기 때문에, 제안 초반에 제안경쟁력을 분석해보면 제안을 수주할 가능성이 없다고 생각할 때가 많다. 어찌 보면 이러한 것은 너무나 당연한 것으로, 제안기간 내내 얼마나 지속적으로 전략을 발전시키고 고민을 했느냐가 전략의 품질을 좌우하니, 반드시 반복적인 회의와 리뷰 단계를 적용하기를 추천한다.

2. 사고의 전환Paradigm Shift

고정관념 전환의 필요

우리는 늘 창의적 사고를 강요받고 있다. 창의적 사고를 하기 위해 회사에서는 제도를 만들고 프로세스를 만들어 적용하기도 한다. 하지만, 그 제도와 프로세스를 적용하는 직책자의 대부분은 자신만의 사고의 틀(사고의 고정관념)에 구성원이 들어오기를 원하고 있다. 본인의 스타일에 맞추지 않으면 역량이 떨어지는 구성원이라 판단하고 성과도 낮게 부여하고 있는 것이 현실이다.

이 '사고의 틀'은, 직급이 올라가고 나이가 들수록, 그리고 어떤 한 분야에 오랜 경험으로 전문지식이 쌓인 사람일수록 굳건하고 견고하다. 왜냐하면 본인이 지금까지 그러한 '사고의 틀'로 성공을 해왔고, 자신만의 노하우가 담겼다고 생각하기 때문에, 다른 사람의 의견이나 생각이 그 틀 안으로 들어갈 자리가 없는 것이다.

하지만, 이것은 좀 고민할 필요가 있다고 생각한다. 세상에 절대적 진리가 없듯, 나의 생각도 어찌 보면 나만의 편협한 생각일 수 있고, 나만의 강박관념일 수 있는 것이다. 그 틀을 벗어나야 새로운 아이디어가 있고, 새로운 변화가 있는 것이다.

제안전략 또한 마찬가지이다. 사업의 본질적인 측면Essence을 중심으로 고민하는 것은 너무나 당연하다. 정확히 말하자면 반드시 그렇게 해야만 한다. 하지만, 그 사고의 틀(본질 측면의 전략) 안에서 나의 사고가 계속해서 머무른다면, 제안전략에서 가장 중요한 '차별화'를 만들어내는 것에는 한계에 봉착할 확률이 매우 높아지게 된다.

제안전략 사고의 확대

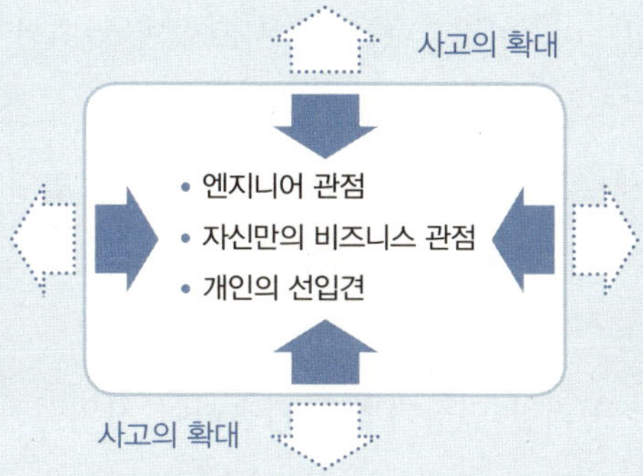

동일한 과업범위를 기준으로 아무리 고민한다고 한들 차별화된 전략을 얼마나 도출할 수 있을까? 다소 차별화될 수도 있겠지만, 평가위원 입장에서 눈에 확 띄는 전략을 도출하는 것에는 분명히 한계가 있으리라 생각된다.

입찰에 참여하는 경쟁구도를 보면, 대부분 비슷한 레벨의 회사가 경쟁을 하게 된다. 예를 들어 대기업끼리 혹은 중소기업끼리 말이다. 대기업과 중소기업이 경쟁을 하는 경우는 상대적으로 매우 드물다. 만약, 대기업과 중소기업이 경쟁을 한다면, 그 중소기업은 해당 분야에서 독보적 기술력과 경험을 보유한 회사일 것이다. 어쨌든, 이런 경우는 흔치 않은 상황임에는 틀림없다.

결국, 입찰은 비슷한 경쟁력을 보유한 회사끼리의 싸움이므로, 어느 한 회사에서 획기적이고 그리고 상상도 못 하는 제안전략을 제시할 경우는 매우 낮으며, 서로 비슷한 경우가 대부분이다.

이것이 바로 경쟁사와 차별화된 전략을 도출하기 위해 '사고의 전환', 즉 '패러다임 시프트Paradigm Shift' 가 필요한 이유이다.

사고전환의 트라이앵글Triangle

사업의 본질을 넘어 사업의 방향성에 변화를 주기 위한 방법에는 크게 세 가지가 있으며, 이것은 창의적 사고법의 기초인 '연상기법'을 활용하는 기법이다. 연상기법은 새로운 아이디어를 도출하는 데 있어서 백지상태에서 새로운 것을 찾아내는 것이 아닌, 일정한 기준에 해당하는 것을 하나하나 접목하며 새로운 아이디어를 도출하는 것을 의미한다.

제안전략에서 이러한 연상기법을 활용하여 창의적인 제안전략을 도출하는 방법에는 다음과 같이 세 가지 기법이 있으며, 차별화된 제안전략을 도출하는 데 다음의 유형에서 벗어난 경우는 없으니, 하나하나 접목하여 연상하면서 제안전략을 도출해보기 바란다.

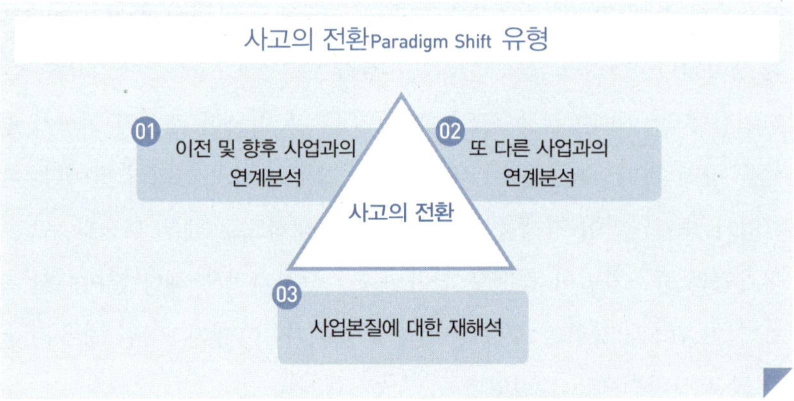

① 이전 및 향후 사업과의 연계분석

먼저, '이전 및 향후 사업과의 연계'는 사업의 방향성, 즉 이번 사업을 성공적으로 수행하기 위해서 가장 필요한 것을 현재 사업의 과업에만 국한시키지 않고, 연속된 사업의 전체 관점에서 이번 사업의 특성을 찾아내고, 앞뒤 사업과의 연관성을 제시해주는 것을 의미한다.

즉, 지금 사업이 중요한 것은 당연하고, 그 범위를 넘어서 다른 부분까지 고민을 해야 이번 사업이 성공할 수 있다라고 논리를 풀어가는 것이다.

예시 사고대응시스템 구축사업에 대한, 이전 및 향후 사업과의 연계를 강조한 사고의 전환(가정)

다음의 예시에서는, 앞서 살펴본 사고대응시스템 구축사업이 연속 사업이라는 것을 가정하고, 전체 공정에서 이번 사업이 어떤 위치에 있는지를 분석하는 것이다.

연속된 사업에서의 유형별 전략방향성

Sample

구분	사업핵심의 방향성 변화(Shift)	
	사고의 핵심(예)	전략방향성(예)
첫 사업인 경우	후속 사업(미래) 준비	• 사업의 핵심: '미래를 준비하는 것' – 미래모습을 그리며, 사업수행 – 향후 사업을 고려하여 A 기능 사전 적용
	인프라 검증 강화	• 사업의 핵심: '인프라 검증' – 향후 사업과의 연속성으로, 다음 사업을 위해 검증 프로세스의 강화가 본 사업의 핵심임을 강조 (예: 5단계 검증체계) – 다양한 장비 간 상호운영성 검증 강화
후속 사업인 경우	고객 비전의 마무리 (당사가 이전 사업을 수행한 경우)	• 사업의 핵심: '고객 비전의 마무리에 대한 사명' – 이전 사업 모두를 조망하며 수행 및 테스트를 수행해야 사업의 근본적 목적을 달성함을 강조 – 사업의 완결성을 위해서 B 기능 추가
	이전 사업과 불연속성 (경쟁사가 이전 사업을 수행한 경우)	• 사업의 핵심: '새로운 사업임을 강조' – 이전 사업의 핵심은 A 업무이나, 본 사업은 B 중심으로 성격이 전혀 다른 사업임을 강조

먼저, 본 사업이 연속된 사업에서 첫 번째 사업인 경우,

■ 후속 사업 준비 (미래모습 준비)

: 전체 사업을 고려했을 때, 이번 사업과 향후 사업이 원활히 연결되기 위해서는, 이번 사업에서 A 기능을 사전 적용해야 함을 강조

: 고객사가 나아가고자 하는 미래모습Big Picture과 사업과의 연관성을 강조

■ 인프라 검증 강화

: 향후 사업에서 적용될 새로운 기술들에 대한 검증이 이번 사업 성공의 핵심이므로, 5단계 검증체계(가정)로 검증 프로세스를 강화하고, 각 장비 간 상호운용성을 확보를 위한 검증조직을 강화함을 강조

본 사업이 연속된 사업에서 후속 사업인 경우,

■ 고객 비전의 마무리 (당사가 이전 사업을 수행한 경우)

: 이전 사업까지 전체를 조망하며 사업을 수행해야 사업의 근본적 목적을 달성할 수 있으며, 이전 사업과의 연관성을 위해 별도의 조직을 두어 업무 연계성을 강화함을 강조

: 전체 사업의 완결성을 위해, 이번 사업에서는 이전에 수행했던 과업 중 B 기능 추가하여야 업무효율성을 높일 수 있음을 강조

■ 이전 사업과 불연속성 (경쟁사가 이전 사업 수행한 경우)

: 이전 사업의 핵심은 A 업무이나, 본 사업의 핵심은 B 업무로, 이전 사업과는 전혀 다른 사업이므로, 새로운 방식으로 사업을 수행해야 성공할 수 있음을 강조

이렇듯, 현재 사업이 첫 번째 사업인지 또는 이후 사업인지 경우에 따라 다른 전략을 수립할 수 있다.

② 또 다른 사업과의 연계분석

앞에서는 연속된 사업에서 사고의 전환을 고민했다면, 이번에는 고객사 내 또는 관련 기관과의 또 다른 사업과 연관성을 찾아내는 것이다. 사업의 과업뿐만 아니라 다른 영역까지 고민을 해야 사업이 성공할 수 있다고 강조하는 유형이다.

다른 사업과의 연계를 강조하는 것에는 다음의 두 가지 전제조건이 있다.

- 첫 번째, 연계하고자 하는 사업에서 당사의 강점 보유
- 두 번째, 일반적으로 이번 사업과 연관성이 미약하다고 생각되는 사업

만약, 누가 봐도 무조건 연계되어야 할 사업이라면, 그것은 사고전환이 아닌, 그냥 과업대상이 되기 때문에 차별화하는 데 어려움이 있다. 반드시 본 사업과 연관성이 미약해 보이지만, 우리가 잘할 수 있는 업무와 연계해야 차별화로 설득이 가능하다.

예시 사고대응시스템 구축사업에 대한, 다른 사업과의 연계를 강조한 사고의 전환(가정)

또 다른 사업과의 연계를 고려한 전략방향성

Sample

구분	사업핵심의 방향성 변화(Shift)	
	사고의 핵심(예)	전략방향성(예)
고객사 관련	다른 사업과의 연계 (연계성이 미약한 사업과 연계)	• 핵심: '미래모습(Big Picture) 관점에서 접근' - 고객사의 미래비전과 연계 - 다른 사업까지 고려해야 본 사업이 성공
타 기관 관련		• 핵심: '완성도 제고(생산성 향상)' - 실질적 성과를 위해 타 기관과 연계 강조 - 사업의 완결성 또는 생산성 향상 등 제시

사업성공의 핵심은, 과업을 중심으로 완벽하게 수행한다고 달성되는 것이 아니라, 타 기관의 ○○사업(또는, 고객사의 다른 사업)과 연계하여 고민해야 성공할 수 있다라고 강조하는 것이다. 그 성공의 근거는, 고객사의 미래모습 관점에서의 연관성에 대한 논리가 가장 적절하다.

사고대응시스템 구축사업으로 예를 든다면, 경찰청 또는 해경 등과 연계해야 국가 차원의 통합적 사고대응이 가능하다고 논리를 펼치는 것이다.

③ 사업 본질에 대한 재해석

사업 본질에 대한 재해석, 다시 말하자면 원래의 뜻을 버리고 새롭게 해석하여 사업의 본질을 다르게 제시하자는 것이다.

예를 들어, 자전거를 만든다고 가정했을 때, 자전거의 본질적 용도는 다음과 같다.

- 운송 측면: 가고자 하는 곳으로 좀 더 편하게 이동할 수 있으며, 작은 짐을 나를 수도 있다.
- 운동 측면: 다이어트와 연계하여 건강을 지키기 위한 수단으로 활용할 수 있다.

이러한 자전거의 본질을 재해석한다면,

- 경제 측면: 신경제체계인 녹색성장 및 내수시장 성장의 시금석으로 활용한다.
- 문화 측면: 레저문화 조성으로 생활문화가 긍정적으로 변화한다.

중요한 것은, 재해석한 논리에 대해 구체적 방안도 함께 고민해야 한다.

예시 사고대응시스템 구축사업 관련, 사업본질에 대한 재해석의 사고의 전환(가정)

사고대응시스템 구축을, 홍보 측면에서 재해석한다면,

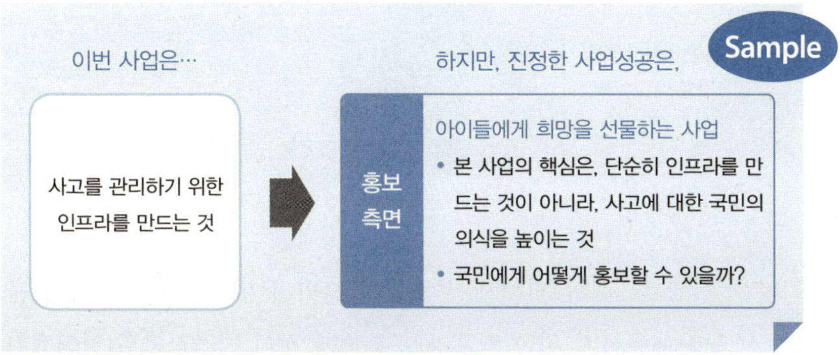

이번 사업의 진정한 성공요소는, 단순히 사고대응을 위한 인프라를 만드는 것보다, 사고에 대한 국민의 인식을 높이는 것이 관건이라고 강조하는 것이다.

사고에 대응하기 위한 인프라를 아무리 잘 만들었다고 하더라도, 무방비 상태에서 제일 먼저 사고를 맞닥뜨리는 국민의 의식이 올라가지 않는다면, 실질적인 효과가 미흡할 것이라고 강조하는 것이다. 따라서, 당연히 사고에 대응하기 위한 인프라를 잘 만들어야 할 뿐만 아니라 국민의 의식을 올릴 수 있도록 매스컴 광고 등의 홍보활동도 적극적으로 수행하여, 사업의 숨겨진 부분까지 고민했다는 전략으로 제시하는 것이다.

두 번째로, 활용 측면으로 재해석한다면,

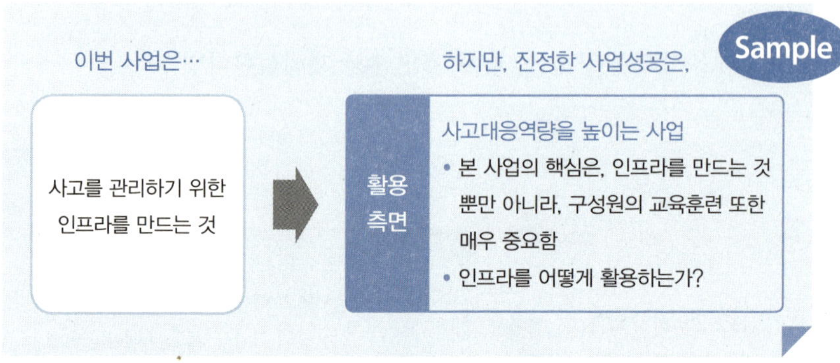

많은 인명 및 재산 피해가 발생한 사고의 근본적 원인을 살펴봤을 때, 사고에 대응하기 위한 인프라가 부족한 것이 결정적인 원인이겠지만, 기존 인프라가 조금 부족하더라도 이것을 최대한 활용한다면 그 피해를 조금이라도 줄일 수 있다라고 강조하는 것이다.

이런 아이디어를 기반으로, 경쟁사나 우리나 모두 사고 대응을 위한 인프라는 당연히 잘 만들고(물론, 우리가 잘하는 부분도 있지만), 우리는 그뿐만 아니라 제대로 활용할 수 있도록, 현장대원 등 구성원의 교육을 집중적으로 수행하겠다고 전략을 제시하는 것이다.

그 목표를 달성하기 위한 방안으로는, 전체 구성원을 대상으로 사업 종료 후에도 총 3회에 걸쳐 전체 교육을 실시하고, 15분짜리 클립 단위로 동영상을 제작하여 핸드폰에서도 쉽게 볼 수 있도록 다양한 교육 프로그램을 제공한다고 제시한다.

마지막으로, 구성원 측면으로 재해석한다면,

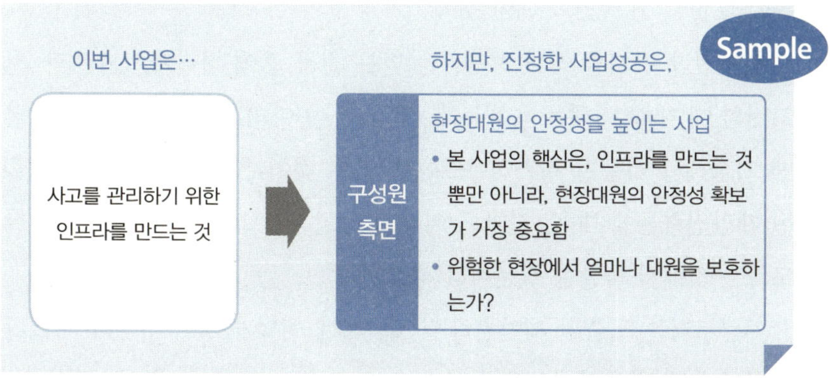

사업의 근본적 목적은, 국민의 생명과 재산을 보호하는 것이므로, 이것을 잘하기 위해서는, 현장에서 구급활동을 펼치는 대원들의 안전이 보장되어야 국민의 생명과 재산을 더 보장해줄 수 있다라는 논리로 접근하는 것이다.

그 목표를 달성하기 위한 구체적인 방안으로, 현장대원에게 제안요청서상 제시된 요건보다 내구성이 높은 장비를 보급하고, 방화복에는 위성항법장치GPS, Global Positioning System를 설치하여 보다 효율적이고 안전하게 사고에 대응할 수 있다고 제시한다.

3. 본질과 사고의 전환의 연계

전략명 및 이행 방안의 패턴 분석

제안전략 강의를 하다 보면, 늘 받는 질문 중에 하나가, '본질'과 '사고전환'에 대해 이해는 하겠는데, 그래서 이 아이디어를 제안서에 어떻게 기술해야 하는지 정확히 모르겠다라는 것이다. 이것은 어렵게 도출된 제안전략들에 대해, 아마도 어떻게 나열하고 그루핑을 해야 할지 잘 모르는 것에서 출발한 질문이라 생각된다.

지금부터는 도출된 제안전략을 제안서에 어떻게 설득력 있게 나열할 것인가에 대해 생각해보고자 한다.

먼저, '본질에 대한 접근'과 '사고의 전환'까지 진행했다는 것은, 고객이 공식적으로 그리고 비공식적으로 어떤 고민을 하고 있는지 정리한 상태이며(요건정의), 나아가 우리가 과업 중심으로 그리고 조직 차원에서 어떤 강점이 있는지 분석한 상태(당사 강점정의)이다. 따라서, 전략으로 활용할 수 있는 아이템은 어느 정도 도출한 상태라고 할 수 있다. 이제 남은 것은 이 아이템들을 어떻게 그루핑하여 나열하는가이다.

산업 및 사업 특성에 따라 조금은 다르겠지만, 일반적으로 제안서에서는 4~5개 정도의 전략을 제시하고, 각 전략별로 3~5개 정도의 이행 방안Action Plan을 제시함으로써, 전체적으로 약 15개 정도 이행 방안을 제시한다.

제안에 익숙한 사람이더라도, 전략을 어떤 기준으로 그루핑하고 나열할 것인지에 대해서는 매우 어려워하는 경향이 있다. 하지만, 여기에도 정해진 패턴이 있으며, 그것은 다음과 같이 크게 7가지의 유형으로 구분된다.

전략 그루핑의 7패턴

Sample

전략 유형	예시
① 평가항목 중심으로 나열	사업의 이해, 기술 및 성능 등
② 핵심 이슈 중심으로 나열	고객 고민사항, 예상 이슈
③ 업무 프로세스 중심으로 나열	계획수립 → 현장조사 → 사후관리
④ 과업단위 중심으로 나열	업무 A, 업무 B, 인프라
⑤ 이해관계자 중심으로 나열	관리기관, 이용기관, 국민 등
⑥ 사업수행 프로세스 중심으로 나열	분석 → 설계 → 구축
⑦ 하이브리드(Hybrid)형으로 나열	차별화 중심으로 위 6개 전략 혼용

① 평가항목 중심으로 나열

: 제안요청서에서 제시한 평가항목을 기준으로 전략을 그루핑하는 유형을 의미한다.

: 평가항목을 기준으로 나열함으로써 평가위원을 고려하여 나열한다는 장점이 있다.

: 주의할 사항은, 사업수행계획 등 과업과 관련된 전략은 3~4개를, 품질확보, 사업지원 등 사업관리와 관련된 부분은 2개를 넘지 않도록 한다.

예시 사고대응시스템 구축사업에 대한, 평가항목 중심의 전략 나열(가정)

Sample

평가항목	전략 그룹명
사업의 이해도	전략 1) 미래지향적 사고관리체계 구축
시스템 구축	전략 2) 검증된 기술 기반의 검증된 시스템 구축
단말기 납품	전략 3) 사고상황별 최적화된 단말기 개발 및 납품
품질확보 및 지원	전략 4) 국제표준화 기반 상호운용성 확보
사업관리	전략 5) 역량 기반의 준비된 인력 중심의 수행체계 구성

② 핵심 이슈 중심으로 나열

: 고객의 고민과 이슈를 중심으로 관련 있는 것끼리 묶어 나열함으로써 고객의 관심을 높일 수 있는 유형이다.

: 전체적인 제안의 중요 부분을 집약하여 설명할 수 있는 장점이 있다.

: 다만, 제안요청서에서 제시하는 과업 전체를 MECEMutually Exclusive Collectively Exhaustive(상호배제와 전체포괄)하게 접근하지 않아, 전체를 파악하는 데 한계가 있을 수 있다.

예시 사고대응시스템 구축사업에 대한, 이슈 중심의 전략 나열(가정)

Sample

핵심 이슈	전략 그룹명
골든타임 확보	전략 1) 골든타임 확보를 위한 단계별 확보체계 마련
작전수행역량 제고	전략 2) 신기술을 활용한 현장 작전수행역량 제고
사업관리	전략 3) 역량 기반의 준비된 인력 중심의 수행체계 구성

③ 업무 프로세스 중심으로 나열

: 고객의 업무기능을 구축하는 사업에 해당이 되며, 단순 장비 납품과 같은 입찰의 경우는 해당되지 않는다.

: 고객 업무흐름 기반으로 각 단계별 전략을 제시하므로, 상세설명을 하더라도 상대적으로 이해하기 쉽다.

: 또한 현재와 대비하여 어떻게 개선되는지를 전체적으로 확인할 수 있는 장점이 있다.

예시 사고대응시스템 구축사업에 대한, 업무 프로세스 중심의 전략 나열(가정)

Sample

업무 프로세스	전략 그룹명
감시/예측 단계	전략 1) 미래 운영을 고려한 통합관제체계 구축
신고접수 단계	전략 2) 신기술을 활용한 현장분석 제공
대원출동 단계	전략 3) 신속대응이 가능한 최단거리 제공
구조/구호활동 단계	전략 4) 차별화된 기술 기반의 구호체계 구축
사업관리 단계	전략 5) 역량 기반의 준비된 인력 중심의 수행체계 구성

④ 과업단위 중심으로 나열

: 제안요청서상 과업단위별 전략을 제시하는 유형으로 사업관리 방안 등을 합하여 약 5개의 전략그룹으로 구성한다.

: 과업의 구분이 많은 경우, 연관성이 있는 과업 간 그루핑할 필요가 있다.

: 경쟁사 대비 차별점이 낮은 경우에는 구체적인 수행 방안 정도로만 제시한다.

예시 사고대응시스템 구축사업에 대한, 과업단위 중심의 전략 나열(가정)

Sample

과업단위	전략 그룹명
향후 사업 고려	전략 1) 국제표준 기반 전국 확대를 고려한 대응체계 확보
통신망 구축	전략 2) 사고환경에 최적화된 통신망 구축
단말기 납품	전략 3) 사고상황별 최적화된 단말기 개발 및 납품
품질확보	전략 4) 유관기관을 연계한 통합테스트 수행
사업관리	전략 5) 역량 기반의 준비된 인력 중심의 수행체계 구성

⑤ 이해관계자 중심으로 나열

: 이번 사업과 관련이 있는 고객사의 이해관계자 입장에서, 각각의 업무가 어떻게 좋아지는지 그리고 이해관계자별로 발생할 수 있는 이슈에 대해 어떤 전략을 적용할 것인지 나열하는 유형이다.

: 이해관계자가 다양하고 각각의 이슈가 상이한 경우, 유용하게 활용될 수 있다.

: 이슈 중심의 나열방식과 마찬가지로, 과업을 MECE하게 접근하지 않아 과업 전체를 파악하는 데 한계가 있다.

예시 사고대응시스템 구축사업에 대한, 이해관계자 중심의 전략 나열(가정)

Sample

관련자	전략 그룹명
운영기관 측면	전략 1) 효율적 운영을 고려한 통합관제체계 구축
현장 대응기관 측면	전략 2) 사고 환경에 최적화된 사고대응 인프라 구축
국민 측면	전략 3) 국정운영의 동반자 역할 수행
사업관리	전략 4) 역량 기반의 준비된 인력 중심의 수행체계 구성

⑥ 사업수행 프로세스 중심으로 나열

: 사업을 수주한 후 수행할 때, 업무를 진행하는 프로세스 단위별로 전략을 그루핑하는 유형을 의미한다.

: 업무추진 단계별로 어떤 차별화로 사업을 수행할지를 기술하므로 사업추진 측면에서 신뢰감을 줄 수 있다.

예시 사고대응시스템 구축사업에 대한, 사업수행 프로세스 중심의 전략 나열(가정)

Sample

수행 프로세스	전략 그룹명
분석/설계 단계	전략 1) 자동화 도구를 활용한 오차 없는 설계
구축 단계	전략 2) 사고환경에 최적화된 사고대응 인프라 구축
품질 및 지원 단계	전략 3) 국제표준화 기반 상호운용성 확보
사업관리	전략 4) 역량 기반의 준비된 인력 중심의 수행체계 구성

⑦ 하이브리드(Hybrid)형으로 나열

: 당사가 갖는 차별화 중심으로 기술하며, 상대평가를 하는 평가위원이 보다 쉽게 평가를 할 수 있도록 구성한다.

: 7가지 전략 패턴 중, 가장 설득력 있는 유형이다.

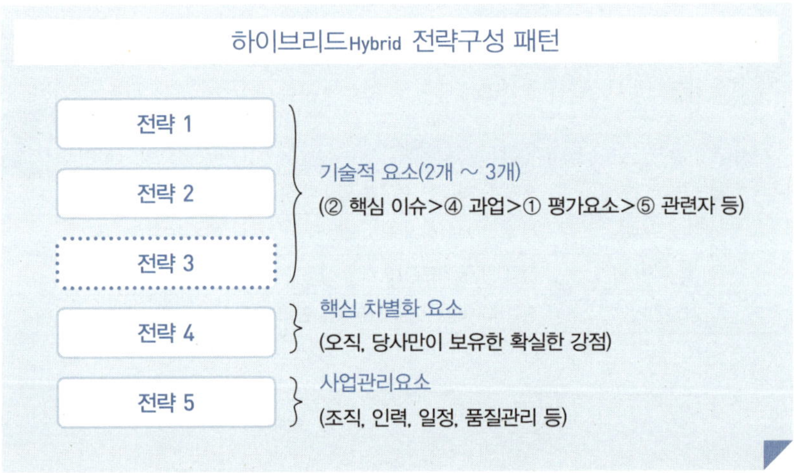

전략은 일반적으로 5개로 구성하며, 2~3개는 업무적 측면에서 고객에게 줄 수 있는 기대효과 중심으로 작성하고, 1개는 경쟁사 대비 우리의 가장 차별화된 점을 기술하며, 나머지는 사업관리 및 품질 방안과 관련하여 구성한다. 특히, 업무적 측면에서 기술하는 2~3개는 핵심 이슈, 과업, 평가요소, 관련자 등 다양하게 구성할 수 있으나, 그 방향성은 경쟁사와 차별화된 부분을 중심으로 선정하고 기술해야 한다.

예시 사고대응시스템 구축사업에 대한, 차별화 중심의 전략 나열(가정)

Sample

차별화 요소	전략 그룹명
업무적 차별화	전략 1) 신기술을 활용한 현장분석 제공
	전략 2) 사고환경에 최적화된 통신망 구축
오직 당사만의 차별화	전략 3) 국내 유일한 최단거리 제공 솔루션 적용
사업관리 차별화	전략 4) 역량 기반의 준비된 인력 중심의 수행체계 구성
	전략 5) 글로벌 품질검증 프로세스 적용

위 예시들은 제안전략 그룹을 어떻게 도출하는지 이해도를 높이기 위해 참고용으로 작성한 것이다.

7번째 하이브리드 방식이 가장 적절하다고 설명하였지만, 어느 한 유형이 모든 영업환경에서 반드시 좋은 것은 아니며, 제안팀의 여러 상황을 고려하여, 내가 하고 싶은 이야기를 가장 효과적으로 표현할 수 있고, 또한 고객을 설득시키기에 가장 유용한 유형을 선택하는 것이 바람직하다.

사고전환의 활용 정도는 본질에 달렸다

아마도 많은 사람들이 사고의 전환을 언제, 어떻게 써야 하는지 궁금해할 것이다.

사고의 전환을 통해 도출한 전략은, '전략 그룹명' 으로 사용할 수도 있고, 아니면 '이행 방안'으로도 사용할 수 있다. 그 판단 여부는 제안팀에서 전략적으로 어떤 것을 부각하여 설득할 것인가에 달린 것이다.

만약, 여러분의 제안팀이 과업과 관련하여 경쟁사보다 월등히 앞서는 상황이라면 전략을 어떻게 수립하겠는가? 아마도, 사고의 전환 같은 것은 생각하지도 않고, 지금 갖고 있는 차별점을 어떻게 잘 설명할 수 있을까를 중심으로 생각할 것이다. 반대로, 경쟁사 대비 특별한 차별점이 없다면, 거창하게 사고의 전환이라는 말을 하지 않더라도, 아마도, '사업의 본질은 고객이 생각한 것이 아니라, 이러이러한 부분이니 이렇게 해결해야 합니다'라고 할 것이다.

따라서, 사고의 전환을 어떻게 활용할 것인가에 대한 기준은, 사업의 본질적인 측면에서 우리가 도출한 전략의 수준을 확인한 후, 그것이 경쟁력이 있다면 '이행 방안' 정도로, 경쟁력이 없다면 '전략 그룹명'으로 끌어올려 경쟁사와 차별화를 해야 한다.

기술적 관점의 양면성

제안서의 근본적 목적은, 고객이 궁금해하고 고민하는 것들에 대해, 전문가의 입장에서 어떻게 해결할지 방안을 제시하는 기술문서라고 이미 앞에서 설명하였다. 당연히 기술적으로 구체적인 방안과 계획을 제시해주어야 고객의 신뢰를 얻고, 담당자를 리딩하여 사업을 성공적으로 수행할 수 있는 것이다.

하지만, 우리의 제안서를 평가하는 고객은 누구일까? 공공사업의 경우라면 대부분 교수, 국방사업의 경우 장교, 그리고 일반 기업의 경우에는 팀장 이상의 직책자일 것이다. 다시 말하자면, 기술과 업무에 대해 매우 상세한 부분까지 이해한다기보다는, 이 사업을 통해 현재 우리에게 발생되고 있는 문제와 이슈가 어떻게 혁신되는지, 전사적 관점에서의 경영전략에 부합되는지를 중심으로 관심을 가질 것이다. 따라서, 이런 사람들에게 기술 중심으로 세부적으로 설명한다면, 노력 대비 효과가 미약할 것이라는 것은 불을 보듯 뻔하다.

이 또한 앞에서 수차례 설명하였다. 그런데도 또 기술하는 이유는 명확하다. 우리가 실제 그렇게 하고 있지 않기 때문이다. 잘 알고 있지만 실천하지 못하고 있는 것이다. 기술적 내용은 반드시 있어야 하지만, 엔지니어 관점에서 작성하는 것이 아닌, 고객 관점에서 어떻게 좋아지는지, 그리고 어떤 효과를 기대할 수 있는지 중심으로 이해하기 쉽게 작성하는 것이 필요하다는 것을 분명히 다시 한번 언급하고 싶다.

■ 도출된 전략을 고객 관점으로의 재해석ROV, Reinterpretation Of Viewpoint

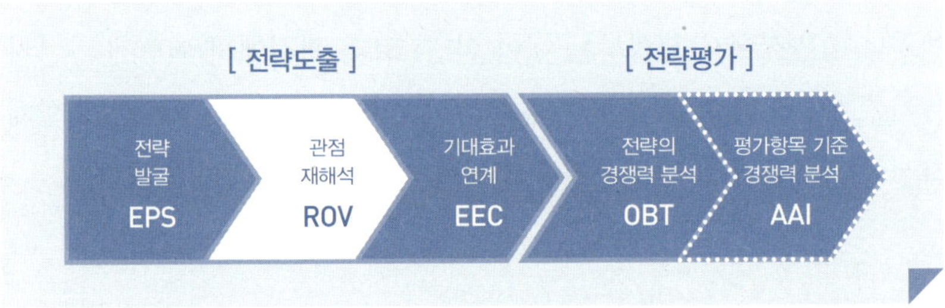

이제까지 전략으로 활용할 수 있는 아이템을 도출하고, 이 아이템을 어떻게 묶어 설득력 있게 표현할 것인가에 대해 고민하였다.

하지만, 현재까지 도출된 전략 아이템들은, 엔지니어 관점의 세부적인 기술로 작성되었을 확률이 매우 높다. 이것을 좀 더 설득력 있고 그리고 고객 관점으로 표현하는 것이 필요하며, 제안전략 수립 방법론에서 이것을 '관점 재해석ROV, Reinterpretation Of Viewpoint'이라고 한다.

이해하기 쉽도록 고객 관점으로 재해석

고객이 이해하기 쉽게 관점을 바꾸어 작성한다는 것은, 결국 제안요청서상 기술된 그리고 고객 업무편람에 기술된 익숙한 단어/용어를 활용하여 고객의 입장에서 어떻게 좋아지는지 중심으로 작성하는 것을 의미한다.

다음 예시는, 앞서 142쪽 '③ 고객 고민과 우리 장점의 비교를 통한 경쟁력 분석'에서 당사의 기술적 강점을 고객 관점으로 재해석한 사례이다.

예시 사고대응시스템 구축사업에 대한, 고객 관점의 재해석(가정)

Sample

	당사 관점의 잘할 수 있는 요소		고객 관점의 재해석 (과업+당사 고유기술)
감시/예측	일원화된 전국 관제센터 구축 빅데이터(Big Data)를 활용하여, 날씨, 지역, 지형 등 환경적 요소와 사고유형 간 분석 가능	➡	통합스크린으로 전국 관제업무의 생산성 향상 사고예상 상황에 대해 드론을 활용한 감시로 사전 감시역량 제고 가능
신고접수	드론을 통한 재해현장 분석 가능	➡	현장도착 전, 드론을 통해 재해규모를 분석하여 통합관제센터에서 인력 및 장비 사전분석 가능
대원출동	교통상황을 고려하여 안내하는 내비게이션 보유 (사용자에게 기 검증된 인지도 1등)	➡	최단시간 내에 현장에 도착하여 작전 수행 가능
구조작업	지하에서 통신 가능한 기지국 보유	➡	지하용 기지국 활용을 통해, 극한 상황에서도 효율적 작전수행이 가능
구조활동	-		-

예시에서와 같이, 보다 고객 중심으로, 고객의 마음에 훨씬 와닿는 용어/단어를 사용함으로써 설득력을 높이고 있다.

- '일원화된 전국 관제센터' → '관제업무의 생산성 향상'
- '빅데이터Big Data' → '사전 감시역량 제고 가능'
- '교통상황을 고려한 안내' → '최단시간 내에 현장도착'
- '지하에서 통신 가능한 기지국 보유'
→ '극한 상황에서도 작전수행이 가능'

■ 전략의 마무리는 기대효과와의 연계EEC, Expected Effect Connection

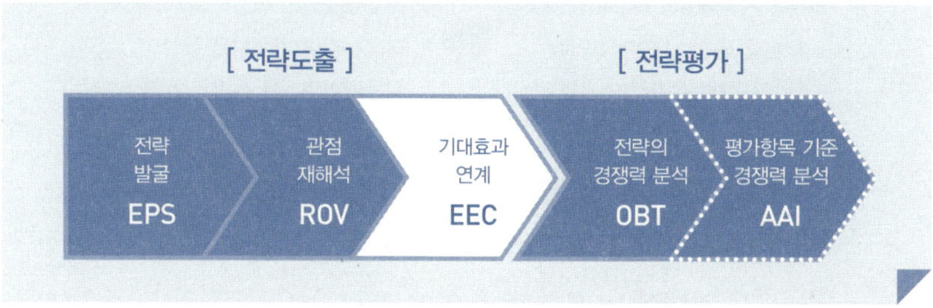

'관점 재해석 단계ROV'에서는 고객의 업무가 어떻게 좋아지는지를 기술했다면, 기대효과EEC에서는 그것을 통해 고객이 어떤 효과를 기대할 수 있는지에 대하여 기술할 수 있다.

예시 사고대응시스템 구축사업에 대한, 기대효과와의 연계(가정)

Sample

	고객 관점의 재해석	기대효과와의 연계
감시/예측	통합 스크린으로 전국 관리 사고예상 상황에 대해 드론을 활용한 감시로 사전 감시역량 제고 가능	신고 중심 대응에서, 사전감시 중심의 대응으로의 전환기반 마련
신고접수	현장도착 전, 드론을 통해 재해규모를 분석하여 통합관제센터에서 인력 및 장비 사전분석 가능	드론을 통한 사전분석으로, 대응시간의 추가확보 가능
대원출동	최단시간 내에 현장에 도착하여 작전수행 가능	
구조작업	지하용 기지국을 활용하여, 극한 상황에서도 작전수행이 가능	현장대원의 사고대응역량 향상
구조활동	–	–

만약, '신고접수 단계'의 전략을 다음과 같이 변형했을 때, 여러분이 고객이라면 다음 전략 중 어떤 것에 더 신뢰가 생기겠는가?

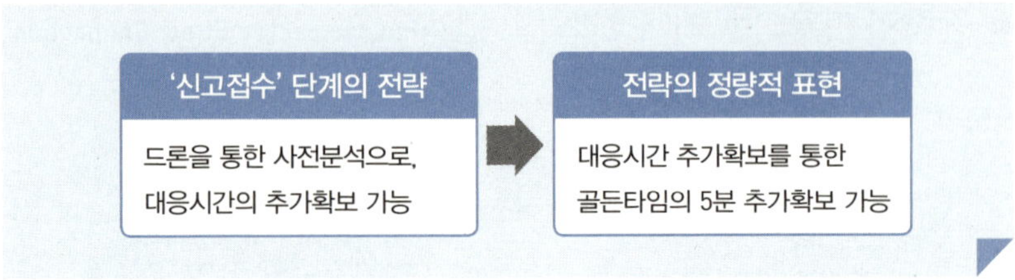

누가 보더라도, 얼마나 좋아지는지 정량적으로 표현한 두 번째 전략에 더 신뢰가 갈 것임에는 분명해 보인다.

물론, 예시에서와 같이 모든 전략을 정량적으로 표현하는 것에는 한계가 있는 것은 사실이다. 하지만, 고객의 신뢰를 얻기 위해 다소 어려움이 있더라도 이만큼 좋아진다라는 기대감을 갖게 하는 것은 반드시 필요하니 꼭 적용하기를 권장한다.

EPS, ROV, EEC 단계의 동시 수행

아마도, 전략수립에 다소 익숙한 사람이라면, 전략발굴, 관점 재해석 그리고 기대효과 연계 단계를 구분하여 진행하는 것이 오히려 더 어렵고, 시간이 더 많이 소요될 수 있다.

하지만, 각 단계별로 예시를 들며 이렇게 상세하게 설명한 이유는, 이 책 인트로의 설문조사에서 살펴봤듯이 많은 사람들이 제안전략을 어떻게 수립하는지 궁금해하였기 때문이며, 특히 제안에 익숙하지 않은 사람들이 보다 이해하기 쉽도록 하고자 함이다.

전략을 수립하는 데 있어서 반드시 준수해야 하는 프로세스, 법칙은 없으므로, 개인별 경험과 관점에 따라 전략수립을 위한 세 단계를 적절히 구분하여 적용하기를 바란다.

3.3 경쟁 포지셔닝을 이해하는 '전략평가' 프레임Frame

지금까지 고객 중심의 전략을 어떻게 도출해야 하는지, 전략발굴, 관점 재해석 그리고 기대효과 연계의 단계를 통해 살펴보았다.

지금부터는 이렇게 수립한 전략에 대해, 경쟁사와 비교하여 얼마나 경쟁력이 있는지 점검해보는 전략수립의 두 번째 단계 '전략 평가'에 대해 살펴보고자 한다.

제안전략 수립 방법론 중 전략평가 프레임

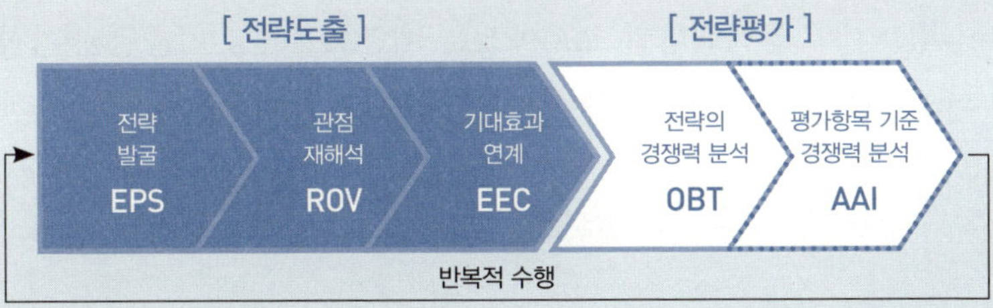

EPS: Essence & Paradigm shift Strategy
ROV: Reinterpretation Of Viewpoint
EEC: Expected Effect Connection
OBT: Only & Better & Too
AAI: Analysis Of Assessment Items

먼저, '전략평가' 단계에서는 경쟁사 대비 경쟁력 분석OBT, Only & Better & Too과 평가항목 기준 경쟁력 분석AAI, Analysis Of Assessment Items으로 구분된다.

OBTOnly & Better & Too는 당사가 수립한 전략이 경쟁사와 비교하여 어떠한 경쟁력이 있는지 분석하는 것을 의미한다. 'Only'는 오직 우리만

할 수 있는 것, 'Better'는 경쟁사보다 우리가 더 잘할 수 있는 것, 그리고 'Too'는 경쟁사나 우리나 특별한 차이점이 없는 것을 의미하며, 앞에서 도출된 전략/이행 방안에 대해 각각 경쟁력을 분석하여 적용한다.

중요한 것은 우리의 위치를 분석하고 끝내는 것이 아니라, 'Too'에 위치한 전략은 'Better'로, 'Better'에 위치한 전략은 'Only'로 끌어 올리기 위해 지속적으로 전략회의를 진행하여 추가적인 방안을 마련해야 한다.

AAIAnalysis Of Assessment Items는 평가항목을 기준으로 우리의 경쟁 포지셔닝을 분석하는 것을 의미한다.

OBT에서는, 도출된 전략에 대해 그 전략이 경쟁사 대비 얼마나 경쟁력이 있는지를 분석했다면, AAI에서는 제안요청서상 기술된 평가항목을 기준으로 얼마나 경쟁력이 있는지를 분석하는 단계이다.

■ 도출된 전략의 경쟁력 분석OBT, Only & Better & Too

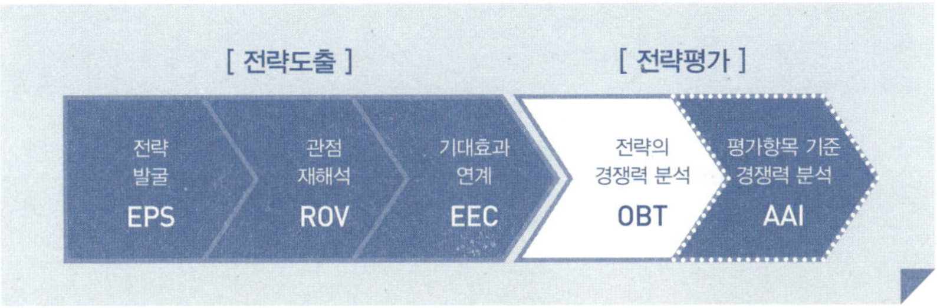

아무리 훌륭하고 멋진 전략이라고 할지라도, 경쟁사와 비교하여 얼마나 우위에 있는지 점검하지 않는다면, 차별화된 전략을 도출하는 것은 현실적으로 불가능하다.

고객이 아무리 완벽한 정량적 평가표를 만들었다고 하더라도, 평가위원은 결국 입찰에 참가한 업체의 프레젠테이션을 보고, 어느 업체가 더 준비를 잘하고 고민을 많이 했는지 비교한 후, 그 선입견에 맞게 정량적 평가표에 점수를 차등하여 부여한다. 이렇게 업체 간 비교하여 점수를 부여하는 이유는, 입찰에서는 오직 한 업체만을 우선협상자로 선정하기 때문에, 평가위원의 입장에서는 어쩔 수 없는 선택인 것이다.

따라서 우리가 제시하는 전략 또한 항상 경쟁사와 비교하며 전략을 수립하고 평가해야 하며, 그 비교의 출발점이 바로 지금부터 설명하고자 하는 OBT인 것이다.

OBT 분석 양식

Sample

고객 핵심 요구사항		당사 Only (절대강점)	당사 Better (우위강점)	당사 Too (동등/취약)
과업 분야 (or 이슈 중심)	A 업무	오직 당사만의 기술/역량/경험 등	당사가 경쟁사보다 우월한 것	당사도 할 수 있는 것
	B 업무			
사업관리 분야	인력			
	조직			
기타	이슈			
	경험			

앞에서 설명하였듯이, OBT의 'O'는 'Only'를 의미하며 경쟁사와 비교하여 오직 우리만이 할 수 있는 것(절대강점)을, 'B'는 'Better'를 의미하며 경쟁사와 비교하여 상대적으로 경쟁우위에 있는 것(상대적 강점)을, 마지막으로 'T'는 우리도 역시 잘할 수 있는 것, 즉 경쟁 동등 혹은 상대적으로 다소 취약한 부분을 의미한다.

OBT 분석은, 7가지 전략(평가항목, 업무 프로세스, 이슈, 과업단위, 이해관계자, 사업수행 프로세스, 하이브리드(Hybrid) 중심)의 모든 이행 방안을 대상으로, 우리 전략의 경쟁 포지셔닝이 어느 정도 되는지를 하나하나 확인하는 것이 중요하다.

OBT를 분석할 때 주의할 사항은, 희망적이 아닌 다소 보수적으로 판단해야 한다는 것이다. 만약, 현실을 과대평가하여 희망적으로 판단한다면, 현재의 상황을 오판할 가능성이 있고, 결국 실주할 확률이 높아지기 때문이다.

전략 컨설팅을 하다 보면, 그런 질문도 많이 받는다. 경쟁사의 상황을 어떻게 모두 알고 OBT를 분석할 수 있느냐고 말이다. 분명 우리는 입찰에 참여하는 모든 경쟁사의 영업환경을 알 수 없다. 하지만 이것은 곰곰이 생각해볼 문제이다. 일반적으로, 특정 산업에서 활용되는 기술이 대단히 특이하여, 오직 한 업체만이 보유한 기술이 존재하는 경우는 대단히 드물다. 즉, 같은 산업에 속한 경쟁사 간에는 서로 어느 정도 평준화된 기술력을 보유하고 있다는 것이다. 이러한 상황에서 경쟁사의 상황을 예상하지 못한다는 것은, 반대로, 우리가 상대적으로 경험의 한계가 있고 사업에 참여할 역량에 다소 부족함이 있다고 생각할 수 있는 것이다. 곰곰이 생각해보면, OBT, 충분히 가능한 전략평가 방법론이라 생각한다.

예시 사고대응시스템 구축사업에 대한, OBT분석(가정)

앞에서 살펴본, 업무 프로세스 중심의 5개 전략에 대해, 경쟁상황을 가정하여 Only, Better, Too로 분석해 보고자 한다.

사고대응체계 전략의 OBT 분석

Sample

사고 대응활동	당사 Only (절대강점)	당사 Better (우위강점)	당사 Too (동등/취약)
감시/예측	사전 감시역량 제고 - 드론 활용	-	전국 관제센터 구축 - 전국 통합 분석 가능
신고접수	드론을 활용한 현장 사전점검 - 인력 및 장비를 활용하여 신속한 대응 가능	-	-
대원출동	-	교통상황 고려한 현장안내 -현장에 최단시간 접근	-
구조활동	-	-	지하에서 통신 가능한 기지국 보유 - 극한 상황에서도 작전수행 가능
구호활동	-	-	-

추가제안에 해당하는 드론과 관련된 두 개 전략만이 Only에 해당되고, 제안요청서에서 제시한 과업요건과 관련해서는 별다른 경쟁력이 없음을 쉽게 알 수 있다. 만약 원가 문제로 추가제안을 안 할 경우 차별화된 전략이 전혀 없다는 의미이다.

비록 가정이지만, 실제 제안이라면 큰 문제가 아닐 수 없다. 왜냐하면, 고객을 설득할 특별한 것이 보이지 않기 때문이다. 따라서, 이러한 제안환경이라면 차별화된 전략을 도출하기 위해 추가적인 제안전략 워크숍이 필요해 보인다.

전략의 지속적 차별화

앞 예시에서 확인한 것과 같이, 경쟁사에 확실하게 차별화된 전략을 단 한 번에 수립하는 것은 현실적으로 불가능하며, 지속적으로 아이디어를 발굴하여 개선활동을 수행해야 한다. 이것은, 새로운 전략을 도출하기 위함이겠지만 기존에 도출한 전략에 대해, 현재 'Better' 상태라면 'Only'로, 'Too' 상태라면 'Better'로 끌어올리는 활동 또한 포함하게 된다.

예시 사고대응시스템 구축사업에 대한, 전략개선(가정)

'대원출동' 단계에서 'Better' 수준의 전략을 'Only' 수준으로 올리는 예를 살펴보고자 한다.

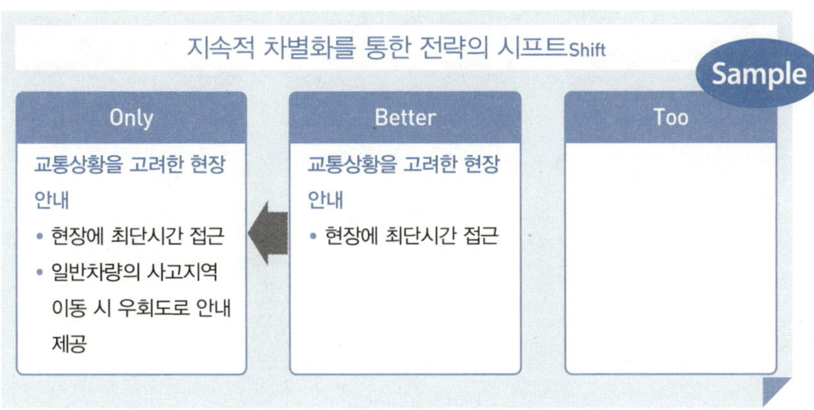

'Better' 수준에서는, 당사가 보유하고 있는 내비게이션을 통해, 현재 도로 교통상황을 반영하여 최단시간 내에 현장에 도착하는 것을 제시하고 있다. 당사 내비게이션은 시장에서 인지도 1위의 검증된 제품이지만, 경쟁사 또한 유사한 내비게이션을 보유하고 있어서, 아쉽게도 'Only'보다는 'Better' 전략이 된 예시이다.

이것을 Only로 올리기 위해, 하나의 아이디어(기능)를 추가하는 것이다. 예를 들어, 사고발생 시 주변지역을 통과하는 일반 차량에 대해 우회하도록 안내하여, 사고현장에서 작전수행이 좀 더 원활하도록 환경을 만들어 주는 것이다. 이렇게 내비게이션을 수정 및 보완한다면, 내비게이션의 기존 기능Better을 넘어 경쟁사와 차별화된 전략Only을 제시할 수 있는 것이다.

이해를 돕기 위해, 다른 예를 하나 더 보고자 한다.

예시 인적자원HR, Human Resource 관리시스템 구축사업의 전략 시프트Shift(가정)

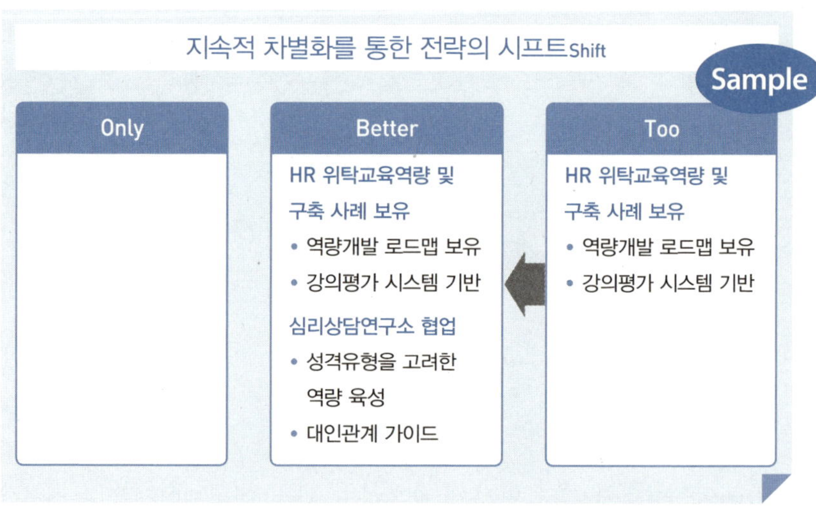

어느 한 고객사에서 인적자원 관리시스템 개발을 외주 협력업체에게 위탁했다고 가정해보자.

'Too' 수준에서는, 역량개발 로드맵을 기반으로 그동안의 구축 사례를 활용하여 체계적인 인적자원 관리시스템을 구축하겠다라고 제시하고 있다. 이 정도의 전략은 동종업계에 있는 회사라면 아마도 누구나 제시할 수 있는 전략이라 예상된다.

이것을 Better로 올리기 위해 하나의 아이디어(추가제안)를 추가하여, 전 직원을 대상으로 성격유형을 점검한 후, 성격유형과 역량육성 로드맵을 접목하여 인적자원 관리시스템을 구축하겠다고 제시하는 것이다. 한 조직에서 구성원이 자신의 숨은 역량을 개발하고 성과를 내기 위해서는 대인관계가 가장 중요하니, 이 부분을 접목한다는 논리로 접근하는 것이다.

이것이 실현 가능한지 여부를 떠나서, 그리고 사업예산이 허용하는지 여부를 떠나서, 'Too'에 있는 전략을 'Better'로 올리고, 'Better'에 있는 전략을 'Only'로 올리기 위한 전략적 사고를 어떻게 해야 하는지를 설명하는 것이니 참조하길 바란다.

OBT와 3C 분석 비교

3CCustomer, Company, Competitor가 무엇인지는 아마도 모든 사람들이 잘 알고 있으리라 생각한다. 이것은 마케팅의 기본 개념으로 균형 잡힌 분석을 위한 도구이며 여러 분야에서 응용하여 광범위하게 활용되는 기법이다.

이러한 개념을 제안전략의 경쟁력 분석 방법론인 OBT와 연결하여 조금 더 개념화해 보고자 한다.

OBT와 3C분석 연계

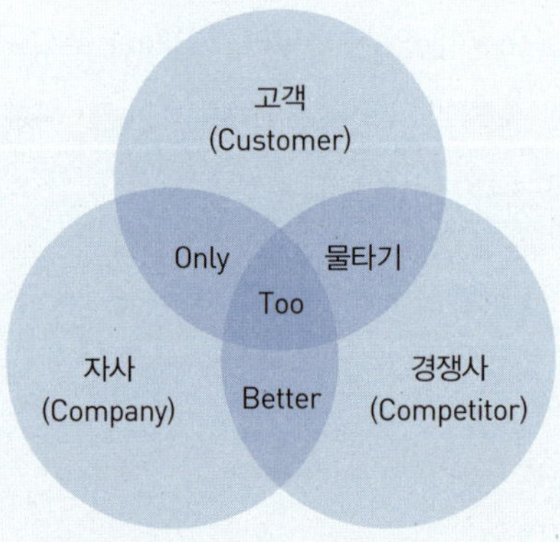

3C 차원의 제안전략이란, 다음과 같다.

- 고객Customer: 고객의 수요를 충족하되,
- 자사Company: 자사의 역량과 강점을 최대화할 수 있으며,
- 경쟁사Competitor: 경쟁사의 역량과 강점을 고려하는 것

이것을 OBT와 연계하여 고민해보면, Only는 고객과 자사와 겹치는 부분, 즉 우리만이 갖는 강점Blue Ocean에 해당하므로 최대한 부각시키고

강화해야 하는 부분이다.

반면에 고객과 경쟁사가 겹치는 부분은 Too(또는 Weak)로, 경쟁사가 강점을 갖고 있는 부분이며, 우리 입장에서 보면 이런 부분은 어쩔 수 없이 물타기 전략을 쓸 수밖에 없다. 예를 들어, 경쟁사가 고객사에 대한 경험이 풍부하다면, 고객사 경험이 많은 협력업체와 협업하거나 채용하여 경쟁사의 강점을 희석시키는 것이다.

자사와 경쟁사가 겹치는 부분은 Better 또는 Too에 해당하며, 고객을 위해 추가적인 가치를 발굴하여 차별화하는 부분을 의미한다.

■ 평가항목 기준의 경쟁 포지셔닝 분석AAI, Analysis of Assessment Items

'전략평가'의 마지막 단계는, 우리의 전략이 평가항목을 기준으로 경쟁사와 비교하여 어떤 포지셔닝을 하고 있는지 분석을 하는 단계로, '제안전략서'에서 상세히 설명했던 내용이다.

평가항목을 기준으로 경쟁 포지셔닝을 분석하는 가장 큰 장점은, 우리가 얼마나 수주경쟁력이 있는지, 정말 수주할 수 있는지를 한 번에 확인할 수 있다는 것이다. 그뿐만 아니라 어느 부분이 뒤처져 있으니 앞으로 어떤 부분을 추가로 개선해야 할지도 쉽게 확인할 수 있다.

경쟁사가 하나인 경우와 두 개 이상인 경우, 양식이 다소 차이가 있으며, 경쟁사가 하나인 경우, 당사를 기준으로 경쟁사가 어느 정도 수준인지 분석하고, 경쟁사가 두 개 이상인 경우 꺾은 선형 그래프를 활용하여 경쟁력 차이를 분석한다.

OBTOnly-Better-Too와 마찬가지로, 제안작업 초반일수록 전략의 경쟁력은 당연히 낮게 나오며, 이를 극복하는 차별화된 전략을 수립하기 위해 제안전략 워크숍을 지속적으로 수행해야 한다.

경쟁상황에 따른 포지셔닝 분석

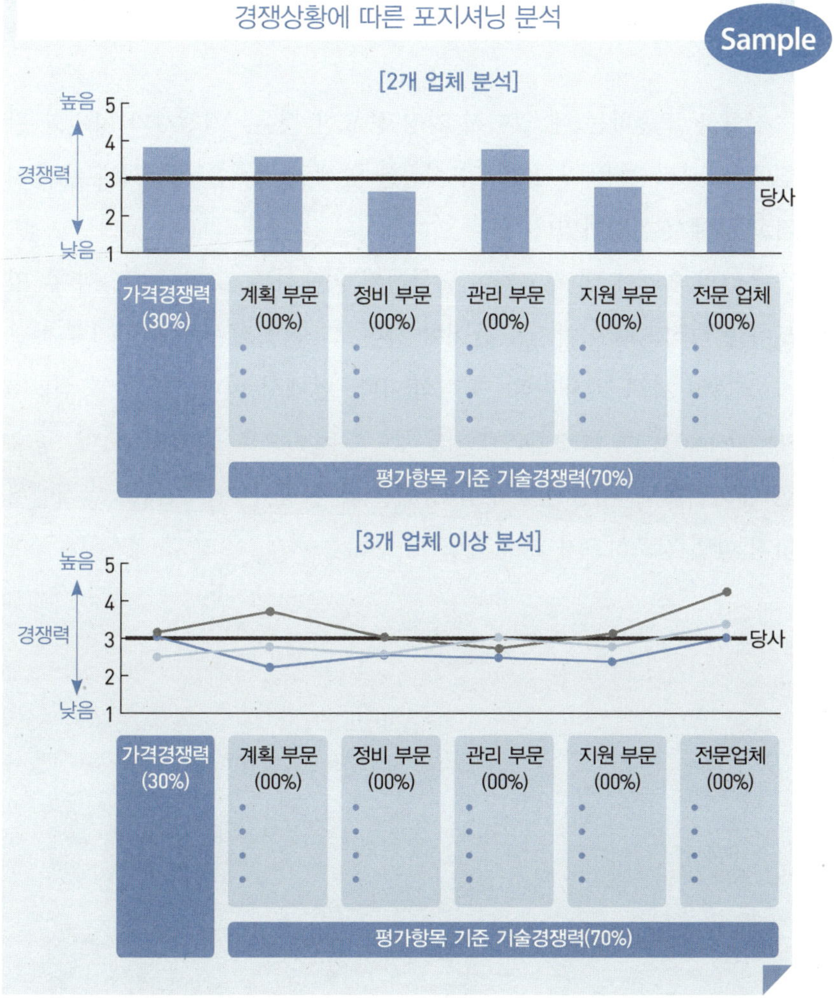

3.4 경쟁 포지셔닝 기반 제안전략 도출 패턴 정의

전략을 도출하는 데 있어서 가장 중요한 것은, '경쟁사와 차별화 관점에서, 보다 높은 가치Value의 제공을 앞세워 고객을 설득시키는 것'이라고 앞에서 설명하였다.

우리의 의견에 대해 고객이 납득하기 위해서는, 고객이 수긍할 수 있도록 논리적으로 이야기를 풀어야 하며, 그 논리적 방법과 근거에 해당하는 것이 바로 '극대화'와 '희석화'이다. 앞에서 이미 동일한 그림(95쪽 이하, Chapter Ⅱ, 1.4 제안전략의 기본 사고, 경쟁 포지셔닝)으로 설명하였으며, 중요한 개념이므로 '제안전략 수립 방법론'의 설명이 마무리되는 단계에서 다시 한번 강조하고자 한다.

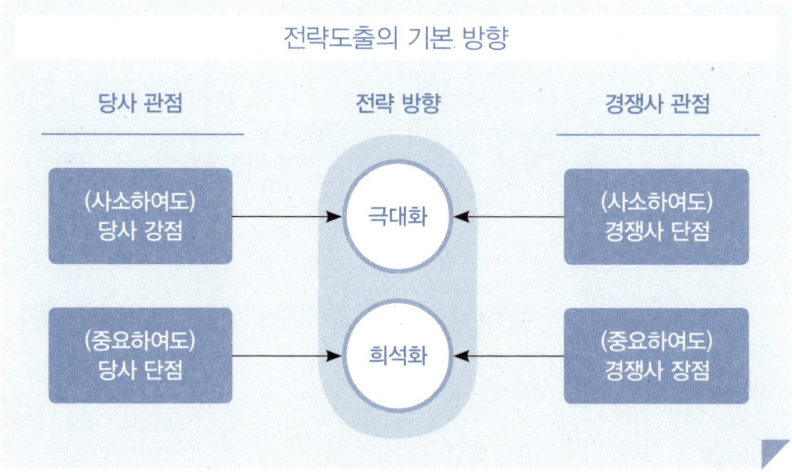

경쟁상황별 전략수립 패턴 분석

제대로 된 전략을 수립하기 위해서는 경쟁상황에 대한 인식이 매우 중요하다. 이것은 사업을 전체적으로 조망했을 때, 우리가 ① 경쟁우위인지, ② 경쟁열위인지, 아니면 ③ 동등경쟁 상황인지 이해하고 그 상황에 맞게 전략을 수립하는 것을 의미한다.

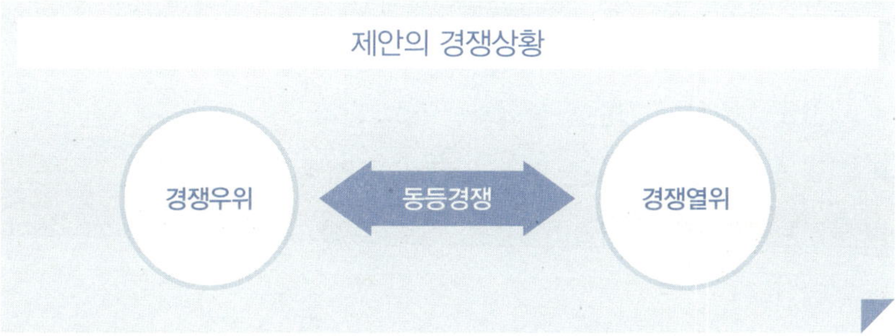

지난 10여 년간 제안전략 컨설턴트로 활동하면서 축적된 수천 개의 전략에 대해 분석해본 결과, 경쟁우위, 경쟁열위 그리고 동등경쟁 상황에서 활용되는 전략에는 그 패턴이 정해져 있다는 것을 발견하였다. 이것을 다르게 표현하자면, 마땅한 전략이 떠오르지 않을 때에는 기존 전략리스트에서 연상을 통해 해당 사업의 특성을 반영하며 새로운 아이디어를 도출한다면, 보다 쉽고 보다 빠르게 차별화된 전략을 도출할 수 있다는 것이다.

경쟁상황별 활용 가능한 패턴은 다음과 같다.

① 경쟁우위 상황에서의 전략수립 유형

기술 측면 납품하는 장비의 특징 및 차별화 강조

납품하는 장비 또는 기술 측면에서 강조할 수 있는 전략의 기본 방향은 다음 8가지로 구분된다.

- 국내외 다양한 참조사례Reference를 보유한 검증된 장비 또는 기술 적용
- 고객사에 기 납품된 장비와 호환성을 고려한 장비구성
- 국제표준을 준수하여, 향후 글로벌 시장진출 가능
- 제안요청서 요구 기준을 상회하는 성능 강조
- 해외 선진사례(기술표준, 품질기준 등)를 접목
- 투입된 장비 또는 기술이 향후 사업완료 후 기술지원 및 유지보수에 용이
- 향후 업무확대 시, 시스템 확장성 용이
- 글로벌 장비의 경우, 선발주하여 촉박한 사업일정 내 납품 가능

전략의 기본 기조는, 경쟁사 대비 기술적 우위를 보유하고 있으며, 나아가 향후 확장성 및 글로벌 진출 등 미래모습에 대비할 수 있음을 강조하는 유형이다.

고객사 이해 측면 고객사 관련 경험의 중요성 강조

당사가 경쟁사 대비 고객사에 대한 노하우가 깊다면, 고객사의 업무적 그리고 환경적 특수성을 강조하는 방향으로 전략을 수립해야 한다.

- 고객사의 업무, 조직, 인프라는 매우 특이하며, 내재화되지 않은 경쟁사가 수행할 경우, 업무마비 및 장애발생 가능(당사도 고객사 첫 프로젝트에서 유사한 경험)
- 선행경험을 통해, 제안요청서 과업 외 숨어 있는 업무가 더 많음을 강조(제안요청서는 빙산의 일각)
- 제안요청서 과업 외 숨어 있는 다양한 유관기관 및 조직 간 복잡한 연계의 필요성 강조
- 사업성공을 위해서는 제안요청서 과업 외 추가 기능 및 성능의 필요성 강조

고객사는 다른 회사와 비교했을 때, 매우 특이한 조직체계, 프로세스 그리고 고유한 문화가 있어, 이것에 대해 이해하지 못하는 업체가 사업을 수행하게 되다면, 예상치 못한 이슈가 발생하고, 결국 납기일정을 맞출 수 없다고 강조하는 유형이다. 구체적 사례로, 당사도 똑같은 어려움을 경험했고, 이제 노하우가 많이 쌓여 보다 효율적으로 수행할 수 있다고 설득하는 것이다.

유사경험 측면 유사사업경험 및 노하우의 활용 강조

'고객사 이해 측면'에서 사업을 발주한 고객사의 경험을 강조했다면, '유사경험 측면'의 전략 유형에서는 이번 제안과 유사한 사업을 다른 고객사에서 이미 경험하여 많은 노하우를 보유하고 있다고 강조한다.

- 동일한 사업의 경험이 내재화된 전문가 집단임을 강조
- 즉시 활용 가능한 자산Asset 및 참조사례를 적용하여 고품질을 보장하는 사업수행이 가능함을 강조
- 예상 이슈 리스트와 이에 따른 대처 방안을 보유하고 있어 선제적 대응이 가능

기본 기조는, 우리는 이미 성공적 사업수행을 위한 준비가 완료되었다고 강조하는 것이다. 즉시 활용할 수 있는 자산Asset과 인력을 보유하고 있으며, 이런 자산을 활용하여 고품질의 사업수행을 보장하겠다고 차별화하는 전략 패턴이다.

품질 측면 사업성공의 길, 가격보다 품질확보를 강조

어떤 산업의 입찰이든, 평가는 가격점수와 기술점수(업무 관련 역량)로 구분된다. 가격점수는 특이한 영업환경(전략사업 선정으로 저가투찰하는 경우)이 아니라면, 유사한 규모의 업체 간 원가경쟁력은 비슷하다. 문제는 규모가 상이한 업체 간 입찰의 경우로, 큰 기업일수록 원가경쟁력은 낮을 수밖에 없으며, 이런 경우, 활용할 수 있는 전략의 방향성은 다음과 같다.

- 국제인증 품질관리체계 적용
- 관련 업무, 기술, 프로젝트관리조직PMO, Project Management Office 등 전사 조직의 전폭적 지원을 통한 품질 보장
- 프로젝트 내 별도의 품질관리 조직 및 프로세스 적용

기본 기조는, 품질이 낮은 싼 제품을 구매하느니 조금 비싸더라도 고품질의 제품을 구매하여, 향후 10년, 20년을 준비해야 한다고 설득하는 것이다.

또한, 규모가 있는 회사일수록 일반적으로 전사 지원조직의 경쟁력이 있으므로, 이를 활용한 품질관리를 강조하여 차별화한다.

② 경쟁열위 상황에서의 전략수립 유형

기술 측면 과업에 대한 구체적인 해결책 제시

경쟁사가 기술적으로 앞서 있다고 고객이 인지하고 있는 상황이므로, 이에 대한 반론 및 극복 방안을 제시해야 한다.

- 경쟁사가 수행한 기존 사업의 문제점/이슈 제기(특히 매스컴을 통해 공개된 사항)
- 경쟁사가 수행한 선행사업(컨설팅 등) 결과물이 사업의 근본적 목적달성에 미흡. 부족한 부분을 보완한 발전적 계승한 안을 제시
- 자체 선행사업을 수행하여 분석 단계까지 기 수행 완료. 사업수행 시 단축된 기간에는 테스트를 수행함으로써 경쟁사 대비 높은 품질확보 가능
- 사업종료 후 원활한 운영을 고려한 기술적, 기능적, 인프라적 사전 대응체계 제시

상대적으로 낮은 경험을 극복하기 위한 일반적인 방법으로는, 자체 선행분석을 통해 사업준비가 되어 있음을 강조하는 것이다. 또 다른 방법으로는, 경쟁사가 수행한 기존 사업의 문제점을 제기하는 전략이 있으나, 이 방법은 고객의 업무성과를 부정하는 느낌을 줘서 오히려 반감을 살 수 있으므로 주의하며 적용해야 한다.

조직 측면 컨소시엄 및 협력사 구성의 시너지 효과 강조

당사의 단점을 보완하기 위한 전략으로, 가장 대표적인 방법인 관련 경험이 있는 협력업체와 협업Sourcing하는 유형이다.

- 협력사의 수행사례 및 경험 강조를 통해 경쟁사 강점 희석화

주의할 사항은, 당사와 협력업체가 함께 일하는 것에 대한 업무적 당위성을 제시하여야 한다는 것이다. 단지 업체 간 과업내역만 기술하는 것이 아닌, 전체 업무 관점에서 상호 간 협업을 통해 시너지 효과가 발생하고 결국 성공적으로 사업을 수행할 수 있다라고 기술해야 한다. 같은 말이라도, 조금만 다르게 표현하면 고객에게 더욱 신뢰감을 줄 수 있는 것이다.

사업재해 측면 사업 관점의 전환을 통한 설득

제안요청서의 과업내역과 관련하여, 당사가 보유한 역량이 경쟁사와 비교하여 부족할 때 사용되는 전략 유형이다.

과업을 찬찬히 살펴보면, 정말 중요한 것은 제안요청서에 나온, 눈에 보여지는 부분이 아니라, 고객이 미처 생각하지 못한 다른 부분이 더 중요함을 강조하는 전략 유형이다.

- 이전/향후 사업과의 연계성 강조로 경쟁사 강점 희석화
- 고객사의 또 다른 사업과의 연계로 경쟁사 강점 희석화
- 사업 본질에 대한 재해석을 통한 사업의 방향성 변화

보다 상세한 내용은, 앞에서 설명한 '전략발굴EPS의 사고의 전환Paradigm Shift' 부분에서 확인하기 바란다.

추가 제안 사업성공을 위해 반드시 필요함을 강조

제안요청서에서 제시된 과업범위가 사업의 목표를 달성하는 데 부족하여, 제안사가 사업성공을 위해 추가적으로 납품하는 것을 의미한다.

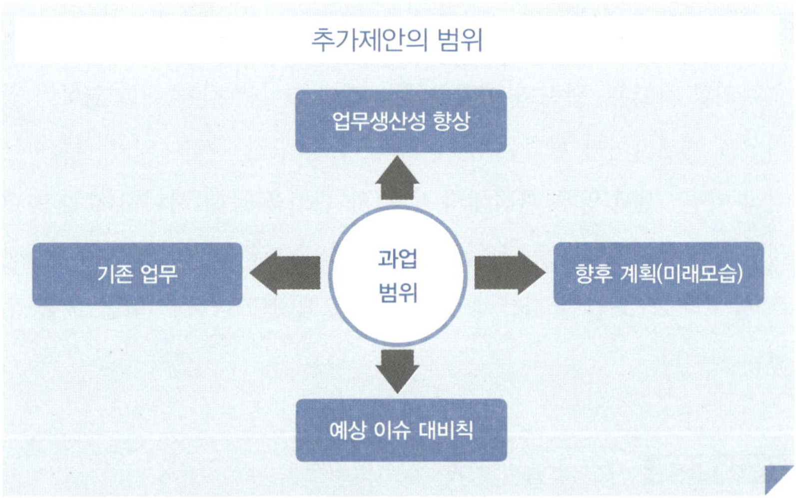

제안서를 쓰다 보면, 사업을 수주하기 위해서는 반드시 추가제안을 많이 해야 한다고 주장하는 경우가 있다. 물론, 공공 및 일반기업의 제안에서 고객이 노골적으로 추가제안을 요구하거나, 제안요청서에 추가제안을 평가점수로 넣는 경우가 종종 있다. 하지만 이러한 특별한 경우를 제외하고, 일반적으로 추가제안이 곧 수주로 이어지는 경우는 생각보다 그렇게 많지 않다.

제안사에서 알아서 더 챙겨준다는데 싫어할 고객은 없을 것이다. 하지만, 고객은 어설픈 추가제안보다는 과업 측면에서 실질적 성과를 낼 수 있는 업체를 당연히 선호할 것이다. 고객의 마음을 잡기 위해서는 사업의 본질적인 측면에서 차별점이 있어야 하는 것은 어찌 보면 너무나 당연한 것이다.

그러나, 이러한 상황에도 불구하고 반드시 추가제안을 해야 하는 상황이라면, 다음과 같은 기준으로 논리적 타당성이 있어야 한다.

- 고객의 업무생산성 향상 또는 비용절감을 위한 추가제안
- 사업수행 중 예상되는 이슈 및 리스크 제거를 위한 추가제안
- 고객사 미래 IT 대응역량을 고려한 신기술 적용의 사전 준비(예: 사물인터넷IoT, 클라우드Cloud, 빅데이터Big Data, 모바일Mobile, 인공지능AI 등)
- 기존 업무와의 연계 및 시너지효과 극대화

그냥 필요할 것 같아서 제시하는 것이 아닌, 미래를 준비하기 위해, 기존 업무와 유연한 연계를 위해, 업무생산성을 향상시키기 위해, 그리고 예상되는 이슈를 제거하기 위해 반드시 필요한 추가제안임을 명시해야 한다.

대안이 없는 경우 고객사의 미래와 연결하여 방안을 제시

마땅한 전략이 없는 경우로, 경쟁사에게 전체적으로 열위에 있고, 이 상황을 극복할 마땅한 대안도 없는, 정말 난감한 상황이라고 할 수 있다. 이런 경우에는, 어쩔 수 없이 고객의 미래모습과 연계하여, 준비하는 모습을 보여줘야 한다. 현재에 안주하지 않고, 고객의 고민을 함께 한다는 이미지로 접근하는 것이 가장 적절하다.

- 고객사에서 기 수립한 미래비전과의 부합된 모습 제시

③ 동등경쟁 상황에서의 전략수립 유형

어느 누구도 확실한 우위에 있지 않고, 또한 확실한 열위에 있지 않은 상태, 즉 난타전 상황을 의미한다.

이런 상황에서는, 앞에서 언급한 기술 측면, 유사경험 측면, 품질 측면, 조직 측면 등 이기기 위한 모든 방법을 동원하여 전략을 수립해야 한다.

■ 경쟁우위 및 경쟁열위 전략 활용

④ 사업관리 측면의 전략수립 유형

일반적으로 제안서를 작성하는 구성원은 업무전문가 또는 엔지니어로 특정 분야에 대한 깊은 이해와 경험을 보유한 전문가인 경우가 많다. 따라서, 구체적으로 어떻게 사업을 수행할 것인가의 기술 중심으로 고민하다 보니 사업관리 부분은 상대적으로 중요하지 않게 생각하는 경향이 있고, 또한 기존에 있던 장표를 그대로 활용하여 작성하는 경우가 많다.

하지만, 사업관리 및 품질관리 부분은 제안요청서상 평가항목 배점이 매우 높으며, 평가위원 또한 높은 관심을 갖고 질문하는 경우가 많다.

따라서, 사업관리 및 품질관리 부분은 절대 일반적이지 않게, 반드시 차별화될 수 있도록 작성해야 한다.

수행일정 측면 수행일정상 위험Risk을 극복할 수 있는 역량 강조

사업추진 일정과 관련하여 전략을 제시할 때 방법론을 중심으로 강조하는 경우가 간혹 있는데, 이것은 고객 입장에서 생각해보면 크게 차별점을 못 느끼는 전략이다. 왜냐하면, 방법론이 없는 제안사는 없으

며, 경쟁사와 차별화될 요소가 매우 미약하기 때문이다. 따라서 사업의 이슈를 반영한 수행일정, 우리의 전략을 반영한 수행일정을 표현해야 좀 더 설득력 있는 전략이 되는 것이다.

수행일정상 이슈가 발생하는 경우는, 대부분 과업 대비 수행기간이 너무 짧은 단납기인 경우가 대부분이다. 이러한 단납기의 경우에는 다음과 같이 네 가지의 제안전략을 적용할 수 있다.

■ 단납기 이슈

- 자체 선행사업 수행으로 단납기 이슈 극복
- 성공 사례 자산Asset(문서, 소스 등)을 활용한 공정일정 단축으로 단납기 이슈 극복
- (물리적 공간 등) 과업을 병행 수행하여 일정상 한계 극복
- 추가인력 투입(또는 인력투입 조정)을 통해 공정일정 단축

제안서를 준비하기 전부터 자체 선행사업을 수행하여, 전체 공정 중 일부 업무를 이미 수행(예: 전체 공정 중 30% 기 수행)하였으므로, 전체 공정을 단축할 수 있다는 전략을 제시할 수 있다.

만약, 여기에 유사한 사업경험이 있다면, 관련 자료를 활용하여 품질까지 확실하게 보장할 수 있음을 강조한다.

사업관리 측면 예상되는 이슈에 대한 방안 강조

프로젝트의 여러 이슈 중에서, 고객과 평가위원이 가장 관심이 있는 것 중의 하나가 바로 사업관리와 관련된 이슈들이다. 예상되는 각 유형별로 하나하나 살펴보도록 하자.

■ 고객과 관련한 유관기관 또는 이해관계자가 다양한 경우

▶ 운영위원회Steering Committee의 의사결정기구 운영

프로젝트를 수행하는 데 있어서, 사업을 발주한 오직 한 조직에만 영향을 미치는 프로젝트는 매우 드문데 이는 관련된 부서 또는 관련된 유관기관 등과 반드시 연관이 있기 마련이다. 문제는, 관련된 유관기관과 이해관계자가 너무나 많은 경우에 사업관리 이슈가 발생하곤 하는 데 있다. 왜냐하면 서로 다른 의견을 제시하여 의사결정이 늦어짐에 따라, 결국 사업 전체 일정에 영향을 미치기 때문이다.

이렇게 많은 이해관계자로 인해 이슈가 발생될 것이 예상된다면, 신속한 의사결정을 위해 핵심인력Key Person이 참석하는 별도 조직Steering Committee의 운영을 제시하여야 한다. 보다 구체적으로 참석대상, 모임주기, 예상 어젠다Agenda 및 의사결정 시한도 함께 제시하면 더욱 신뢰성을 높일 수 있다.

■ 물리적 위치 또는 지역이 전국적으로 산재된 경우

▶ 온라인/오프라인 협의체Community를 통한 의사결정 및 정보공유 인프라 제공

▶ 과업의 물리적 공간이 넓은 경우, 핵심인력이 거점별 주기적 방문 및 의견 수렴

공공사업의 경우 전국을 대상으로 하는 프로젝트가, 민간기업의 경우 전국 지사를 대상으로 진행되는 프로젝트가 종종 있다. 이렇게 물리적 위치가 원거리로 떨어져 있어 프로젝트 수행에 이슈가 예상되는 경우에는, 의견을 수렴하고 업무를 협의할 방안을 제시하여야 한다. 대표적인 전략으로는 정보를 공유하는 온라인/오프라인 협의체Community를

운영하고, 전국 단위 사업장에 관련자를 배치하여 주기적 반복적 의견을 교환할 수 있는 체계를 제시하는 것이다.

■ 많은 협력업체와 인력이 투입된 경우

▶ 별도의 품질관리 조직(전사조직)을 통한 조직 간 의견조율 및 공유

▶ 대규모 시스템 전환 시, 실질적 성과 창출을 위한 상향식(업무단위별 담당자 지정) 및 하향식(경영자 의지) 변화관리체계 마련

▶ 과업범위가 넓은 경우, 품질확보를 위해 업무단위별 당사 인력 배치

협력업체 등 다양한 인력이 투입된 경우, 가장 이슈가 될 수 있는 것이 각 업무별로 동일한 품질을 유지하고, 프로젝트 기준 및 가이드Governance가 제대로 적용되는지 확인하는 것이다. 이러한 문제를 해결하기 위해 업무단위별 주관사업자의 인력을 배치하고, 각 업무 간 의견을 조율할 별도의 조직을 두어 품질을 철저히 관리함을 강조해야 한다.

기술이전 측면 고객사 현황에 맞는 기술이전 방안 강조

기술이전과 관련해서 가장 일반적인 전략은 핵심인력을 지정하여 1:1 밀착지원을 하는 방법이 있다. 또한 집합교육 시 동영상을 촬영하여, 모바일에서도 쉽게 확인하도록 10분에서 15분 단위로 편집하여 배포하는 방법도 활용 가능하다.

■ 사업완료 후, 기술이전을 할 고객 운영조직이 부족한 경우, 또는 복잡한 기술/업무로 운영 단계에서 고객의 어려움이 예상되는 경우

▶ 업무단위별 고객사 핵심인력을 지정하여 전담 책임 인수인계체계 마련

▶ 집합교육 시 동영상 촬영 후, 이를 10분 단위 클립 동영상으로 만

들어 개인 휴대폰으로 언제든 확인할 수 있도록 제작/배포

▶ 제안사의 사내 기술교육(또는 밴더 자체 기술교육)에 고객 참여 확대

▶ 현장대응력 향상을 위해, 휴대 가능한 단말기용 기술교범(매뉴얼 등) 제공

동영상을 제작한다는 전략에 대해 오해하지 말아야 할 것은, 비용을 들여 새로운 교육 동영상을 제작하는 것이 아니라, 집합교육 시 촬영하여 제작한다는 것으로서, 이것으로 프로젝트 원가에 큰 부담을 주지 않고 기술이전과 관련한 이슈를 해결할 수 있으리라 생각한다.

인력 측면 성공적 사업수행을 위한 역량 중심의 인력투입 강조

단순 장비납품사업을 제외하고, 모든 제안에서 어떤 인력이 얼마나 투입되는지 상세히 기술하기를 요구하고 있다. 이러한 경우, 평가위원은 대부분 투입인력의 역량(품질)보다는, 몇 명이 투입되는지(양)로 인력의 수준을 평가하는 경향이 있다. 다소 모순된 상황이지만, 평가장에서 자주 일어나는 현실이기도 하다.

■ 경쟁사보다 적은/낮은 인력을 투입한 경우

▶ 당사 강점 중심의 인력구성 통계 데이터 제시

(예: 기술 등급, 인력 수, 고객사 경험 인력 수, 자사인력 비율, 관련 기술 경험 인력 수 등)

경쟁사보다 인력이 적거나 인력의 역량이 낮을 것으로 예상된다면, 제안서의 투입인력 부분에는 관련 경험을 중심으로 기술하고, 고객사 경험이 부족하다면 기술등급 중심으로 설득해야 우리의 약점을 보완할 수 있다. 만약, 관련 경험도, 기술등급도 낮다면, 그때는 어쩔 수 없이 인력 수로 강조할 수밖에 없다.

중요한 것은, 인력구성을 사실대로 표현하는 것이 아니라 우리 강점 중심으로 기술해야 한다는 것이다.

연상기법을 활용한 전략도출

'창의적 사고'에는 많은 기법이 있다. 그러한 기법에는 공통적인 사항이 하나 있는데, 바로 새로운 아이디어를 도출하기 위해 '연상기법'을 사용한다는 것이다. '연상기법'이란 특정한 단어, 이미지 그리고 사실 등으로부터 영감을 얻어 새로운 아이디어와 생각을 도출하는 것을 말한다. 어느 날 느닷없이 떠오르는 혁신적 아이디어가 있을 수도 있지만, 이러한 경우는 매우 드물며, 언제 떠오를지 모르는 아이디어를 마냥 기다리는 것만큼 소모적이고 불필요한 것이 없어 보인다.

광고계의 전설적인 카피라이터 제임스 웹 영James Webb Young은 '창의적 사고'와 관련하여 "창의적 아이디어란 그저 오래된 요소들의 새로운 결합에 지나지 않는다. 무조건 새로운 생각만을 찾아내려고 고집하는 것은 시간 낭비일 수 있다."라고 말했다.

만약 당신이 경쟁사를 이기기 위한 전략을 보다 빠르게, 보다 쉽게, 그리고 보다 차별화되게 도출하고 싶다면, 지금까지 살펴본 경쟁상황별 전략유형(47가지 전략패턴)을 영감의 도구로 활용해보기를 강력히 추천하고 싶다. 제안전략, 그것은 정해진 패턴 안에서 현재의 상황을 반영하는 것이지, 기존에 없는 새로운 것을 창조하는 것이 아니다.

47가지 전략 패턴

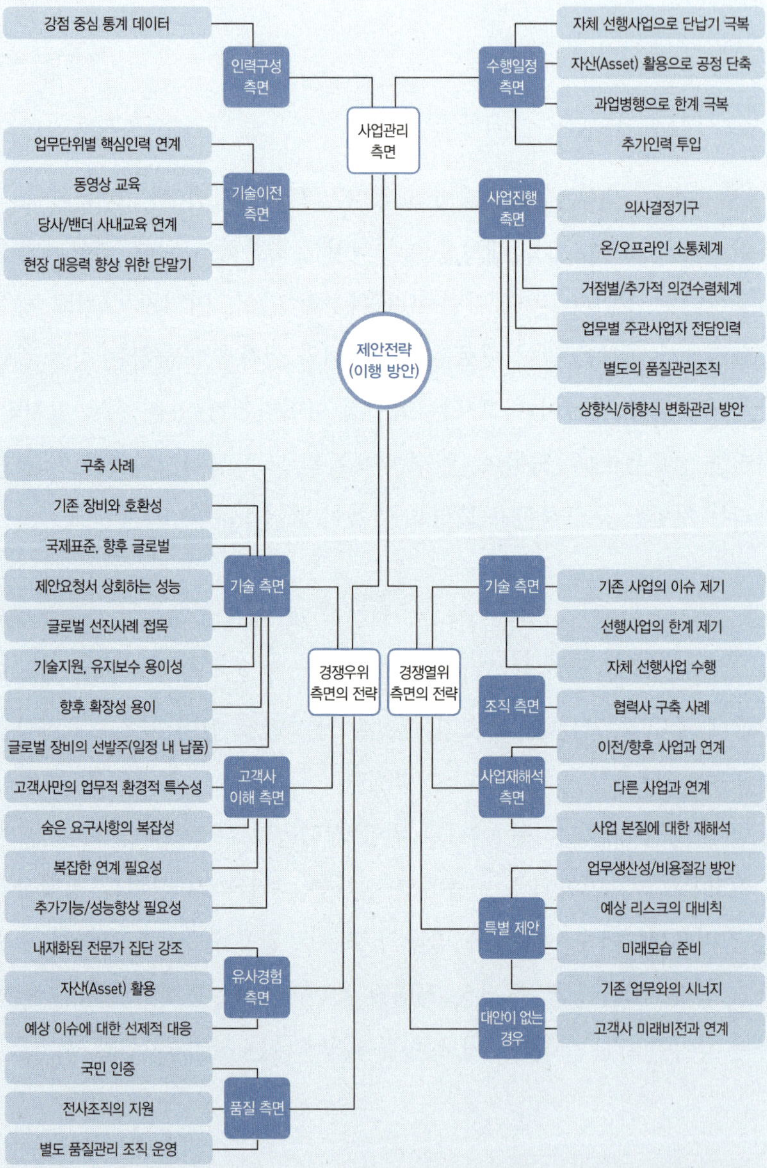

※ 동등경쟁의 경우, 경쟁우위 및 경쟁열위의 모든 전략 활용

47가지 전략 패턴

경쟁 포지셔닝		활용 전략
경쟁 우위	기술 측면	1. 국내외 다양한 참조사례(Reference)를 보유한 검증된 장비 또는 기술 적용 2. 고객사에 기 납품된 장비와 호환성을 고려한 장비구성 3. 국제표준을 준수하여, 향후 글로벌 시장진출 가능 4. 제안요청서(RFP, Request For Proposal) 요구 기준보다 상회하는 성능 강조 (또는 경쟁사 대비 우수한 성능 강조) 5. 해외 선진사례(기술표준, 품질기준 등)를 접목한 사업추진 6. 투입된 장비 또는 기술이 향후 사업완료 후 기술지원 및 유지보수에 용이 7. 향후 업무확대 시, 시스템 확장성 용이 8. 글로벌 장비의 경우 선발주하여 촉박한 사업일정 내 납품 가능
	고객사 이해 측면	9. 고객사 업무, 조직, 인프라가 매우 특이하여 내재화되지 않은 경쟁사가 수행할 경우, 업무마비 및 장애발생 가능(당사도 고객사 첫 프로젝트에서 유사한 경험 보유) 10. 선행경험을 통해, 제안요청서 과업 외 숨어 있는 업무가 더 많음을 강조(제안요청서는 빙산의 일각) 11. 제안요청서 과업 외 숨어 있는 다양한 유관기관 및 조직 간 복잡한 연계의 필요성 강조 12. 사업성공을 위해서는 제안요청서 과업 외 추가 기능 및 성능의 필요성 강조
	유사 경험 측면	13. 동일한 사업의 경험이 내재화된 전문가 집단임을 강조 14. 즉시 활용 가능한 자산(Asset) 및 참조사례를 활용하여 고품질 사업수행이 가능함을 강조 15. 예상 이슈 리스트 및 대처 방안 보유로 선제적 대응 가능
	품질 측면	16. 국제인증 품질관리체계 적용 17. 관련 업무, 기술, 프로젝트관리조직(PMO, Project Management Office) 등 전사조직의 전폭적 지원을 통한 품질 보장 18. 프로젝트 내 별도의 품질관리조직 및 프로세스 적용
경쟁 열위	기술 측면	19. 경쟁사가 수행한 기존 사업의 문제점/이슈 제기(특히 매스컴을 통해 공개된 사항) 20. 경쟁사가 수행한 선행사업(컨설팅 등) 결과물이 사업의 근본적 목적달성에 미흡. 부족한 부분을 보완하여 발전적으로 계승한 안을 제시함 21. 자체 선행사업을 수행하여 분석 단계까지 기 수행 완료, 사업수행 시 단축된 기간에는 테스트를 수행함으로써 경쟁사 대비 높은 품질확보 가능 22. 사업종료 후 원활한 운영을 고려한 기술적, 기능적, 인프라적 사전대응체계 제시
	조직 측면	23. 협력사의 수행사례 및 경험 강조를 통해 경쟁사 강점 희석화

(계속)

경쟁 열위	사업 재해석 측면	24. 이전 및 향후 사업과의 연계성 강조로 경쟁사 강점 희석화 25. 고객사의 또 다른 사업과의 연계를 통한 경쟁사 강점 희석화 26. 사업 본질에 대한 재해석을 통한 사업의 방향성 변화
	추가 제안	27. 고객사의 업무생산성 향상 또는 비용절감을 위한 추가제안 제시 28. 사업수행 중 예상되는 이슈 및 리스크 제거를 위한 추가제안 29. 고객사 미래 IT 대응역량을 고려한 신기술 적용의 사전 준비(예: 사물인터넷(IoT), 클라우드(Cloud), 빅데이터(Big Data), 모바일(Mobile), 인공지능(AI) 등) 30. 기존 업무와의 연계 및 시너지효과 극대화
	대안이 없는 경우	31. 고객사에서 기 수립한 미래비전과의 부합된 모습 제시
동등 경쟁	-	32. 경쟁우위 및 경쟁열위 전략 활용
사업 관리	수행 일정 측면	33. 자체 선행사업 수행으로 단납기 이슈 극복 34. 성공 사례 자산(Asset: 문서, 프로그램 소스 등)을 활용한 공정일정 단축으로 단납기 이슈 극복 35. (물리적 공간 등) 과업을 병행 수행하여 일정의 한계 극복 36. 추가인력 투입(또는 인력투입 조정)으로 공정일정 단축
	사업 관리 측면	37. 고객 관계자가 많은 경우, 운영위원회(Steering Committee)의 의사결정기구 운영 38. 온라인/오프라인 협의체(Community)를 통한 의사결정 및 정보공유 인프라 제공 39. 과업의 물리적 공간이 넓은 경우, 핵심인력이 거점별 주기적 방문 및 의견 수렴 40. 과업범위가 많은 경우, 품질확보를 위해 업무단위별 당사 인력 배치 41. 별도의 품질관리조직(전사조직)을 통한 조직 간 의견 조율 및 공유 42. 대규모 시스템 전환 시, 실질적 성과 창출을 위한 상향식(업무단위별 담당자 지정) 및 하향식(경영자 의지) 변화관리체계 마련
	기술 이전 측면	43. 업무단위별 고객사 핵심인력을 지정하여 전담 책임 인수인계체계 마련 44. 집합교육 시 동영상으로 촬영한 후, 10분 단위 클립 동영상으로 만들어 개인 휴대폰으로 언제든 확인할 수 있도록 제작/배포 45. 당사의 사내 기술교육(또는 밴더 자체 기술교육)에 고객 참여 확대 46. 현장대응력 향상을 위해, 휴대 가능한 단말기용 기술교범(매뉴얼 등) 제공
	인력 측면	47. 당사 강점 중심의 인력구성 통계데이터 제시(기술 등급, 인력 수, 고객사 경험 인력 수, 자사인력 비율, 관련 기술 경험 인력 수 등)

3.5 전략의 품질을 높이는 전략명 작성 패턴 정의

47개 전략 유형을 통해 제안전략을 도출했다면, 그다음 과정으로는 이것을 어떤 방식으로 기술하여 고객을 설득할 것인가가 남아 있다. 즉, 전략수립이 'What to say'에 해당된다면, 어떻게 기술할 것인가는 'How to say'를 의미하며, 짧은 시간에 변덕 많은 고객을 한 번에 설득하기 위해 매우 중요한 부분이기도 하다.

전략의 기술방식에 대해 고민하기 전에, 먼저 우리가 사무실에서 보고서를 작성할 때 흔히 겪는 상황을 살펴보자.

우리에게 어떤 과제가 주어졌을 때, 그것을 해결하기 위해 관련 자료를 찾아보고 어떤 방향으로 추진할지 고민한 후 보고서 초안을 작성해서 직책자에게 보고한다. 해당 보고 내용에 대해 잘 알지 못하는 직책자는 설명을 듣고 이것저것 물어보며 내용을 숙지한다. 그러고 나서, 목차와 내용에서 논리적 구성이 부족한 부분을 수정하도록 지시한다. 담당자가 해당 내용을 보완하여 다시 보고하면, 대부분의 직책자가 지적하는 것이, 장황한 문장은 단순화하고 중복된 단어는 삭제하며, 되도록 간단 명료하게 보이도록 가이드를 한다. 왜냐하면, 그 직책자는 이미 내용을 어느 정도 숙지한 상태여서 간단 명료하게 축약해도 전체를 파악할 수 있기 때문이다.

그럼 반대의 경우는 어떨까? 문서 작성자가 처음부터 간단 명료하게 축약해서 보고를 한다면, 직책자는 바로 이야기할 것이다. 본인만 알아보도록 작성하지 말고, 보고받는 사람을 생각하며 작성하라고 말이다.

우리 제안서도 이 경우와 마찬가지이다. 이미 제안서 내용에 대해 깊게 이해하고 있는 직책자의 경우, 길게 작성된 제안전략 문장을 보면 아마추어같이 작성되었다고 폄하하며 간단 명료하게 재작성하도록 지시를 하곤 한다. 실제로 필자가 투입된 제안팀에서도 이러한 상황을 수도 없이 많이 봐왔다. 하지만, 이러한 것은 좀 전에 이야기했던 보고서와 동일한 경우라고 생각한다. 우리의 제안서를 처음 보는 고객과 평가위원의 입장에서 작성할 것인지, 아니면 콘텐츠에 이미 익숙한 우리 회사의 직책자 중심으로 작성할 것인지 말이다.

이것에 대한 답은 명쾌하다. **제안전략 문장은, 글을 읽는 사람을 중심으로, 심플한 문장보다는 글을 이해하고 기억시키는 데 가장 유용한 '인과관계 중심의 이야기 구조'(Stephen K. Reed, 인지심리학자)로 작성**해야 한다.

'인과관계 중심의 이야기 구조'에 대해 실제 사례로 그 차이를 알아보자.

아래 사례는 제안서의 콘텐츠는 하나도 수정하지 않고 오직 제안전략 문장만 수정했던 사례이다. 두 개의 문장 중, 어떤 문장이 고객과 평

인지심리학 기반의 제안전략 문장 작성

구분	문장
기존 (제안사 중심)	전략명: 사업자 교체 리스크 최소화 방안 실행 방안 1-1. 기존 센터 유지 및 단계적 이전
개선 (고객 설득 중심)	전략명: 업무연속성 보장을 위한 사업자 교체 리스크 0% 달성 실행 방안 1-1. 1시간 내 업무 이관을 통한 안정성 극대화

가위원에게 더 좋은 인상으로, 더 준비를 많이 한 제안사로 보여질 수 있을까? 깊게 고민하지 않아도 그 차이는 쉽게 이해되리라 생각한다.

제안전략 문장을 작성할 때 주의해야 할 또 하나는, 전략은 사업을 통해 고객이 갖는 기대효과를 중심으로, 실행 방안은 그 전략(기대효과)을 달성하기 위한 구체적 수단과 방법의 내용으로 작성해야 논리적 설득이 가능하다는 것이다.

특히, 예시에서와 같이 구체적으로 정량적 수치로 표현하면 고객의 신뢰를 얻는 데 유용하다.

인지심리학 기반의 전략 이행방안 문장 구성

제안전략 문장을 인과관계로 구성하기 위해 가장 효과적이고 간단한 방법은 '목적+방법'으로 기술하는 것이다.

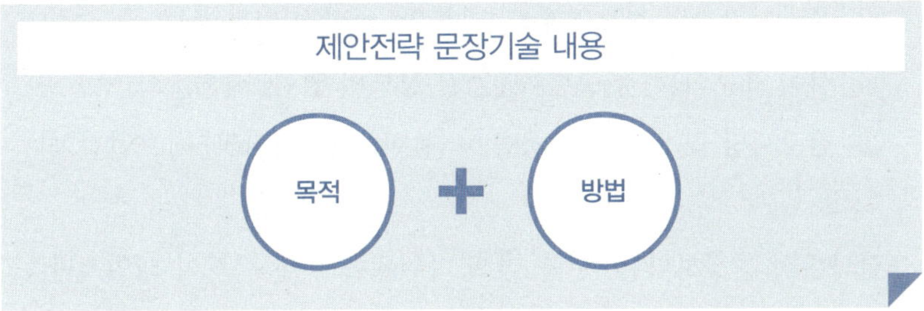

이러한 '목적+방법'을 세부적으로 살펴보면, '방안', '수식어', '기대효과' 그리고 '보어/수식어'로 구성할 수 있다.

각 문장요소에 대한 사례 단어는 이해하기 쉽도록 예를 든 것으로, 이것을 활용한 제안전략 사례를 읽어보면 이해가 쉬우리라 생각한다.

제안전략 문장 구성요소

방안(How)	+	수식어	+	기대효과 키워드(RFP)	+	보어/수식어
요구사항에 대한 구현 방안		방안을 수식하는 문장		요구사항 문장 중 핵심이 되는 키워드		방안 또는 키워드 강조문구
제안요청서상 요구사항 - 통합시스템 - 영업관리망 - 시스템 통합 등		~ 기반의 ~ 중심의 ~ 고려한 ~ 통한 ~ 제공 ~ 확보 ~ 대응 ~ 개선 ~ 강화 ~ 구축 ~ 일원화 ~ 가능한		확장성 안전성 보완성 호환성 생산성 유연성 신뢰성 가용성 이식성 활용성 편의성 강제성		~ 구현 ~ 통합 ~ 확보 ~ 향상 ~ 고도화 ~ 위한 ~ 수립 ~ 확대 ~ 최적화 ~ 제고 ~ 완성

[제안전략 문장요소 적용 사례]

① [유관기관과의 정보연계를] + [통한] + [단절 없는] + [업무수행]

② [서식 표준화를] + [통한] + [동일 정보의 입력] + [최소화]

③ [전자서명 및 암호화 적용을] + [통한] + [데이터의] + [보안강화]

결과론적 문장보다는, 한층 더 평가위원을 위한 문장이 되었지만, 정량적 표현이 없다 보니 전달력에서 아쉬운 점이 있다. 다음과 같이 보완한다면 더욱 신뢰감을 줄 수 있는 전략이 되리라 생각된다.

[제안전략 문장의 정량적 표현 사례]

① [유관기관과의 정보연계를] + [통한] + [업무단절] + [0% 달성]

② [17개 서식 표준화를] + [통한] + [입력 정보량의] + [30% 개선]

③ [전자서명 및 3단계 암호화 적용을] + [통한] + [100% 보안보장]

3.6 제안전략 도출 예시

이제까지 경쟁상황별 전략수립 방안, 경쟁력 평가 등에 대해 살펴보았다. 이번 장에서는 이러한 이해를 바탕으로 보다 현장감 있는 경험을 쌓기 위해, '7-47 전략 수립 패턴'을 활용하여 아래 전략 문제를 풀어볼 것을 적극 권한다.

예시 경험 및 역량 측면의 전략수립

고객사 A는 제1금융권의 대표적 회사로, 차세대 통합정보시스템 구축사업을 추진 중에 있다. IT 시스템을 대규모로 개편함에 따라 많은 예산이 필요하지만, 무엇보다 A사 입장에서는 빅뱅(Big Bang) 방식으로 IT 시스템을 개편하는 것에 큰 부담을 느끼고, 3년에 걸쳐 총 4단계로 사업을 진행하기로 결정하였다.

■ 입찰현황

[경우 1] 현재, 당사는 A사 차세대 통합정보시스템 구축사업의 1단계 사업을 성공적으로 마무리하였고, 2단계 사업을 준비 중에 있다. 다음과 같은 제안환경에서 '경험과 역량' 측면에서 활용 가능한 전략은?

- ■
- ■
- ■
- ■
- ■

[경우 2] 1단계 사업에 당사도 참여하였으나, 경쟁사가 사업을 수행하였다. 현재 2단계 사업을 준비 중에 있으며, 다음과 같은 제안환경에서 '경험과 역량' 측면에서의 활용 가능한 전략은?

-
-
-
-
-
-

[경우 3] 현재 1단계 사업의 제안요청서가 공고된 상황으로, 고객사는 약 10년 만에 외부사업을 발주하여, 고객사 전산환경에 대해 이해하고 있는 업체가 없는 상황이다. 다음과 같은 제안환경에서 '경험과 역량' 측면에서의 활용 가능한 전략은?

-
-
-
-
-
-

예시 사업관리 측면의 전략수립

고객 ABC사는 내년 해외지사를 확대하고 국내 영업망을 대폭적으로 강화하는 경영계획이 급하게 확정됨에 따라, 최근 영업망 관리시스템 구축을 위한 제안요청서를 공고하였다.
일반적으로 영업망 관리시스템의 구축기간은 10개월 정도 소요되나, CEO가 확정한 경영계획의 일정을 맞추기 위해, 사업기간을 7개월로 단축하여 공고하였다.
현업팀장은 타 시스템과의 연계가 복잡한 영업망 관리시스템을 성공적으로 수행하기 위해 오랜 기간 동안 협력업체와 회의하며 준비하고 있었으나, 급하게 제안요청서가 공고되어 단납기로 진행할 프로젝트에 대해 부담을 많이 갖고 있는 상황이다.

■ 입찰현황

[경우 1] 당사는 3년 전 ABC사의 전사적 자원관리ERP, Enterprise Resource Planning를 구축한 경험이 있으며, 경쟁사는 고객사의 전산환경에 대한 경험이 없다. 다음과 같은 제안환경에서 '사업관리' 측면에서 활용 가능한 전략은?

- ■
- ■
- ■
- ■
- ■
- ■

[경우 2] 당사와 경쟁사 모두 고객사에 대한 경험이 없으나, 경쟁사는 현재 유지보수사업을 수행하고 있는 협력업체와 영업적 연계성을 갖고 있다. 이러한 제안환경에서 '사업관리' 측면에서 활용 가능한 전략은?

-
-
-
-
-
-

[경우 3] 당사와 경쟁사 모두 고객사에 대한 마땅한 경험이 없으며, 역량 있는 협력업체 또한 협력관계 구성이 안 된 상태이다. 다만, 경쟁사는 IT 중견업체로 인건비 및 회사 기준 최소이익률 등에서 당사 대비 좋은 원가경쟁력을 갖는 것으로 예상된다. 이러한 제안환경에서 '사업관리' 측면에서 활용 가능한 전략은?

-
-
-
-
-
-

예시 사고의 전환Paradigm Shift 측면의 전략수립

고객사 A는 막대한 논문 및 도서 등의 자료를 보관·관리하는 국립 도서관으로, 아시아 최대의 자료를 보유하고 있는 대표적 기관이다. 이용자들에게 보다 다양한 정보를 제공하고, 일자리 창출의 사회적 분위기에 편승하기 위해, 고객사가 소유한 1970년 이전의 출력물(Hard Copy) 자료에 대해 전산화하는 사업을 발주하였다.

■ 입찰현황

[경우 1] 당사는 3년 전 문헌 정보화 사업을 수행하였으나 최근에는 수행경험이 없으며, 경쟁사는 문헌 정보화 사업의 전문회사로 최근 3년간 수행이력이 1위인 업체이다. 다음과 같은 제안환경에서 '사고의 전환Paradigm Shift' 측면에서의 활용 가능한 전략은?

-
-
-
-
-
-

3.7 전략도출의 시작, 제안전략 워크숍

차별화된 제안전략을 수립하기 위해서는, 엔지니어의 입장에서, 영업의 입장에서 그리고 프로젝트 관리자의 입장에서 다양한 의견을 수렴하고, 영감을 통해 새로운 아이디어를 도출해야 한다고 이미 언급하였다. 이 차별화된 전략을 도출하기 위한 회의가 바로 '제안전략 워크숍'이다.

제안전략 워크숍에서는 요구사항과 고객 이슈사항에 대해 정리한 문서를 활용하여 제안전략을 도출한다. 아래 문서의 활용과 예시는 앞에서 설명하였으니 해당 부분을 참조하기 바란다.

■ 제안전략 워크숍에서 활용되는 문서

- 제안전략서(Chapter II, 1.5)
- 제안요건 분석서(양식 I-6)
- 업무별 목적 및 기대효과 분석서(양식 II-2)
- 비공식 요구사항 분석서(양식 II-3)
- 핵심 이슈 분석서(양식 II-4)

제안전략 수립을 위한 구성원별 역할

일반적으로 제안팀에는 늘 인력이 부족하다. 따라서 투입되는 각 구성원별로 정확한 역할을 부여해야 짧은 시간의 제안전략 워크숍으로 고품질의 전략을 수립할 수 있다.

제안전략 수립을 위한 담당자별 역할

담당자	사전준비	제안전략 워크숍	고도화
제안 프로젝트 관리자 (제안팀원)	제안요청서 분석정보 정리	기술관점 과업특징 및 예상 이슈 설명	고도화/ 변경/ 구체화
	제안전략서 초안 정리	프로젝트 관리자 관점 제안전략 설명	
제안 전략가	제안요청서 분석	전략 퍼실리테이터	
	제안전략 고도화 준비	제안전략서 고도화/구체화	
영업대표 (기술영업)	고객 핵심 요구사항 및 고민거리 정리	고객 핵심 요구사항 설명	
		영업대표 관점 전략 공유	
	경쟁환경 분석정보 정리	경쟁환경 설명	
		기술영업 관점 제안전략 설명	

제안전략 워크숍에 참석할 대상은 일반적으로,

- 제안 프로젝트 관리자: 프로젝트 관리자

- 제안팀원: 엔지니어 및 사업관리자로 구분
  - 엔지니어: 각 업무별 기술 또는 업무 담당자
  - 사업관리자: 인력, 수행 일정, 품질 등의 관리자

- 제안전략가: 제안전략을 수립할 담당자. 제안팀원 외의 인력으로 구성해야 객관적 접근이 가능(예: 사내 컨설턴트)

- 영업대표: 고객영업과 기술영업으로 구분
  - 고객영업: 숨은 요구사항 발굴 및 협력업체 구도 분석
  - 기술영업: 고객 업무환경 분석 및 기술적Technical 요구 응대

제안전략 워크숍을 통해 전략의 아이템을 발굴하고, 이것을 바탕으로 결국 제안전략서를 완성한다. 제안전략서는 한 번에 작성이 완료되지 않으며, 지속적으로 영업환경을 반영하여 현행화해야 한다. 초안은 제안 프로젝트 관리자와 팀원이 작성하지만, 제안전략 워크숍을 진행하면서부터는 제안전략가가 담당하는 것이 효율적이다.

가장 중요한 것은 제안전략가를 누구로 선정하는가이다. 조직 내 제안전략가 역할을 수행할 인력이 별도로 있다면 문제가 없으나, 해당 인력이 없는 경우에는 조직 내 타 팀에서 컨설턴트 역할을 수행하는 인력이 제안전략가로 활동하는 것이 적절하다. 왜냐하면 제안팀에서 한발 물러나 제안환경을 객관적으로 바라보는 사고가 필요하기 때문이다.

제안전략 워크숍에서 가장 중요한 것, 퍼실리테이팅

퍼실리테이팅Facilitating 기술에서 가장 중요한 것은, 말 그대로 잘 듣고, 잘 물어보는 것이다. 프로젝트팀원이 사업에 대해서 설명을 하면, 퍼실리테이터는 그 말을 잘 듣고, 사업의 본질과 핵심이 무엇인지 찾아내고 차별화할 수 있는 부분을 질문하는 것, 이것이 제안전략 워크숍에서 퍼실리테이터가 수행하는 가장 중요한 역할이다.

제안전략 워크숍에서 퍼실리테이터의 역할을 세부적으로 살펴보면 다음과 같다.

- 제안전략 워크숍 방향 유지
- 사견을 배제한 중립 유지
- '워크숍 방향' 중심으로 질문하기
- 공감대Rapport 형성하기

제안전략 워크숍 방향 유지는, 대화의 방향성을 사업의 본질과 핵심 이슈에 대해 어떻게 해결할 것인가, 그리고 차별화는 어떻게 가져갈 것인가를 중심으로 대화가 진행되도록 기조를 유지하는 것을 의미한다. 과업 대상뿐만 아니라, 과업 외적인 부분까지 '우리가 잘할 수 있는 것'을 찾아내고 그것을 연계하는 방향으로 진행해야 한다.

사견을 배제한 중립 유지는, 제안팀의 대화 흐름과 아이디어를 발굴하는 데 도움이 될 만한 질문은 할 수 있지만, 자신의 의견을 강요하거나 의사결정을 행사해서는 절대 안 된다.

일반적으로, 제안전략 회의를 진행할 때 제안팀 내 직책자가 퍼실리테이터 역할을 수행하곤 한다. 이런 경우, 의도하지 않더라도 퍼실리테이터의 개인 의견과 경험을 중심으로 회의를 진행하게 되고, 스스로 의사결정을 내리는 경향이 있어서 제대로 된 제안전략 워크숍을 진행하는데 한계가 있는 것이 사실이다. 따라서 퍼실리테이터는, 다른 조직의 구성원이 진행하는 것이 적절하며, 또한 사업에 대해 지식이 없는 구성원이 퍼실리테이터 역할을 더 객관적이고 효과적으로 수행할 수 있다.

'워크숍 방향' 중심으로 질문하기는, 질문을 통해서 팀원의 참여를 유도하고, 정보를 모으며, 그리고 우리가 잘할 수 있는 것을 중심으로 차별화된 전략을 도출하도록 질문을 하는 것이다.

공감대Rapport 형성하기는, 워크숍에 참석한 팀원이 좀 더 편안한 분위기에서 자신의 의견을 피력할 수 있도록 분위기를 만들어가는 것을 의미한다. 공감할 수 있는 이야기를 하며 친근감을 주고, 아이콘택트Eye-contact를 포함한 바디랭귀지Body Language도 필요하다.

제안전략 워크숍 기법 – ① 3P 분석방식

제안업무의 특성상 제안전략 워크숍은 브레인스토밍Brain Storming과 같이 긴 시간을 할애하기 어렵기 때문에, 짧은 시간에 얼마나 효과적으로 진행하는지가 매우 중요하며, 가장 대표적인 방법으로는 3P People, Process, Physical Environment, 3C Customer, Company, Competitor 두 가지 분석방식이 있다.

먼저, 3P 분석방식은 고객 이슈를 사람People, 프로세스Process, 물리적 환경Physical Environment 관점에서 발굴하고, 이에 대해 우리가 어떤 강점이 있는지 아이디어를 도출하고 공유하는 방식이다.

- 사람People 관점: 업무의 주체인 고객에 대한 이슈 분석
- 프로세스Process 관점: 업무 프로세스에 대한 이슈 분석
- 물리적 환경Physical Environment 관점: 고객 인프라 관점의 이슈 분석

[양식 II – 5] 제안전략 워크숍 양식(3P 분석방식)

Sample

업무	구분	사람(People) 관점		프로세스(Process) 관점		물리적 환경(Physical Environment) 관점	
		내용	OBT 분석	내용	OBT 분석	내용	OBT 분석
A 업무	고객 이슈사항		–		–		–
			–		–		–
			–		–		–
	우리가 할 수 있는 것						
B 업무	고객 이슈사항		–		–		–
			–		–		–
			–		–		–
	우리가 할 수 있는 것						

* OBT: Only, Better, Too

[제안전략 워크숍의 3P 분석 진행방식]

① 퍼실리테이터는 화이트보드에 위의 양식을 작성한다. 워크숍이니만큼 빔프로젝터보다는 화이트보드에 직접 쓰면서 회의를 진행해야 보다 효과적이다.

② 제안팀원의 생각을 끌어내기 위해, "내가 고객이라면 이러한 부분이 매우 불편할 것 같은데…"라며 고객 관점(People 관점)에서 언급한 후, 팀원의 의견을 듣는다.

③ 순서에 얽매이지 않고 팀원이 자유롭게 말할 수 있도록 조절한다. 일반적으로 1~2시간이면 업무별 그리고 3P별로 고객 이슈와 우리의 강점을 도출할 수 있다.

④ 마지막으로, 앞 과정을 통해 도출된 우리의 강점에 대해 OBTOnly, Better, Too를 활용하여 경쟁력을 분석한다.

⑤ 워크숍을 통해 도출된 전략과 관련하여 경쟁력이 미흡하다고 판단되는 경우에는, 각 개선 방안별로 담당자를 지정하여 3일 후 다시 워크숍을 진행한다.

3P 분석방식이 효과를 거두기 위해서는, 고객사에 대한 깊은 이해와 경험이 있어야 사람People, 프로세스Process 그리고 물리적 환경Physical Environment 측면에서 이슈와 해결 방안을 분석할 수 있다.

제안전략 워크숍 기법 – ② 3C 분석방식

3C 분석방식은, 3P 분석방식을 적용하기 어려운 제안팀에 유용한 방법이다. 한마디로 3C 분석방식은 3P 분석방식의 요약형으로, 고객의 상세적인 환경분석People, Process, Physical Environment이 어려운 경우, 고객Customer과 당사Company 그리고 경쟁사Competitor 단위로 분석하는 워크숍 방식이다.

[양식 II – 6] 제안전략 워크숍 양식(3C 분석방식)

Sample

업무	고객 이슈사항 (Customer)	우리가 잘할 수 있는 것 (Company)	경쟁사 예상 전략 (Competitor)	OBT 분석
A 업무				
B 업무				

업무별로 고객 이슈에 대해 우리가 어떤 강점이 있고, 경쟁사는 어떤 전략으로 접근할 것인지를 분석하는 것으로, 진행방식은 '3P 분석방식'과 동일하게 진행하면 된다.

[제안전략 워크숍의 효율적 진행 방안]

제안전략 워크숍에 참석한 구성원은, 사업에 대해 어느 정도 공부를 하고 참석한 상태이므로 과업이 무엇인지 공유하는 시간은 별도로 필요 없으며, 기존에 작성했던, '제안요건 분석서', '제안전략서', '비공식 요구사항 분석서' 및 '핵심 이슈 분석서'를 활용하여, 워크숍을 진행하면 된다.

만약, 급하게 진행되는 제안업무로 인해 제안전략 워크숍을 별도로 진행하기 어려운 경우라면, 보다 빠르고 효율적으로 진행하기 위해 포스트잇을 활용한 KJ 기법(창시자인 Kawakita Jiro 교수 이름의 약자로 아이디어 발상법의 하나)을 사용하는 것이 도움이 된다.

■ 제안전략 워크숍 기법 - ③ KJ 기법

[1단계] 의견취합

퍼실리테이터는 노란색, 분홍색, 파란색 포스트잇을 제안팀원에게 배포하고, 노란색에는 각 업무별 가장 핵심이 되고 이슈가 예상되는 것을, 분홍색에는 핵심 및 이슈에 대한 해결 방안을 기술한다. 파란색 포스트잇에는 업무와 별개로, 회사, 조직 차원에서 우리가 잘할 수 있는 것을 기술하고 그것들을 다시 퍼실리테이터에게 제출한다.

포스트잇 색을 지정하는 것은 내용 구분을 위한 것으로, 편의에 따라 다른 색으로 지정해도 무관하다. 포스트잇에 내용을 기술할 때에는 아는 범위까지만 적으면 되며, 꼭 해결 방안이 있는 것만 적는 것이 아니라, 답이 없더라도 이슈라고 생각하는 것들을 적어도 된다.

[2단계] 공유 및 아이디어 발굴

퍼실리테이터는 취합된 포스트잇을 화이트보드에 업무단위로 그루핑하여 붙이고 제안팀원과 하나하나 공유하며 전략을 도출한다.

포스트잇을 활용하여 진행하는 이유는, 회의를 보다 빠르게 진행하고 연상기법을 활용하여 새로운 아이디어를 도출하기 쉽도록 하기 위한 것이다. 화이트보드에 하나하나 기술하며 회의를 진행하게 되면 상대적으로 시간도 많이 소요되고, 또한 다른 팀원의 생각을 말로 표현하기 전까지 알 수 없기 때문에 새로운 아이디어를 연상하는 데 한계가 있을 수 있기 때문이다.

제안전략 워크숍 기법 – ④ 브레인 라이팅Brain Writing 기법

브레인 라이팅Brain Writing 기법은, '3P 분석방법' 및 '3C 분석방법'으로 제안전략 워크숍을 진행해도 마땅한 아이디어가 나오지 않을 때 활용 가능한 기법이다.

브레인 라이팅 기법은 우리가 이미 잘 알고 있는 브레인 스토밍Brain Storming 기법에서 착안되었으며, 독일의 홀리겔Holliger이 고안한 기법으로 일명 '6·3·5 기법'이라고도 한다.

[양식 II – 7] 제안전략 워크숍 양식(브레인 라이팅Brain Writing 기법)

구성원	이슈사항 1 (or 해결 방안)	이슈사항 2 (or 해결 방안)	이슈사항 3 (or 해결 방안)
팀원 1			
팀원 2			
팀원 3			
팀원 4			
팀원 5			
팀원 6			

사회적으로 조직문화가 많이 바뀌었다고 하더라도, 회사에서는 직급이 있고, 하위 직급일수록 자기 표현에 다소 한계가 있는 것이 사실이다. 브레인 라이팅 기법은 선임자의 눈치를 볼 필요 없이 자신의 의견을 기재하는 데 효과적이며, 짧은 시간에 상대적으로 많은 아이디어를 도출하는 데 매우 유용한 기법이다.

[브레인 라이팅Brain Writing 기법]

① 6명의 참가자가 둘러앉아 제안전략 양식지를 받는다.
② 각 참가자는 특정 주제에 대해 이슈 또는 해결 방안을 양식지의 첫 줄에 5분간 빠르게 기술한다.
③ 5분 후, 양식지를 오른쪽에 앉은 팀원에게 넘기며, 본인도 왼쪽 팀원에게 양식지를 받는다.
④ 각 참가자는 이전 사람이 첫 줄에 기술한 해결책을 읽은 후, 해당 내용을 발전시켜 조금 변형된 아이디어를 두 번째 줄에 기술한다.
⑤ 5분 후, 양식지를 다시 오른쪽으로 넘기고, 본인도 왼쪽에서 양식지를 받는다.
⑥ 각 참가자는 두 번째 줄까지 기술된 해결책을 읽은 후, 좀 더 발전시켜 세 번째 줄에 아이디어를 기술한다.
⑦ 위 절차를 반복하여 여섯 번째 줄까지 적은 후, 퍼실리테이터는 모든 양식지를 모은 후, 유사 내용을 그루핑하여 정리한다.

브레인 라이팅 기법은 반드시 6명으로 구성해야만 하는 것은 아니며, 제안팀원에 맞게 진행을 하면 된다. 만약 6명이 진행한다면, 단지 30분 사이에 무려 108개의 아이디어를 얻을 수 있는, 아주 효과적인 아이디어 발상기법이다.

이것이 가능한 이유는, 앞서 설명한 창의적 사고의 기본인 연상기법을 활용했기 때문에 짧은 시간에 많은 아이디어가 나올 수 있는 것이다. 물론 그 속에는 중복도 있고 활용도가 낮은 아이디어도 있을 것이다. 하지만, 짧은 시간에, 많은 아이디어를, 직급에 상관없이 자유롭게 발상할 수 있는 효과적인 방법임에는 틀림없으니 꼭 적용해보기를 권한다.

Part 4_

제안에서의 콘셉트란 무엇일까?

4.1 제안전략을 돋보이게 하는 콘셉트

아마도 많은 사람들이 '구상나무'라는 나무 이름을 들어봤을 것이다. 구상나무란, 전 세계적으로 우리나라에서만 자생하는 나무로, 소나뭇과에 속하며 특히 제주도 높은 해발에서 서식하는 우리나라 특산종이라고 한다. 가장 큰 특징은 어렸을 때는 원추형으로 자라지만, 크면서 원정형으로 약 20미터까지 자란다.

그럼, 우리가 알고 있는 나무 중, 원추형 모양의 나무에는 어떤 것이 있을까? 아마도 많은 사람들이 크리스마스 트리를 생각할 것이다. 이렇게 특이하게 생긴 나무가 또 있다는 것이 오히려 신기하기만 할 따름이다. 하지만, 사실 두 나무는 동일한 나무라고 해도 과언이 아니다.

1917년, 윌슨E. H. Wilson이라는 식물학자가 제주도에 갔다가 우연히 구상나무를 알게 되었고, 이를 조금 변종시켜 '아비에스 코레아나Abies koreana'라고 학명을 정한 후, 그 나무의 이름을 '크리스마스 트리'라고 지었다고 한다. 원추형의 특이한 모양, 그리고 '크리스마스 트리'라는 이름 때문인지, 어느새 전 세계적으로 가장 많이 판매되는 나무 중의 하나가 되었다. 크리스마스 트리가 아무리 변종이 되었다고 하더라도, 사실 둘 다 구상나무라고 해도 과언이 아닐 것이다. 하지만, 하나는 한국에만 자생하는 대한민국 토종식물이고, 또 하나는 전 세계적으로 사랑받고, 매년 엄청난 로열티를 받고 있는 나무가 되었다. 다시 말해서, 우리가 우리나라 특산종 나무에 대해 로열티를 외국에 지불하며 구매하고 있는 상황인 것이다.

그럼, '구상나무'와 '크리스마스 트리'의 차이는 무엇일까? 그 차이는 바로, 기존 나무에 '의도된 개념을 부여'하여 사람들에게 새로운 '의미'와 '느낌'을 주었고, 그럼으로써 세계 최고 가치를 지닌 나무가 되었다라는 것이다.

이것이 바로 이번 파트에서 이야기하고자 하는 '콘셉트'라는 것이다.

구상나무와 크리스마스 트리의 차이

제안서에서 콘셉트는 왜 필요한가?

공공기관에서 그리고 기업 내에서 평가위원으로 활동하면서, 한 가지 특징을 발견하였다. 그것은, 사업에 대한 깊은 지식이 없더라도, 발표자가 설명하는 동안만큼은 무엇을 어떻게 하겠다라는 것인지 어느 정도는 이해할 수 있었지만, 프레젠테이션이 끝난 후 평가를 위해 내용을 돌이켜 생각해보면, '그래서 결국 말하고 싶은 것은 뭐였지?'라고 생각이 든다는 것이다. 하물며, 3개 이상의 제안사가 참여한 경우라면, 각각의 제안사가 말하고 싶었던 핵심이 뭐였는지 기억하는 것은 더더욱 쉽지 않았다.

그 이유는, 발표자가 말하고 싶은 것이 너무 많고, 그것들 모두를 기억하도록 강요하다 보니, 평가위원 입장에서는 프레젠테이션이 끝난 후, 오히려 더 기억하기 어렵게 느껴지는 것이다.

따라서, 프레젠테이션을 할 때에는 평가항목 중심으로 구체적 방안을 설명하는 것 외에도, 이번 사업의 핵심에 대해 우리의 역량을 평가위원에게 각인시키는 노력이 필요하다. 여기서 사용되는 것이 바로 콘셉트이며, 이것을 활용하여 평가위원에게 우리의 차별점을 하나의 이미지로 기억시킬 수 있으며, 이러한 것을 단일개념 제안, 즉 SMPSingle Minded Proposition 기법이라고 한다.

좋은 콘셉트의 조건

평가위원에게 기억시킬 수 있는 좋은 콘셉트에는 크게 세 가지 조건이 있으며, 그것은 독특함Unique, 차별화Differentiation 그리고 고객지향Customer Orientation이다.

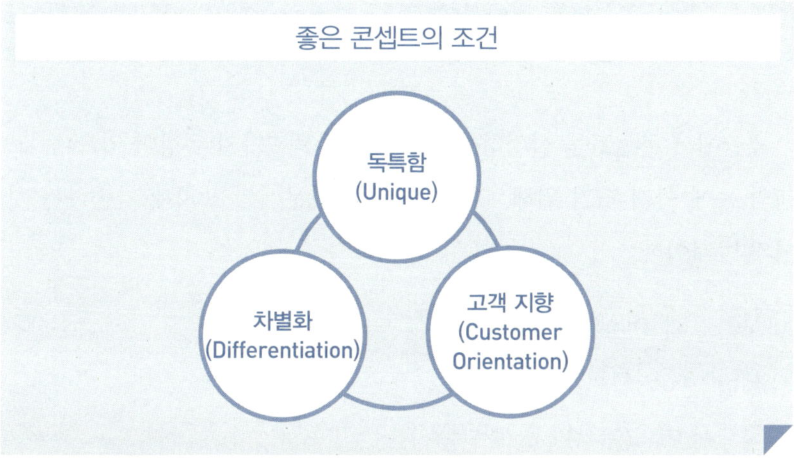

먼저, 독특함은, 콘셉트를 설정하고 검증하는 데 있어서 가장 기본이 되는 요소라고 할 수 있다. 이것은 사업의 본질적인 측면Essence에서 경쟁사와 차별화된 방안을 제시하는 것으로, 경쟁사의 전략에 플러스 알파+α를 주는 것이다. 당연히 과업에 대해 기술적으로 그리고 경험적으로 경쟁우위에 있는 경우에는 보다 효과적으로 도출할 수 있다.

차별화는, 독특함과 다르게, 사업의 본질적인 측면만 강조하지 않고, 사고의 전환Paradigm Shift을 고민하여, 경쟁사와 다른 관점에서 제시해주는 것을 의미한다.

마지막으로 고객지향은, 고객 이슈 중심으로 콘셉트를 설정하는 것으로, 고객이 가장 고민하는 것과 관련하여 이슈를 제기하거나, 또는 해결책까지 제시하여 콘셉트를 설정하는 것이다.

콘셉트를 설정하는 것에는 정답이 없다. 다만, 우리의 강점을 무엇으로 표현하고, 결국, 평가위원에게 어떤 단어로 기억되도록 이미지를 만들 것인가가 중요한 것이다.

4.2 제안에서의 콘셉트 유형

제안에서 콘셉트를 설정하는 것에는 다음의 7가지 유형이 있으며, 고객의 눈에 쉽게 띄기 위해, 일반적으로 제안문서의 표지에 기술하는 것이 일반적이다.

① 사업 최대 이슈와의 연계

② 제안전략 방향과의 연계

③ 고객사 비전/목표와 당사의 의지

④ 사업본질과 제안사 역량 연결

⑤ 경쟁열위, 고객의 변화 강조

⑥ 고객 슬로건과의 연계

⑦ 콘셉트를 못 찾으면 예쁘게 포장

이해를 위해 좋은 콘셉트의 3가지 요건과 7가지 콘셉트 유형을 연계한 예시를 살펴보자.

① 사업 최대 이슈와의 연계

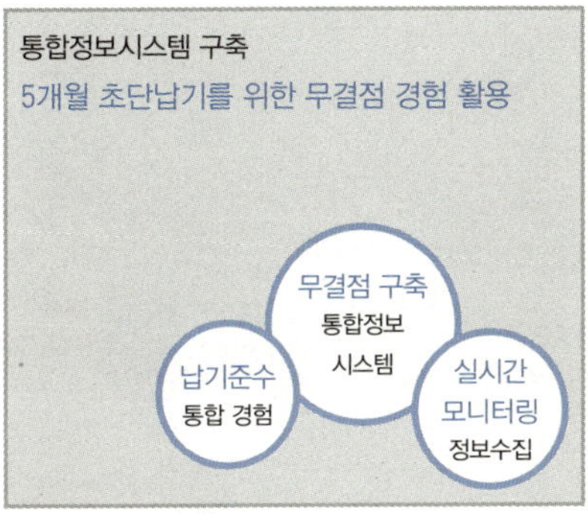

[콘셉트 방향]

- '고객지향' 중심의 콘셉트 설정
- 사업의 세 가지 핵심을 SMPSingle Minded Proposition로 표현
  - 고객의 가장 큰 고민인 '짧은 사업기간의 이슈' 제기(초단납기 사업임을 강조하고, 이에 대한 구체적 방안이 필요함을 암시).
  - 고객업무에 대한 친밀도 강조.

② 제안전략 방향과의 연계

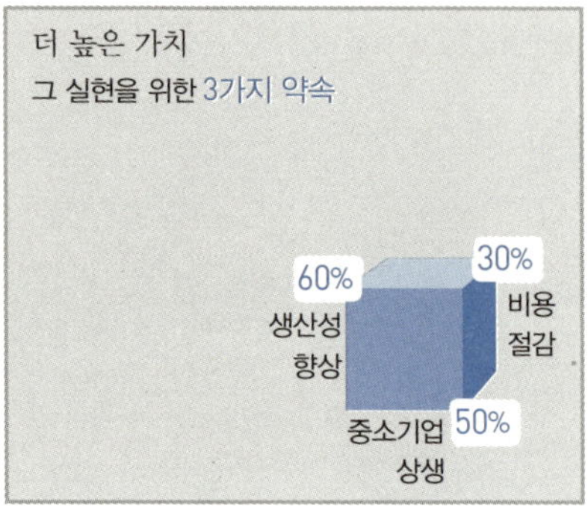

[콘셉트 방향]

- '독특함' 중심의 콘셉트 설정
- 제안서에서 제시된 전략의 핵심을 SMP로 표현

[좌] 성공적 사업수행을 위한 3대 전략그룹을 설정하고 각 전략을 하나의 단어로 개념화하여 SMP 설정.

[우] 세 가지 핵심 전략에 대해 어떤 가치를 고객에게 제공할지 정량적으로 표현.

SMP에서는 세 개의 전략을 '약속'이라는 하나의 단어로 표현하여 고객에게 신뢰감을 부여.

③ 고객사 비전/목표와 당사의 의지

언제 어디서나
주머니 속의 모바일 은행
모바일앱 가입자 100만 명 달성
고객사 CI

세계 최고의 전산센터
正 義
사업의 정의를 고객과 함께하겠습니다.
사업 이미지

[콘셉트 방향]

■ '고객지향' 중심의 콘셉트 설정

■ 고객사 내부의 경영목표 또는 비전을 SMP로 표현

[좌] 고객사의 금융서비스에 대한 가입자 수 목표달성을 위해 스마트 금융서비스 구축.
전략은 가입자 수 확대를 위한 구체적 방안 중심으로 작성.

[우] 고객사 기관장이 해당 기관 운영의 근본적인 방향성을 '정의'로 수립.
우리도 사업수행을 '정의'로 생각하고 최선을 다하겠다고 표현함으로써, 고객과 제안사의 목표가 하나임을 강조.

④ 사업본질과 제안사 역량 연결

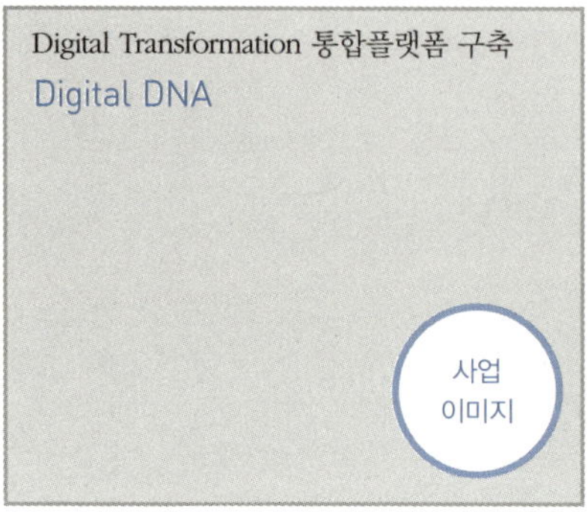

[콘셉트 방향]

- '독특함' 중심의 콘셉트 설정
- 사업의 핵심 본질을 SMP로 표현

[좌] 4차산업 대비 Digital Transformation을 구축하는 사업.
해당 기술과 관련하여 경쟁사와 차별화된 경험과 노하우를 보유하고 있으며, 우리는 이미 몸 속에 디지털 DNA가 내재화되어 있음을 강조.
전략은 DNA의 근거가 되는 구체적 내용으로 작성.

[우] 클라우드를 구축하는 사업으로, '클라우드' 앞에 정관사 'The'를 붙이고, 한글 뜻으로는 'More' 의미를 부여하도록 구성.
제안전략은 더More 고민하고, 더More 많이 일하겠다라는 내용으로 작성.

⑤ 경쟁열위, 고객의 변화 강조

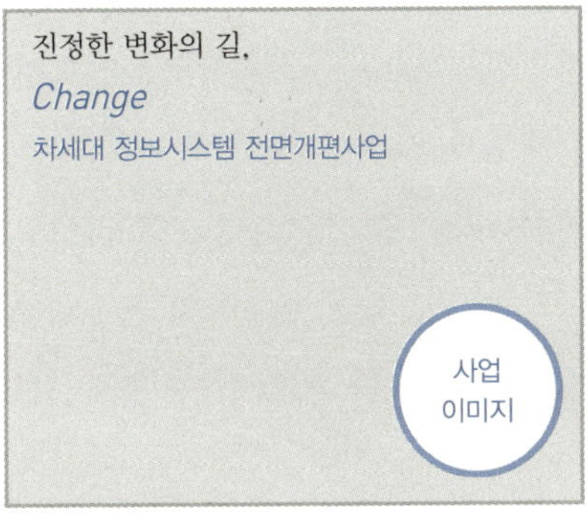

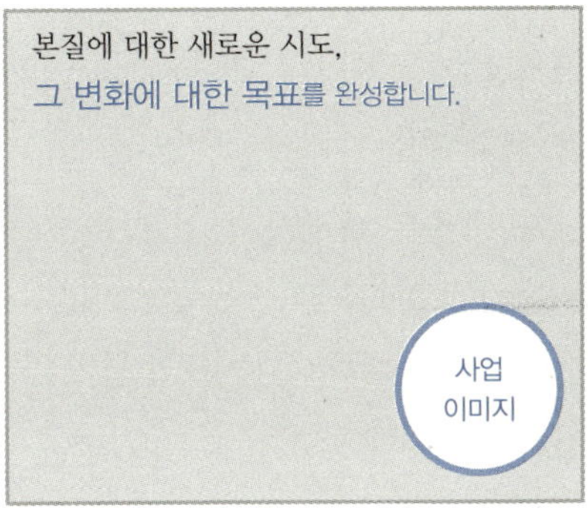

[콘셉트 방향]

- '차별화' 중심의 콘셉트 설정
- 고객에게 변화가 필요한 시점임을 암시하도록 SMP설정

[좌] 오랜 기간 동안 경쟁사가 고객사 IT 인프라를 운영/관리함.
시대와 문화가 계속해서 변하듯, 고객의 업무환경 또한 새로운 도약을 위해서는 변화가 필요하며, 그 변화를 우리가 할 수 있다라고 강조한 콘셉트.
전략 또한 변화를 위한 구체적인 방안 중심으로 작성.

[우] 현재, 고객사 업무환경과 관련하여 활용도의 문제가 있음.
이를 해결하기 위해 본질적인 측면에 변화가 필요함을 강조.
제안전략은 사업의 본질과 이에 대한 구체적인 방안 중심으로 작성.

⑥ 고객 슬로건과의 연계

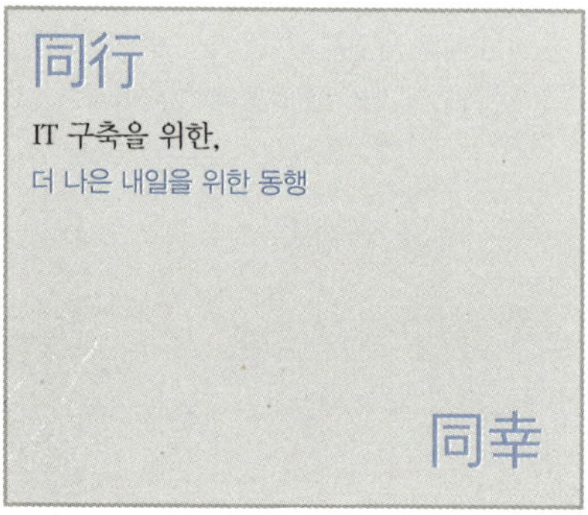

[콘셉트 방향]

- '고객지향' 중심의 콘셉트 설정
- 고객의 광고 문구를 SMP로 설정
  - 고객사의 TV 광고에서, 고객과 함께 나아간다는 '同行'을 강조.
  - 제안사는 고객사의 '同行'을, 동음이의어 '同幸'으로 변화하여, 고객화 함께 성장하고, 그럼으로써 함께 행복해짐을 강조한 콘셉트.

"파도만 보지 말고, 파도를 일으키는 바람을 보라."

"난 사람의 얼굴을 보았을 뿐, 시대의 모습을 보지 못했소. 시시각각 변하는 파도만 본 격이지. 바람을 보아야 하는데…. 파도를 만드는 건 바람인데 말이오."

이것은, 2013년 상영하여 큰 인기를 끌었던, 영화 '관상'에 나오는 명대사로, 사람의 얼굴만 봐도 그 사람의 모든 것을 꿰뚫어 본다는 주인공 내경(송강호)이 바다를 바라보며 한명회에게 한 말이다. 이것이 의미하는 것은, 한 사람의 운명을 알기 위해서는, 얼굴에서 비춰지는 모습뿐만 아니라 시대의 모습을 볼 수 있어야 한다는 것으로, 시시각각 변하는 파도, 즉 얼굴이 아닌, 그 파도를 일으키는 바람, 즉 그 사람이 살고 있는 시대의 흐름을 이해해야 진정한 운명을 알 수 있다는 것이다.

이것을 반대로 표현하여 개인의 운명과 연결해본다면, 사람의 운명은 파도와 같은 것으로, 그 파도만을 본다면 어쩔 수 없이 받아들여야 하는 운명이지만, 그것의 원인인 바람, 즉 내가 진정으로 하고 싶은 것, 내가 꿈꾸는 것을 이해하고 노력한다면, 운명과 현실은 바뀔 수 있다는 것을 의미한다고 할 수 있다. 현실이라는 파도를 헤쳐나갈 수 있는 의지, 그것이 '바람'인 것이다.

이러한 사고는, 제안서를 작성하는 것, 특히 제안전략을 수립하는 사고와 매우 유사하다.

우리는 경쟁사와 차별화된 제안전략을 수립하기 위해 많은 고민을 한다. 제안요청서상에 기술된 현황 및 문제점, 추진목표 등을 분석하고, 고객을 직접 만나 숨은 요구사항이 무엇인지 분석을 한다. 그러고 나서 이러이러한 방향으로 사업을 수행하겠다라고 전략을 제시한다. 하지만, 이렇게 제시한 전략이, 고객의 입장에서 사업의 근본적인 목적에 부합되는 내용인지, 아니면 제안사의 입장에서 그 목적을 달성하기 위한 수단의 내용인지는 깊게 고민해볼 필요가 있다.

고객이 IT를 통해서 얻고 싶은 것은 명확하다. 우리는 그 '얻고 싶은 것'이 무엇인지, 즉 사업의 '근본적 목적'이 무엇인지 반드시 이해해야 한다.

- 업무효율성 향상을 통한 업무 개선
- 생산성 향상을 통한 매출 증대
- 비용절감을 통한 이익 증가
- 리스크/이슈 제거를 통한 안정성 향상
- 고객의 고객을 위한 가치 제공

정확한 운명을 꿰뚫어 보기 위해 파도를 일으키는 바람을 이해해야 하듯, 핵심을 짚는 전략도출을 위해 '파도'인 제안요청서와 고객의 숨은 요구사항Needs 외에도, '바람'에 해당하는, 고객이 진정으로 갈망하는 것이 무엇인지 알아야 한다.

돌아보기

Ⅱ. 본질적 경쟁력을 확보하는 전략을 수립한다

제안전략 수립 방법론

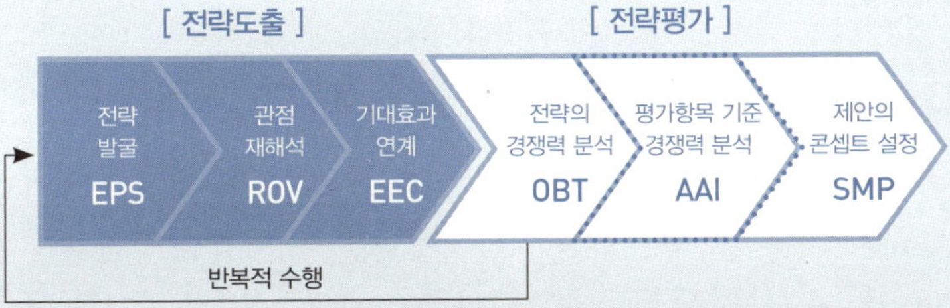

EPS(전략발굴) : Essence & Paradigm Shift Strategy

ROV(관점 재해석) : Reinterpretation Of Viewpoint

EEC(기대효과 연계) : Expected Effect Connection

OBT(전략평가) : Only & Better & Too

AAI(평가항목 분석) : Analysis Of Assessment Items

SMP(콘셉트 설정) : Single Minded Proposition

제안전략에 대해 기존 생각과 사고에 어떤 변화가 있었습니까?

차별화된 전략을 도출하기 위해 무엇을 먼저 적용해 보시겠습니까?

III

제안서 작성

고객을 사로잡는 제안서를 작성한다

Part 1 _ 좋은 제안서는 어떤 것일까?

Part 2 _ 고객의 공감을 어떻게 이끌어낼 수 있을까?

Part 3 _ 전달력을 향상시키기 위한 도식에는 무엇이 있을까?

Part 4 _ 경쟁력 있는 제안서는 어떻게 써야 할까?

사랑하라,
한 번도 상처받지 않은 것처럼

Alfred D. Suja

춤추라, 아무도 바라보고 있지 않은 것처럼.
사랑하라, 한 번도 상처받지 않은 것처럼.
노래하라, 아무도 듣고 있지 않은 것처럼.
일하라, 돈이 필요하지 않은 것처럼.
살라, 오늘이 마지막 날인 것처럼.

여러분에게서 '열정'은 무엇을 의미하는가?
결과인가? 과정인가? 현재인가? 미래인가?
아니면, 갈망인가 두려움인가?
각자에게서 '열정'이 무엇을 의미하는지는 다를 수 있으나, 한 가지 공통된 것이 있다. 만약 여러분이 무언가에 도전하는 동안 두려움과 굴욕이 없었다면, 그리고 실패가 없었다면, 거기에는 열정이라는 단어를 사용하기에는 아직 부족함이 있다는 것이다. 열정에는 언제나, 항상 그리고 늘 두려움과 고통, 그리고 실패가 함께하기 때문에, 우리는 이러한 위험을 감수하고 무언가를 해냈을 때 '성공'이라는 값진 선물을 받을 수 있는 것인지 모르겠다.

한 번도 상처받지 않은 것처럼, 오늘이 내 생에 마지막 날인 것처럼…
인생이라는 한 권의 책에서, 오늘 하루를 후회 없이 보낸 중요한 한 페이지로 남겼으면 한다.

Part 1_ 좋은 제안서는 어떤 것일까?

1.1 도해 사고로 바라본 제안서

'제안'이라는 것은, 앞에서 여러 번 설명한 것처럼, 기업이나 특정 단체에서 어떠한 목적을 달성하기 위하여, 외부 업체에게 어떻게 해야 문제를 해결할 수 있는지 의뢰를 하고, 제안사는 이에 대한 구체적 솔루션과 방안을 정리하여 고객에게 제출하는 것의 의미한다. 특히, '제안서'는 현재 고객사에서 이슈가 되고 있는 문제에 대해, 제안사가 보유하고 있는 기술, 경험 그리고 인력 측면의 핵심 역량을 활용하여 어떤 방법으로, 어떤 프로세스로, 그리고 어떤 도구를 활용하여 해결할 수 있는지에 대해 상세히 기술하는 일종의 기업 간 법적 효력을 지니는 문서이다.

이것을 도식화하여 설명하면 다음과 같다.

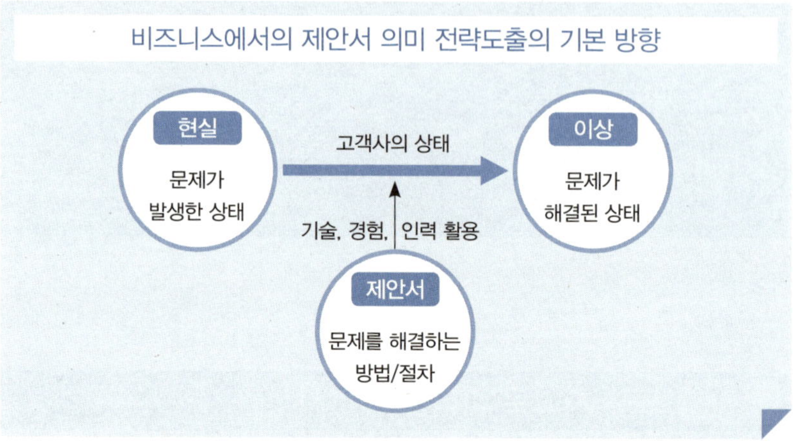

나가타 도요시(2011), 『圖解思考力』.

이와 관련하여, 이해하기 쉽게 예를 들어보겠다.

높은 수작업으로 원가가 지속적으로 상승하고 있는 어느 한 고객사가 있다고 가정해보자. 이 고객사는 물류관리가 제대로 이루어지지 않고 수작업 비율이 높아, 주문이 늘고 일이 많아질수록 직원 수 또한 비례적으로 증가하는 등 이익이 늘어나는 데 한계가 있는 문제점을 안고 있다.

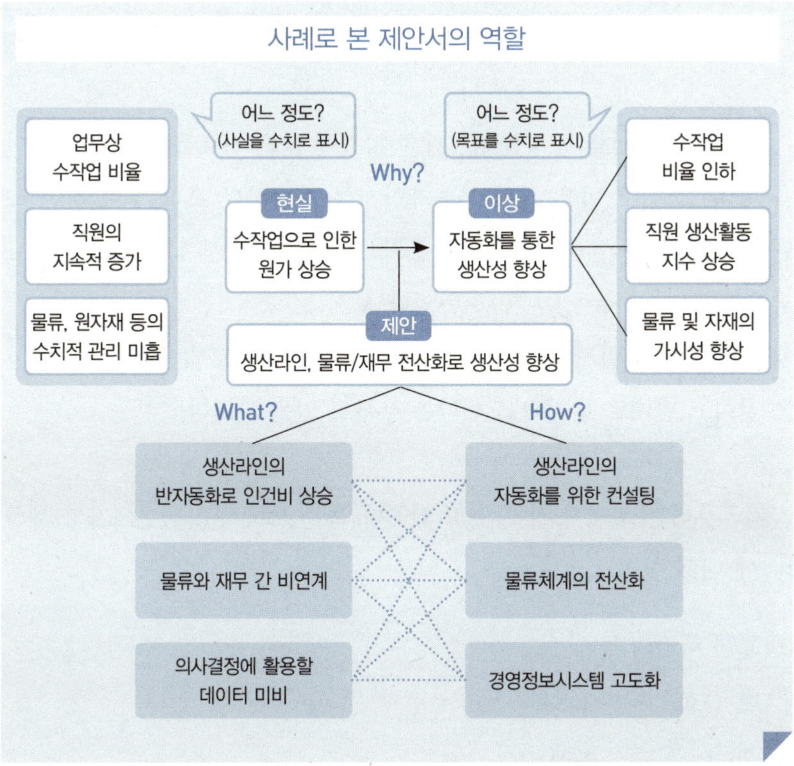

이러한 고객의 문제점을 해결하기 위해, 제안사는 생산라인에 스마트공장Smart Factory 솔루션을 활용하여 공장자동화를 구현하고, 물류체계를 전산화하여 물류와 재무 간 연계를 통해 원가 측면에서 돈이 어떻게 흘러가고 있는지 확인할 수 있도록 구체적 방안을 제시한다. 결국 최종적으로 고객사의 최대 이슈인 생산성과 효율성을 얼마나 향상시킬 수 있는지를 제시하는 것이다.

1.2 제안서에 대한 오해와 진실

우리는 제안서를 작성할 때, 짧은 시간에 많은 자료를 확인하고 고민을 하며, 그리고 밤을 새워가며 제안서를 작성하다 보니, 본질적인 측면에서 다소 벗어나는, 즉 고객 중심이 아닌, 제안서 작성자 중심으로 사고하고 작성하는 경우가 종종 있다.

우리가 이미 인지하고 있으나, 바쁜 제안일정으로 놓치는 부분이 있을 것이고 반대로 우리가 오해하는 부분도 있을 것이다.

지금부터는 우리가 잘못 알고 있거나 혹은 오해하고 있는 4가지 사실 Fact에 대해 살펴보고자 한다.

① 고객 측면의 오해

② 평가위원 측면의 오해

③ 제안서 측면의 오해

④ 작성 측면의 오해

① 고객 측면의 오해

[오해]		[진실]
제안서를 100% 이해할 때까지 연구한다.	VS	고객은 '기대효과 중심'으로 '이해하기 쉽게' 작성된 제안서를 개념 있게 잘 썼다고 평가한다.

제안서를 작성할 때, 우리는 이런 생각을 하곤 한다. '고객에게 우리의 기술적 역량을 확실하게 보여주기 위해 아주 상세히 그리고 깊이 있는 내용으로 작성해야 한다.'라고 말이다.

하지만, 애석하게도 우리의 고객은 그런 상세한 기술적 방안에 대해서는 상대적으로 관심이 적고, 조직의 업무환경이 얼마나 어떻게 좋아지는지에 관심이 더 많다. 왜냐하면, 현재 고객의 조직은 심각한 문제를 갖고 있는 상태로 그것을 해결하기 위해 사업을 발주한 것이고, 결국 이를 통해 자신(사업을 발주한 고객)의 업무적 성과(치적)로 포장하려고 하기 때문이다.

따라서, 진정 고객을 생각한다면, 오직 기술적인 상세 내용보다는, 고객의 업무환경이 어떻게 좋아지는지 보다 쉽고 가독력 있게 작성하는 것이 고객에게 높은 평가를 받을 수 있는 것이다.

② 평가위원 측면의 오해

[오해]		[진실]
평가위원은 제안서 전체 내용을 100% 이해하고, 정확하게 평가할 능력을 보유하고 있다.	VS	평가위원은 광범위한 제안서 전체를 이해할 수도, 이해하고 싶지도 않다. 오직 '평가항목으로 결정'한다.

일반적으로 남성들이라면 자동차에, 여성들이라면 화장품에 관심이 많을 것이다. 만약, 당신이 평가위원이라고 가정한다면, 자동차 구매조건을 무엇으로 하겠는가? 아마, 어떤 사람도 자동차의 전기배선의 재질이 무엇인지, 몇 와트의 전기를 쓰고 있는지, 실린더의 재질이 무엇이고 지름이 어떻게 되는지 비교 분석하여 자동차를 구매하지는 않을 것이다. 마찬가지로 화장품을 구매할 때, 원료의 성분 비율이 어떻게 되고 해당 성분이 어느 나라 어떤 업체에서 생산되어 어느 경로로 수입되는지 등에 대해서 아무도 관심이 없을 것이다. 다시 말해서, 자동차를 선택하는 기준(평가항목)은, 디자인, 연비, 출력 그리고 가격일 것이고, 화장품이라면 내 피부에 맞는지, 색이 맘에 드는지를 보고 구매 여부를 결정하는 것이다.

우리 제안서도 마찬가지다. 수많은 상세한 기술적 내용보다는 평가항목(선택기준) 중심으로 경쟁사와 비교하여 얼마나 차별화가 있는지를 기술해야 평가위원에게 높은 점수를 받을 수 있는 것이다.

③ 제안서 측면의 오해

[오해]		[진실]
수주하는 데 제안서는 중요하지 않으며 영업적 환경이 가장 중요하다.	VS	제안서는 기술적 내용 기반의 영업문서로 고객 설득의 첫 단추이다.

많은 사람들이 프로젝트를 수주하는 데 있어서, 제안서는 그 중요도가 낮으며, 고객 그리고 평가위원에게 얼마나 영업이 되어 있는지가 수주에 결정적 역할을 한다고 이야기하는 사람들이 많다. 물론, 영업적 역량이 수주에 중요한 역할을 한다는 것은 의심할 여지없이 100% 맞는 말이다. 하지만, 아무리 영업이 잘되어 있다고 하더라도, 고객이 제안서의 내용을 보고 우리를 신뢰할 수 없다고 생각한다면, 그동안 영업단계에서 쌓아온 좋은 이미지는 한 번에 실추하게 되고, 결국 경쟁사에 사업을 빼기게 될 것이다.

제안서는 고객 설득의 첫 단추이자 고객에게 신뢰를 얻을 수 있는 매우 중요한 영업문서인 것이다.

④ 작성 측면의 오해

[오해]		[진실]
제안서는 요건에 대한 기술적 방안을 제시하는 문서이다.	VS	제안서는 당사가 경쟁사보다 기술적 우위에 있다고 비교하여 설명하는 문서이다.

제안서는 고객을 바라보며 어떻게 업무를 수행하겠다라고 작성하는 것이 아니라, 우리의 경쟁사를 바라보며 다른 제안사보다 우리가 더 잘 할 수 있다고, 더 역량과 경험이 있다라고 작성해야 한다. 왜냐하면, 입찰에서는 오직 하나의 제안사만이 우선협상자로 선정되기 때문이다.

따라서, 우리의 기술적 방안과 경쟁사의 기술적 방안을 비교하여 어떤 부분이 차별화되는지, 그래서 어떤 기대효과를 더 줄 수 있는지를 기술해야, 고객의 입장에서 그리고 평가위원의 입장에서 어느 제안사를 우선협상자로 선정할지 좀 더 쉽게 판단할 수 있는 것이다.

1.3 누구나, 언제나, 늘 지적받는 공통점

제안서 리뷰를 하다 보면 직책자들이 항상 지적하는 공통 사항이 있다. 그것은 바로 '경쟁사와의 차별점' 그리고 '고객이 갖는 가치'가 무엇인지에 대한 내용이다. 직책자는 제3자의 입장에서 제안서를 리뷰하므로, 우리의 제안서를 읽는 고객도 똑같은 생각을 할 가능성이 매우 높다.

- [경쟁사 측면]
  경쟁사와 도대체 어떤 것이 차별화되나요?
- [고객 측면]
  그래서, 고객은 어떤 가치를 얻을 수 있나요?

고객이 우리의 제안서를 읽어본 후, "다른 제안사와 뭐가 차이가 나지?", "이 사업이 끝나면 나는 어떤 것이 좋아지지?"라고 생각이 들었다면, 우리는 고객을 설득하는 데 실패한 것이고, 결국 실주할 확률이 매우 높다는 것을 의미할 수 있다. 물론, 모든 장표에서 차별화와 고객 가치를 기술하는 것은 현실적으로 많은 어려움이 있다. 하지만, 이 두 가지가 제안서에 없다면, 고객의 입장에서는 아무 생각 없이 제안서를 작성했다고 판단할 수 있기 때문에, 반드시 모든 장표에 기술하도록 가이드하고 점검해야 한다.

1.4 좋은 제안서의 8가지 원칙

좋은 제안서란, 우리가 사업을 수주하기 위해 고객을 잘 설득할 수 있도록 작성된 문서라고 말할 수 있다.

좋은 제안서의 방향성

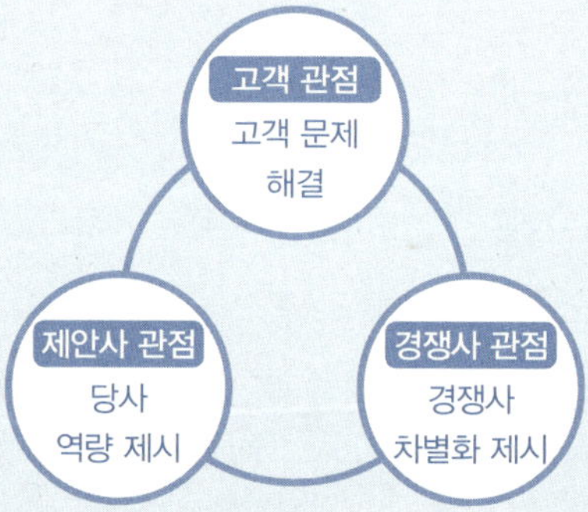

고객을 잘 설득할 수 있는 제안의 방향에는 크게 세 가지 관점이 있으며, 고객의 고민과 이슈에 대해 해결책을 제시하는 '고객 관점', 당사의 기술적, 업무적, 경험적 역량을 제시하는 '제안사 관점', 마지막으로 경쟁사와 차별화를 강조하는 '경쟁사 관점'으로 구분할 수 있다. 이 세 가지 관점이 중요한 이유는, 평가위원은 업체를 평가할 때, '기술', '인력', '경험' 이 세 가지를 기준으로 어떠한 경쟁력이 있는지 확인하고 사업자를 선정하기 때문이다.

- 사업의 근본적 목적에 부합된 제안
- 핵심 고민사항에 대한 구체적 해결 방안이 있는 제안
- 경쟁사와 차별화 포인트가 포함된 제안
- 우리의 경험과 노하우가 반영된 제안

앞에서 언급한, '제안서의 오해와 진실', 그리고 '고객 관점', '제안사 관점', '경쟁사 관점'을 고려한 좋은 제안서에는 다음과 같은 8가지 원칙이 있으며, 제안서 품질 점검 시 적용해보기를 권한다.

좋은 제안서의 8가지 원칙

산업	평가위원 선정방식	비고
충실성 (Compliance)	제안요청서(RFP) 요청사항에 얼마나 충실하게 제안서 내용을 작성하였는가?	고객 관점
적합성 (Responsiveness)	고객의 제안요청서 요청사항에 제안한 제품/솔루션/서비스가 적합한가?	고객 관점
차별성 (Differentiation)	다른 경쟁자와 비교하여 차별화되며, 강조하고자 하는 초점이 분명한가?	경쟁사 관점
논리성 (logical)	제안내용이 논리적이고, 설득력 있는가?	고객 관점 (평가자)
구체성 (Detail)	구현하고자 하는 것이 현실성이 있고 실현 가능하며, 구체적인가?	고객 관점 (평가자)
가독성 (Readability)	제안내용이 읽기 쉽게 구성되어 있는가? (내용 구조, 디자인, 페이지 구성 등)	고객 관점 (평가자)
시각화 (Visualization)	주요 정보를 가시성 높게 시각화하였는가? (표, 그래프, 도형화 등)	고객 관점 (평가자)
평가 용이성 (Evaluation Easyness)	평가자가 쉽게 평가할 수 있도록, 얼마나 쉽고 가독력 있게 구조 및 형식화하여 작성하였는가?	평가자 관점

Part 2_
고객의 공감을 어떻게 이끌어낼 수 있을까?

2.1 제안에서의 스토리텔링

몇 년 전부터 스토리텔링이라는 단어가 유행처럼 사용되고 있다. 커뮤니케이션의 한 방법에서 출발하여 지금은 비즈니스 문서 작성뿐만 아니라 여러 분야에서 매우 폭넓게 적용되고 있다.

스토리텔링이라는 단어의 어원은 'Story'와 'Telling'이라는 단어가 합쳐져 만들어진 단어로 '이야기를 말하다' 정도로 해석될 수 있다.

스토리텔링의 사전적 의미

이러한 스토리텔링을 여러 분야에서 적용하는 이유는, 상대방에게 전달하고 싶은 사실 또는 주장에 대해 좀 더 쉽게 설득하여, 결국 청중으로 하여금 말하는 사람이 원하는 방향으로 행동하게 하는 데 보다 유

용하기 때문이다.

이러한 장점 때문에 스토리텔링이 적용되는 분야는 실제 다양하며, 방송, 영상, 게임 등의 영상산업부터 교육, 조직관리, 심리치료 등의 분야까지 폭넓게 사용되고 있다. 이렇게 많은 분야에서 각각 조금은 다른 용도로 사용되고 있지만, 사실 그 방법과 원칙에는 공통된 특징이 있다. 스토리텔링은 메시지Message(전달하려는 주제), 사실Fact(메시지에 대한 근거, 사실) 그리고 스토리Story(이야기 및 흐름)로 구성되어 있으며, 이 'Message'를 위해, 'Fact'를 'Story'에 엮혀서 전달한다는 것이다.

이러한 스토리텔링의 공통된 프레임을 제안 측면에서 고민하면 다음과 같이 접목할 수 있다.

- 사실Fact:
  - 고객사 문제점, 관련련 솔루션, 조직/인력 등
- 스토리Story:
  - 고객의 현 문제점 → 해결 방안 → 개선된 미래모습
  - 개선 목표 → 미래To-Be 방향성 → 구체적 이행 방안

■ 메시지Message:

- 업무효율성 향상을 통한 업무개선
- 생산성 향상을 통한 매출증대
- 비용절감을 통한 이익증가
- 리스크/이슈 제거를 통한 안정성 향상
- 고객의 고객을 위한 가치제공

결국, 제안서에서 고객이 듣고 싶은 것은 메시지, 즉, 업무효율성이 어떻게 향상되는지, 생산성이 향상되면 매출이 얼마나 증가하는지, 비용을 절감하여 이익이 얼마나 증가하는지, 리스크 및 이슈를 제거하여 안정성이 얼마나 향상되는지, 그리고 고객의 고객에게 어떠한 가치를 줄 수 있는지이며, 이에 대해 구체적으로 기술해야 고객의 공감대를 이룰 수 있고, 그것이 결국 수주확률을 높이는 것이다.

스토리텔링의 구성요소에 대한 이해

스토리텔링을 좀 더 상세히 살펴보고 제안서에 구체적으로 어떻게 접목할 수 있을지 확인해보도록 하자.

스토리텔링은 소설, 영화 등의 시나리오를 작업할 때 가장 널리 활용되고 있으며, 대중적으로 성공한 시나리오를 보면 다음과 같은 5가지 스토리텔링 요소를 중심으로 탄탄한 구성을 보이고 있다. 이해를 돕기 위해 우리가 잘 알고 있는 『콩쥐팥쥐』를 예로 들어 살펴보자.

스토리텔링의 5대 요소

요소	내용
배경	• 갈등 및 문제가 발생된 환경, 원인 등 예) 콩쥐 아버지의 재혼 그리고 계모, 팥쥐와의 동거
인물	• 사건을 이끌어가는 등장인물 (주인공, 대립인물 등) 예) 콩쥐, 팥쥐, 아버지, 계모 등
갈등	• 이야기 전개의 출발점 및 해결해야 할 문제 제시 예) 계모와 팥쥐의 괴롭힘
메시지	• 이야기를 통해 결국 하고 싶은 이야기 예) 못된 짓을 하면 벌을 받는다
플롯 (Plot)	• 한 이야기에서 구성요소 및 사건 간의 연결요소 예) 콩쥐와 계모 사이에서 발생되는 사건들의 연계성들

보는 것과 같이, 스토리텔링은 배경, 인물, 갈등, 메시지 그리고 플롯Plot, 이렇게 5개의 요소로 구성되어 있으며, 그중 사람들의 흥미와 관심을 끌게 하고 또한 전체 스토리를 이끌어가는 것이 바로 '갈등'이다. 만약, 스토리에 '갈등'이 없다면, 팥 없는 호빵과 같이 밍밍한, 말 그대로 긴장감 없는 시나리오가 되어, 어느 누구의 관심도 받지 못하는 이

야기가 될 것이다. 사실상 영화, 소설 등 이야기가 존재하는 가장 기본적인 출발점이라고 할 수 있는 것이다.

스토리텔링 5대 요소 중 많은 이들에게 다소 생소한 것이 아마도 '플롯'이라 생각된다. '플롯'은 한 이야기에서 구성요소 및 사건 등을 연결하는 것, 즉, 사건의 개연성을 부여하는 것을 의미한다.

이 '플롯'을 '줄거리'와 혼동하는 사람들이 있는데, 그 차이는 다음과 같다.

- 줄거리

철수는 성적이 떨어졌다. 그리고 영호도 성적이 떨어졌다.

- 플롯

철수는 도서관을 다닌 이후로 성적이 갑자기 떨어졌다.
철수는 영호와 도서관을 함께 다녔고, 집에서 혼자 공부할 때와는 다르게 친구와 같이 있다 보니, 재미 삼아 PC방을 다녔고, 집에 있을 때보다 공부하는 시간이 줄어들게 되어, 결국 함께 성적이 떨어지게 되었다.

줄거리에서 철수와 영호의 성적이 떨어졌다는 결과를 제시했다면, 플롯에서는 철수 성적이 떨어졌는데, 왜 영호 성적도 함께 떨어졌는지 사건 간의 개연성을 설명하고 있다.

이렇게 발생한 어떤 사건 간의 연관관계를 설명하는 이유는, 글을 읽는 사람들로 하여금 이해도를 높일 수 있고, 그럼으로써 제시하고자 하는 이야기를 더 오래 기억시킬 수 있기 때문이다. 위 예시에서 살펴본 대로 철수와 영호의 성적이 같이 떨어진 이유는 함께 PC방을 다녔기 때문이고, 결국 글을 읽는 사람들로 하여금 청소년 시기의 아이들은 함께 도서관을 다니게 하면 안 되겠구나 하는 생각을 기억시키는 것이다.

스토리텔링과 제안서 구성요소 간 비교

고객을 효과적으로 설득시키고, 우리가 전달하고 싶은 포인트를 오래 기억시키기 위해 스토리텔링 5대 요소를 제안서 작성에 접목해보면 다음과 같다.

스토리텔링과 제안서의 구성요소 비교

스토리텔링 구성요소	공통사항	제안서 문서상 구성요소
배경	갈등의 주변 상황 및 환경	추진 배경
인물	행동/사건의 주체	고객, 제안사, 경쟁사
갈등	이야기가 존재하는 이유 이야기가 시작된 출발점 및 원인	문제점, 이슈
메시지	전달하려는 키워드(교훈) 이야기의 결론 및 주제	결론, 기대효과
플롯	이야기를 전개시키는 시나리오	구조화

먼저, '갈등'은 사업을 발주하게 된 원인에 해당하므로, 현재 고객에게서 발생되고 있는 이슈, 당장 개선해야 하는 문제점을 의미한다. '배경'은 갈등(이슈, 문제점, 장애, 개선사항 등)이 발생하게 된 고객사의 업무적, 기술적 환경으로 제안서상 '사업추진 배경'이 이에 해당하며, '인물'은 이야기의 주체이므로 당연히 고객과 제안사, 그리고 경쟁사를 의미한다. '메시지'는 결국 전달하려는 키워드, 주제 및 결론에 해당하므로, 프로젝트를 통해 고객이 얻게 되는 기대효과를 의미하게 된다.

아마도 모든 사람들이 '배경', '인물', '갈등' 그리고 '메시지'가 제안서에서 어떤 요소인지 쉽게 이해하리라 생각한다. 가장 어려운 것은 예상

한 대로 '플롯'을 어떻게 풀어낼 것인가이다. 앞에서 언급한 것처럼, 플롯은 시나리오 속에서 사건 간의 개연성에 해당된다. 따라서, 제안서에서는 '갈등(이슈, 문제점)'과 '메시지(기대효과)' 간에 어떻게 개연성을 설명할 수 있을까에 대한 고민으로 이것은 제안서의 논리적 구조화로 해결할 수 있다.

다음에서 플롯에 대해 상세히 살펴보고자 한다.

제안서상 플롯 구성 방법, '스토리텔링 구조화'

문서의 논리적 구조화의 대표적인 방법은, 제안전략 부분에서도 설명하였던 바바라 민토의 『논리의 기술』(Barbara Minto, *The pyramid principle*, 2002)의 '피라미드 구조'이다.

피라미드 구조의 핵심은 인간의 사고 메커니즘대로 글을 쓰는 것으로, 인간이 사고하는 순서와 구조대로 제안서를 작성해야 고객에게 우리가 의도한 바를 보다 명확하고 쉽게 전달할 수 있는 것이다.

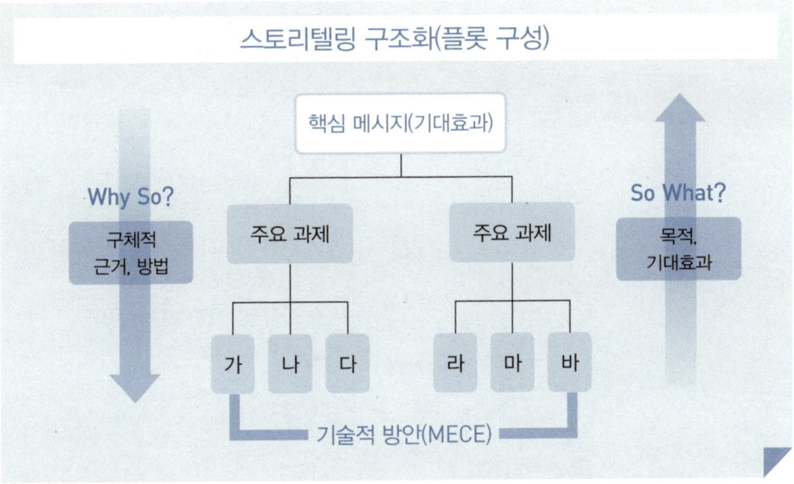

제안서에서는, 고객에게 전달하고 싶은 핵심 메시지Key Message 또는 기대효과를 중심으로, 각 주요 과제(제안요청서상 업무 단위의 요건/과업)와 이를 뒷받침하는 구체적인 기술적 방안 및 근거, 예시 그리고 사례를 제시해야 한다.

이것은 제안서를 작성하는 논리적 구조의 기본에 해당하는 매우 중요한 개념으로, 각 콘텐츠(업무단위, 기술적 방안, 근거, 기대효과, 예시 등)는 제안서 목차상 하나의 목차명으로 구성해야 인간 사고의 메커니즘인 피라미드 구조를 이룰 수 있는 것이다.

2.2 제안서상 스토리텔링 구조화 구성 단계

제안서에서 스토리텔링 구조화를 위한 단계는, ① 제안서 전체 내용에 대해 어떤 전략으로 어떤 흐름을 보일지 개괄적으로 계획을 세우는 스토리라인Story Line, 이를 바탕으로, ② 각 장표별 어떤 내용으로 경쟁사와 차별화하여 구체적으로 기술할지를 결정하는 스토리보드Story Board, 그리고 ③ 스토리보드상 텍스트로 기술한 내용을 시각적으로 어떻게 표현할지 계획을 세우는 목업Mock-up 작성의 프로세스로 구성된다.

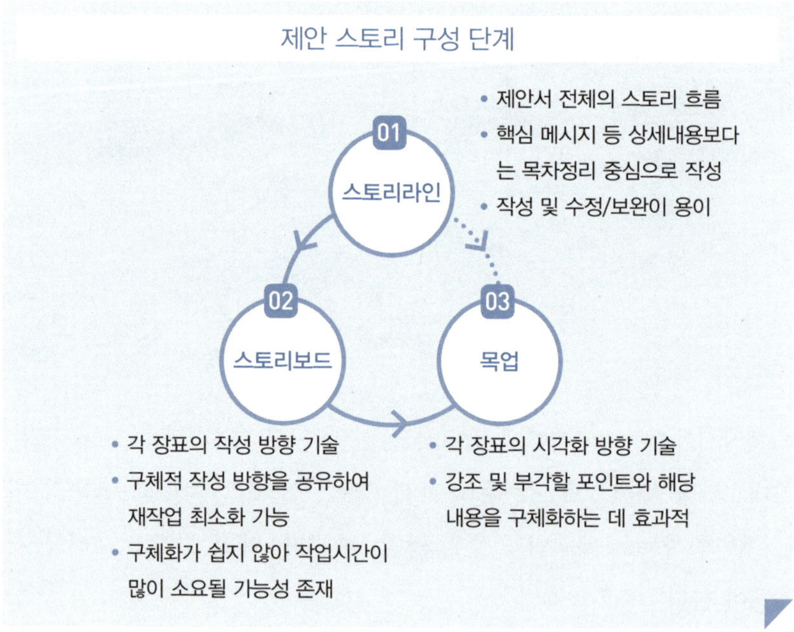

물론, 모든 작업에서 스토리라인 → 스토리보드 → 목업 단계를 반드시 거쳐야 하는 것은 아니며, 제안팀 자원 및 시간적 상황에 따라 스토리보드와 목업 단계만큼은 유동적으로 적용해도 무방하다. 하지만, 스토리보드와 목업 단계를 적용할 것인지 아닌지를 결정하는 것보다 더 중요한 것은, 제안서 내용을 작성하기 전 그 방향성에 대해 구체적인 내용을 직책자(또는 프로젝트 관리자)와 구두상이라도 공감대를 갖은 후 작성해야 한다는 것이다. 왜냐하면, 제안작업 초기에 스토리라인에서 계획하고 의도한 제안전략의 방향성을 구체적으로 어떻게 작성할 것인지 서로 확인해야 재작업으로 불필요한 시간 낭비를 최소화할 수 있으며, 나아가 경쟁력 있는 품질의 제안서를 작성할 수 있기 때문이다.

스토리라인, 스토리보드 그리고 목업 또한 이와 같은 불필요한 시간을 최소화하고, 보다 차별화된 제안서를 작성하기 위한 커뮤니케이션 도구라고 할 수 있는 것이다.

스토리라인, 스토리보드, 목업에 대한 상세한 작성 방법은 다음에서 살펴보고자 한다.

스토리 구성 시 주의사항

스토리라인, 스토리보드, 목업 각 단계에서 스토리를 작성할 때 주의할 것은, 고객 설득을 위한 이슈Why, 개선 방향What 그리고 해결 방법How이 목차에 녹아 있어야 하며, 또한, 피라미드 구조에 따라 레벨별 콘텐츠의 수준을 맞추어야 한다는 것이다. 이것은 제안서 작성의 기본으로서 경쟁사를 고려한 차별화 관점에서 작성하여 고객을 좀 더 쉽게 설득하기 위한 방법이기 때문이다.

스토리 구성 시 주의사항

- 스토리에는 Why - What - How가 담기도록 작성
- 경쟁사를 고려한 차별화 관점에서 작성
- 유사내용 작성 시 전개 논리가 일치하도록 작성
- 부족한 부분은 협의를 통해 지속적 보완 및 개발

2.3 제안서의 스토리텔링 적용 방법

제안서상 스토리텔링을 적용할 수 있는 스토리라인, 스토리보드 그리고 목업은 '목차'와 '스토리보드' 양식을 활용하여 표현할 수 있다.

이미 언급하였듯이, 스토리라인은 제안서 전체 내용에 대해 어떤 전략으로, 어떤 흐름을 보일지 개괄적으로 계획을 세우는 것으로, 상위목차의 스토리화 및 세부목차의 스토리화로 상세화할 수 있으며, '목차' 양식을 통해 작성한다.

또한, 스토리보드에서는 각 장표별 어떤 콘텐츠로 어떻게 표현할 것인가에 대한 고민으로 '스토리보드' 양식을 활용하여 작성한다.

1. 상위목차의 스토리화

상위목차의 스토리화에서는 제안서의 전체 목차상에서 스토리텔링을 어떻게 적용할 것인가에 대한 고민으로, 제안요청서에서 제시된 제안서 작성 가이드를 기반으로 목차를 작성하되, 각 목차별 강조사항을 기술하여 제안서의 콘텐츠 흐름과 작성 방향성을 제시해야 한다. 다음 'Ⅲ-1 스토리라인 기반의 목차' 양식에서 스토리라인 컬럼에 해당 내용을 기술한다.

제안팀의 프로젝트 관리자가 1차로 배포하는 제안 목차의 수준은 일반적으로 5레벨까지 작성하며, 그 하위 부분은 해당 업무의 담당자가 상세화한다.

[양식 Ⅲ-1] 스토리라인 기반의 목차

Sample

목차	작성자	페이지 수 [258]	규격(A3) [9]	제안요청서 (RFP)	스토리라인 (강조사항)	검토자	완료 예정일	완료 여부	비고
Ⅰ. 제안개요		[7]							
1. 제안배경 및 목적		1							
2. 제안범위		2							
3. 제안특징 및 장점		2							
4. 기대효과		2							
Ⅱ. 일반형황		[8]							
1. 일반현황									
1.1 일반현황		1							
1.2 재무구조		1							
1.3 조직 및 인력		1							
2. 주요 사업 분야		2							
3. 대외인지도		3							
Ⅲ. 전략 및 방법론		[36]							
1. 사업이해도									
1.1 외부환경에 대한 이해									
1.1.1 00000		1	A3						
1.1.2 00000		1							
1.1.3 00000		1							
1.2 내부환경에 대한 이해									
1.2.1 00000		2	A3						
1.2.2 00000		2							
1.2.3 00000		2							
1.3 내/외부 환경분석을 통한 SWOT 분석		1							
1.4 핵심 성공요소 도출		1							
2. 추진전략									
2.1 현행 시스템 주요 이슈		1							
2.2 주요 위험요소		1							
2.3 사업특징		1							
2.4 추진전략		1							
2.5 실행 방안									
전략 1. 00000									
실행 방안 1. 00000		1							
실행 방안 2. 00000		1							
실행 방안 3. 00000		1							
전략 2. 00000									
실행 방안 1. 00000		1							
실행 방안 2. 00000		1							
실행 방안 3. 00000		1							
전략 3. 00000									
실행 방안 1. 00000		1							
실행 방안 2. 00000		1							
실행 방안 3. 00000		1							
3. 적용기술									
3.1 00000		2							
3.2 00000		2							
3.3 00000		2							
4. 개발 방법론									
4.1 00000		2	A3						
4.2 00000		2							
4.3 00000		2							

① 상위목차의 스토리화 – 콘텐츠 간 연계성

상위목차의 스토리텔링에서 중요한 것은 콘텐츠 간 연계성을 어떻게 가져갈 것인가이다. 목차 간의 연계성뿐만 아니라 대목차 내 중간목차 간 연계성을 가져야 제안서를 읽는 고객으로 하여금 전체 제안서의 흐름과 내용을 이해하기 쉽게 만드는 것이다. 앞에서 살펴본 스토리텔링 프레임(사실(Fact) + 스토리(Story) = 메시지(Message))으로 본다면, 바로 'Story'에 해당되는 부분을 어떻게 풀어갈 것인가에 해당한다.

상위목차상 스토리를 작성하는 가장 쉬운 접근 방법은, 고객 관점에서 궁금하고 고민될 부분을 스스로 적어보고, 이것이 발생한 현재의 문제점과 현황, 그리고 해결 방안을 목차에 기술해보는 것이다. 예를 들어 다음 페이지에서와 같이, 제안요청서상에서 제시된 기본목차를 기준으로, 우측에 고객의 이슈, 해결 방안 그리고 기대효과를 적어보고, 이에 대한 방안의 해당 내용을 좌측에 추가하는 것이다.

스토리가 있는 목차를 구성하는 데 주의할 사항은, 고객 관점의 질문들이 서로 연결성 있게 작성되어야 전체 목차에서 스토리텔링이 가능하다는 것이다.

상위목차의 스토리화 - 고객 관점의 질문방식

제안요청서상 제시된 목차	콘텐츠 요소 기술
Ⅰ. 제안개요 1. 제안배경 및 목적 2. 제안범위 3. 제안의 특징 및 장점 4. 사업추진전략 도출 5. 기대효과	고객은 어떤 고민을 할까? ↓ 그럼, 사업은 어떤 특징일까? ↓ 이것을 달성하기 위한 우리만의 전략은?
Ⅱ. 일반 현황 1. 일반 현황 2. 주요 사업분야 3. 대외인지도	사업을 수행하기에 재무적, 조직 등의 수준이 되는가? 관련 분야의 경험은 있는가?
Ⅲ. 기술 및 기능 1. 시스템 요구사항 2. 기능 요구사항 3. 보안 요구사항 4. 데이터 요구사항 5. 시스템 운영 요구사항 6. 유사 분야 수행능력	과업별 시스템을 어떻게 구축할까? ↓ 시스템 개발을 위한 인프라는? ↓ 그럼, 데이터는?
Ⅳ. 성능 및 품질 1. 성능 요구사항 2. 품질 요구사항 3. 인터페이스 요구사항	구축하는 시스템의 성능과 품질은 어떻게 보장할까?
Ⅴ. 프로젝트 관리 1. 사업수행조직 2. 관리방법론 3. 개발 환경 및 장비 4. 일정 계획	프로젝트를 제대로 추진할 수 있을까? • 수행조직과 인력 구성은? • 추진할 일정은? • 개발환경과 장비는?
Ⅵ. 프로젝트 지원 1. 품질보증 2. 시험운영 3. 교육훈련 4. 유지보수 5. 비상대책	구축 후 고객의 원활한 업무수행을 위해, • 테스트는 어떻게 할지? • 담당자 운영 교육은? • 비상 시 대응하는 유지보수 방안?

② 상위목차의 스토리화 – 제안전략과의 콘텐츠 연계성

제안서를 작성하다 보면, 대목차 간 콘텐츠의 연계성이 부족한 경우를 종종 발견한다. 가장 대표적인 예가 제안개요 부분에 기술된 제안전략의 이행 방안이 기술 부분에 반영되지 않거나, 또는 인력/조직과 관련된 전략이 사업관리 부분에 기술되지 않는 경우이다. 앞서 Chapter I에서 거시적 수준에서 이야기 전체에 걸쳐 '전역적 통일성'이 확립되어야 한다고 설명하였는데, 이 기준에 위배되는 대표적인 사례이다.

이런 상황이 발생하는 경우는 두 가지가 있는데, 먼저, 제안서 제출 전 전략 부분이 변경되어 제안개요에만 반영하고 기술 부분이나 사업관리 부분에는 미처 수정하지 못한 경우, 그리고 두 번째로는, 제안팀 자체적으로 커뮤니케이션이 부족하여 앞뒤가 안 맞게 작성한 경우이다. 첫 번째 경우는 물리적 시간이 부족한 상황이므로 어쩔 수 없었다라고 하더라도, 두 번째 경우는 제안팀 자체적으로 세심함이 부족했던 상황이므로, 제안팀원 간 작성한 부분을 서로 확인하며 작업을 진행하는 과정이 필요해 보인다.

제안개요에서 제시된 제안전략은, 사업의 배경/목적 그리고 사업 범위에 대한 이해를 바탕으로 인식된 문제점에 대해 구체적으로 어떻게 해결할 것인가에 해당하는 내용이므로, 제안서 전반적으로 내용(이슈, 문제, 리스크, 방안 등)이 일치해야 하는 것은 당연하다.

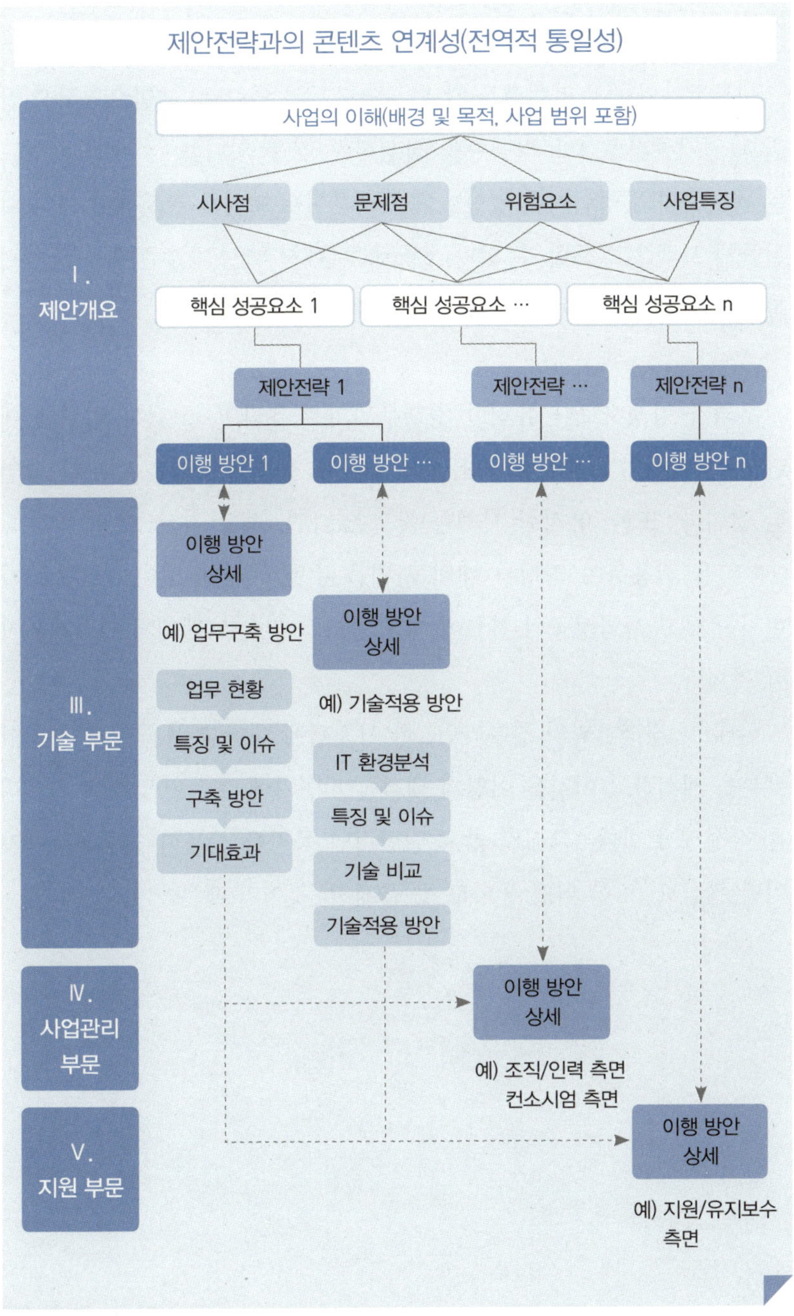
제안전략과의 콘텐츠 연계성(전역적 통일성)
Ⅰ. 제안개요
Ⅲ. 기술 부문
Ⅳ. 사업관리 부문
Ⅴ. 지원 부문
사업의 이해(배경 및 목적, 사업 범위 포함)
시사점
문제점
위험요소
사업특징
핵심 성공요소 1
핵심 성공요소 …
핵심 성공요소 n
제안전략 1
제안전략 …
제안전략 n
이행 방안 1
이행 방안 …
이행 방안 …
이행 방안 n
이행 방안 상세
예) 업무구축 방안
업무 현황
특징 및 이슈
구축 방안
기대효과
이행 방안 상세
예) 기술적용 방안
IT 환경분석
특징 및 이슈
기술 비교
기술적용 방안
이행 방안 상세
예) 조직/인력 측면
컨소시엄 측면
이행 방안 상세
예) 지원/유지보수 측면

2. 세부목차의 스토리화

세부목차의 스토리텔링은 각 업무담당자의 역할로, 제안요청서상 단위 과업기준별로 스토리텔링을 작성하는 것을 의미하며, 핵심 포인트는 경쟁사와의 영업적 경쟁상황을 고려하여 스토리를 작성해야 보다 확실하게 고객을 설득할 수 있다. Chapter I에서 미시적 수준에서 '국지적 통일성'이 확립되어야 한다고 설명한 것이 이에 해당된다.

우리가 경쟁사보다 유리한 경쟁우위의 경우라면, 고객사 업무에 대한 깊은 이해와 노하우를 보유하고 있음을 강조해야 함은 너무나 당연한 것이다. 또한, 유사한 사례를 갖고 있다면, 해당 자산(산출물, 프로그램, 인력 등)을 적용하여 경쟁사 대비 사업을 수행하는 데 있어서 리스크가 현저히 낮고 사업성공의 확률이 매우 높다는 것을 고객에게 인식시켜야 할 것이다.

반대로, 경쟁열위의 경우라면, 현 시스템에 대한 분석을 통해 부족한 부분을 제시하고 이것을 어떻게 해결할 것인가에 초점을 맞추어 스토리를 작성해야 한다. 그러지 않고 일반적인 목차를 준용한다면 고객에게 어떤 관심도, 또한 어떤 흥미도 못 끌게 될 것이기 때문이다.

세부 목차의 스토리화(국지적 통일성)

Sample

일반적인 목차

3. 소프트웨어 개발 방안
   3.1 개발방법론
   3.2 업무 개발 방안
      3.2.1 AAA 시스템 개발 방안
         가. 개요
         나. 업무흐름도
         다. 기능구현 방안
         라. 요구사항 적용 방안
      3.2.2 BBB 시스템 개발 방안

→ 사업특성과 경쟁체계에 대한 차별화 없는 일반적 목차구성

경쟁상황을 고려한 스토리텔링

경쟁상황

[경쟁우위] 수성의 경우 목차

3. 소프트웨어 개발 방안
   3.1 개발방법론
   3.2 업무 개발 방안
      3.2.1 AAA 시스템 개발 방안
         가. 구축 목표 및 방향
         나. 업무 특징 및 현황 분석
         다. 기존 모듈 재활용 방안
         라. 세부 기능 구현 방안
         마. 향후 확장성 고려 방안
      3.2.2 B 시스템 개발 방안

이전 사업의 연계성 강조

기존 모듈 등의 재활용을 통해 사업추진의 원가절감, 안정성 등 확보

[경쟁열위] 공성의 경우 목차

3. 소프트웨어 개발 방안
   3.1 개발방법론
   3.2 업무 개발 방안
      3.2.1 AAA 시스템 개발 방안
         가. 추진방향성 점검
         나. 현 시스템 현황 분석
         다. 분석을 통한 시사점 도출
         라. 발전적 개선 방안
         마. 세부 기능 구현 방안
      3.2.2 B 시스템 개발 방안

이전 사업의 문제점 부각

고객 입장을 고려하여, 이전 시스템의 발전적 계승 및 개선 방안 등 강조

하지만, 경쟁열위인 경우 고객사의 현 시스템에 대한 부족한 부분, 즉 문제점을 제시하는 것은 매우 조심스럽게 접근해야 한다. 고객이 숨기고 싶은 부분이나 치부를 드러내고 크게 부각한다면, 오히려 반감을 사서 사업수주는 둘째 치고 다시는 그 고객사에 들어가지 못할 수도 있기 때문이다.

만약, 꼭 고객사의 현 시스템에 대해 문제점을 제시해야 한다면, 다음의 두 가지 경우에만 적용하는 것이 적절하다.

- 이미 공유한 현재의 문제점
- 고객사 현황의 발전적 계승

첫 번째는, 매스컴 등을 통해서 이미 외부적으로 공개된 문제점, 이슈 등을 활용하는 것이다.

두 번째는, 현재 고객사에 당장 큰 문제점이 있는 것은 아니지만, 고객의 미래비전 또는 향후 IT 발전을 고려했을 때 더욱 발전된 모습을 위해 변화가 필요함을 제시하는 경우이다.

3. 각 장표별 콘텐츠의 스토리화

각 장표별 스토리텔링은 제안서 한 장 안에서 어떻게 스토리텔링을 할 것인가에 대한 고민에 해당된다. 아마도 많은 사람들이, 제안서 목차를 작성할 때 스토리텔링 기법을 적용해야 한다는 이야기는 많이 들어봤을 것이라 생각하지만 한 장표 안에서 스토리텔링을 적용하는 것에 대해서는 아마도 다소 생소하게 생각될 것이다. 하지만, 제안서에서의 스토리텔링은 전반적인 목차 구성뿐만 아니라 각 장표 한 장 한 장에도 적용해야 한다. 왜냐하면, 적게는 300페이지, 많게는 3,000페이지나 되는 두꺼운 제안서를 평가할 때, 평가위원이 하나하나 상세히 읽어보며 제안내용을 3,000페이지나 확인하기보다는 전체 내용을 쭉 훑어보며 평가하기 때문에, 제안서를 상세히 읽지 않아도 내용을 인지시킬 수 있도록 콘텐츠를 구조화하는 것이 반드시 필요하기 때문이다.

인지심리학 측면에서 봤을 때, 글을 이해하고 기억시키는 데 가장 중요하고 또한 필요한 것이, 인과관계 중심의 이야기 구조(Stephen K. Reed)라고 이미 앞에서 설명하였다. 제안서에서도 이러한 인과관계 중심의 이야기 구조를 갖추어야 고객과 평가위원에게 보다 쉽고 빠르게, 그리고 더 오래 기억에 남게 할 수 있다. 이러한 개념을 반영한 콘텐츠 구조가 바로, 10년 넘는 제안전략 컨설팅 경험을 통해 현장에서 검증된 PRDR Point - Reason - Doing - Result 구조이다.

세로형 제안서의 PRDR Point – Reason – Doing – Result 콘텐츠 구조

Point 핵심	**Point** • 장표에서 고객에게 전달하고 싶은 메시지
Reason 원인 (고객의 고민, 이슈, 문제점 제시)	**Reason** • 고객 요건 / 숨은 요구사항
Doing 실행 방안 (Reason에 대한 구체적 방안)	**Doing** • Reason을 달성하기 위한 방안
Result 실행 결과 (Doing을 통한 기대효과 또는 경쟁사 비교)	**Result** • Doing으로 고객이 얻게 되는 가치

■ 핵심Point

- 각 장표에서 고객에게 전달하고 싶은 당사만의 차별화된 포인트
- '목적+방법'으로 기술하여 문장만으로도 한 장표의 내용 전체를 파악할 수 있도록 작성

■ 원인Reason

- 고객이 제시한 제안요청서의 요건
- 고객의 숨겨진 요구사항
- 사업추진 시 예상되는 이슈사항
- 고객사에 대한 깊은 이해를 바탕으로, 현재 업무적/시스템적 환경의 이슈 및 문제점

■ 실행 방안Doing

- 원인Reason에서 제시된 문제점 및 요건을 달성하기 위한 구체적인 방안
- 기술적 방안+조직적 방안+사업관리적 방안+영업적 방안 등

■ 실행 결과Result

- 당사가 제시한 구체적 방안인 실행 방안Doing을 통해 고객이 얻게 되는 가치Value 및 기대효과
- 구체적 방안인 실행 방안과 관련하여, 경쟁사 대비 당사만의 차별적 요소
- 사업의 근본적 목적을 달성하기 위해 필요한 추가제안 기능

인지심리학 기반의 PRDR 구조의 제안서 템플릿을 제안팀에 배포하고 강의를 하면, 모든 제안팀에서 동일한 피드백이 온다. 어떻게 이렇게 복잡하게 작성할 수 있냐고 말이다. 하지만 제안서를 작성하는 근본적 목적(경쟁사와 차별화된 역량으로 수주를 하기 위한 활동)이 무엇인지 고민해본다면 생각은 달라지리라 확신한다.

다음 페이지의 PRDR 작성 예시에서는, 제안요청서 요건Reason을 중심으로 주장하는 바Point, 구체적 방안Doing 그리고 경쟁사와의 비교Result하여 어떤 차별점이 있는지 기술하고 있다.

참고로, 예시에서 원인Reason이 앞 부분에 먼저 나온 이유는, 제안요청서상 요구되는 기능에 대해 어떻게 수행하겠다라고 콘텐츠를 나열RPDR, Reason-Point-Doing-Result했기 때문이다. 중요한 것은, 반드시 어느 한 순서로 콘텐츠를 구성해야만 한다기보다는, 인과관계 중심의 이야

기 구조로 콘텐츠를 구성해야 보다 설득력 있는 콘텐츠가 된다는 것이니 꼭 기억해 두기를 권하는 바이다.

세로형 제안서의 PRDR 콘텐츠 구조 작성

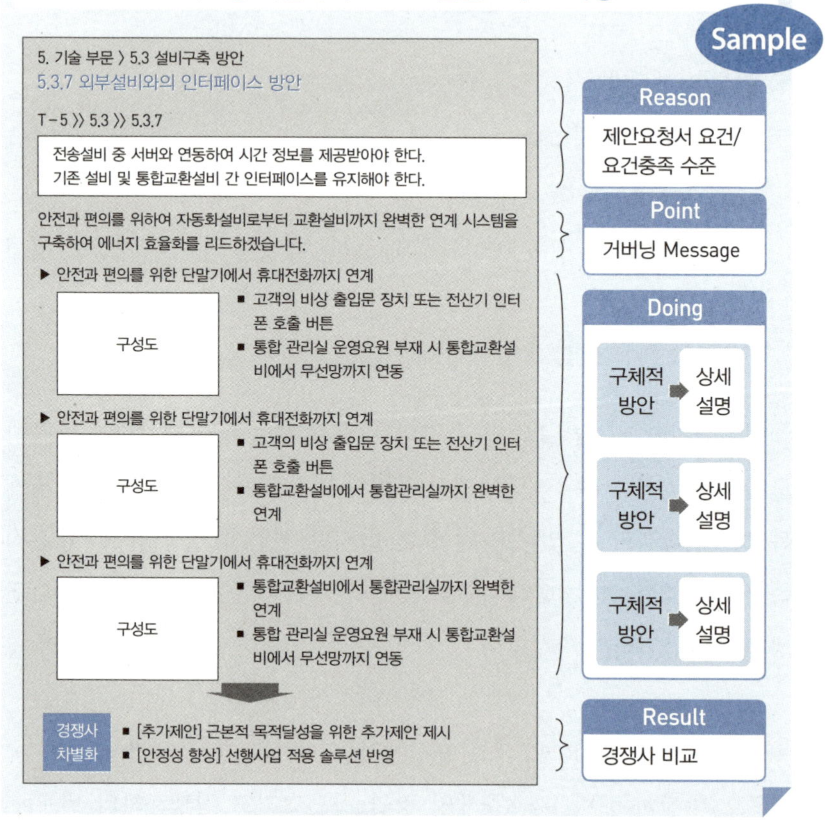

세로형 제안서뿐만 아니라 가로형 제안서에도 PRDR 콘텐츠 구조를 적용할 수 있다. 가로형 제안서는 일반적으로 금융 및 서비스/제조 등 기업 대상의 제안에서 활용되는 양식으로 PRDR 각 콘텐츠의 위치만 다소 차이가 있을 뿐 작성방식은 동일하다고 생각하면 된다.

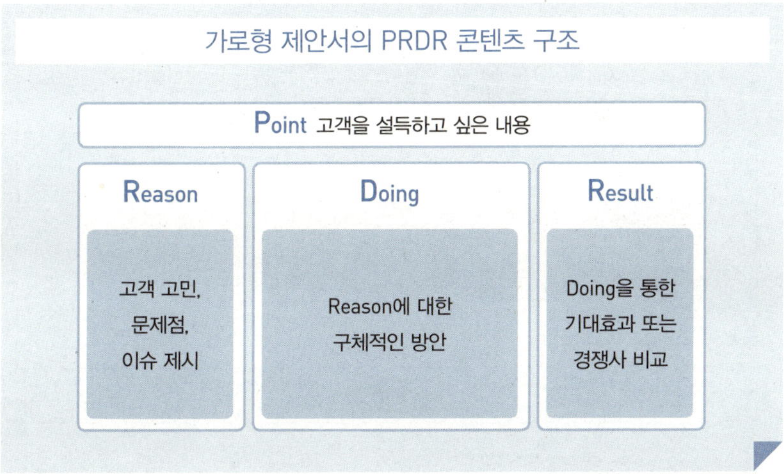

가로형 제안서의 PRDR 콘텐츠 구조 작성 예시

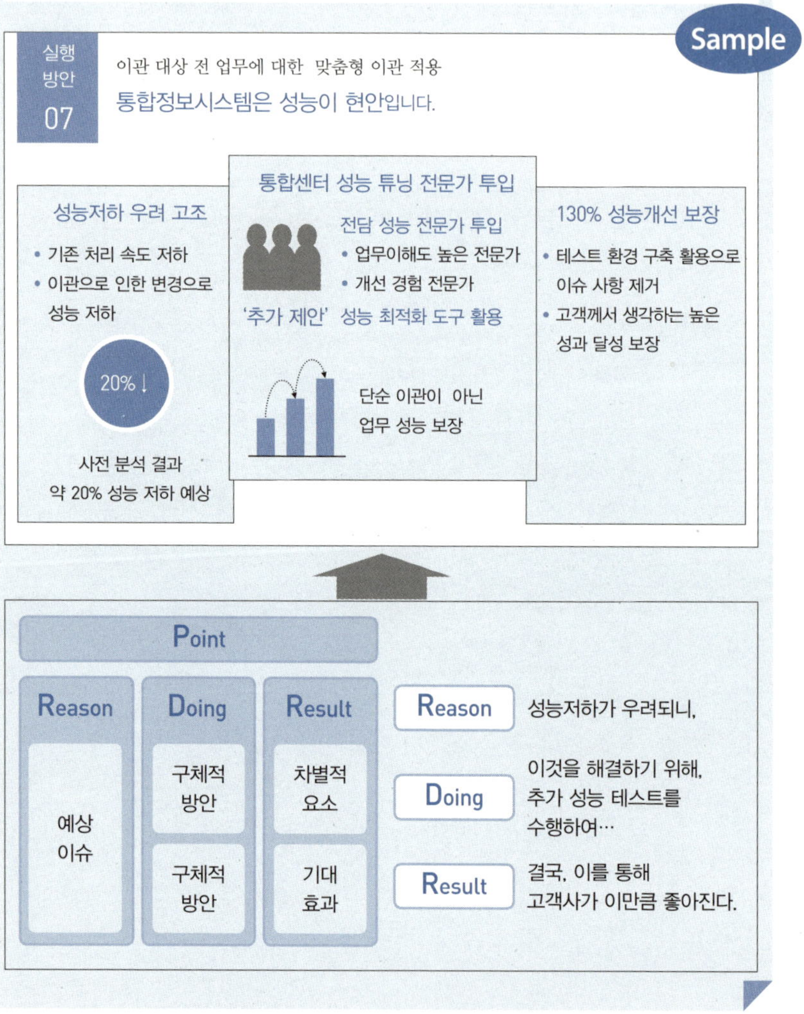

각 장표별 콘텐츠의 스토리화

- PRDR 구조를 위한 스토리보드Story Board 작성

지금까지 제안서에 스토리텔링을 어떻게 접목할 수 있는지 상위목차, 세부목차뿐만 아니라, 장표 한 장 한 장에서 콘텐츠를 어떻게 구성할지 살펴보았다. 논리적으로는 이해되고 어떻게 작성해야 하는지 알게 되었지만, 이러한 PRDR 구조를 적용하여 실제 작성하는 것은 생각보다 쉽지 않다. 더욱이 작성할 콘텐츠에 대해 직책자 또는 프로젝트 관리자와 정확한 커뮤니케이션을 하지 않고 작성한다면, 수차례의 재작업으로 불필요한 시간 낭비가 발생하여 오히려 품질이 더 낮은 제안서가 될 수도 있다.

이러한 문제를 근본적으로 해결하기 위한 방법이 바로 스토리보드를 작성하여 공유하는 것이다.

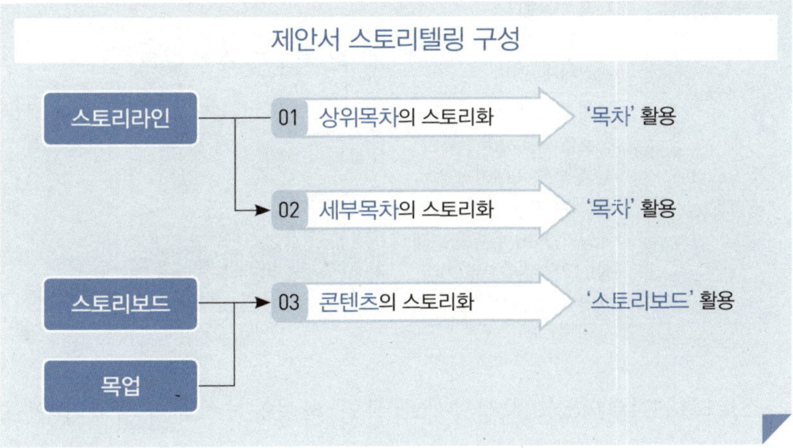

스토리보드는 제안서상 PRDR에 어떤 내용을 기술할 것인지 텍스트로 먼저 적어보고, 이것을 어떻게 시각적으로 표현할 것인지 미리 작성하는 문서양식을 말한다.

[양식 Ⅲ-2] 제안서 스토리보드

Sample

목차	2.1.2 이용자 중심의 서비스 제공 방안	작성자	홍길동
Point 핵심 메시지 (거버닝 메시지)	국내 1위 정확한 기술과 국제표준 기반의 개방적인 지리정보시스템 플랫폼 구축하여 기존 대비 30% 향상된 서비스 제공이 가능		
Reason 고객의 고민 (이슈, 리스크, 제안요청서)	• 실시간 지역별 인구이동 현황과 모바일 SNS 등 검색어를 분석하여 현장 대응이 필요함 • 솔루션별 IoT플랫폼 도입으로 중복투자가 많음	목업(Mock-up)	
Doing 해결 방안	• 당사는 실시간 유동인구 분석 빅데이터 솔루션과 실시간 SNS 분석결과를 제공 가능함 • IoT 솔루션 도입 시 원격 관리체계 구비		
Result 기대효과 (고객 가치)	• 국내 마켓 50% 사용자 정보를 활용하여 정확하고 풍부한 빅데이터 솔루션 제공 가능 • 해상도 3km 수준의 고해상도 기상관측으로 기존 대비 30% 향상 가능		

목업(Mock-up)

정보화전략계획(ISP, Information Strategy Planning) 발전적 개선
• /// • ///

일반 업체

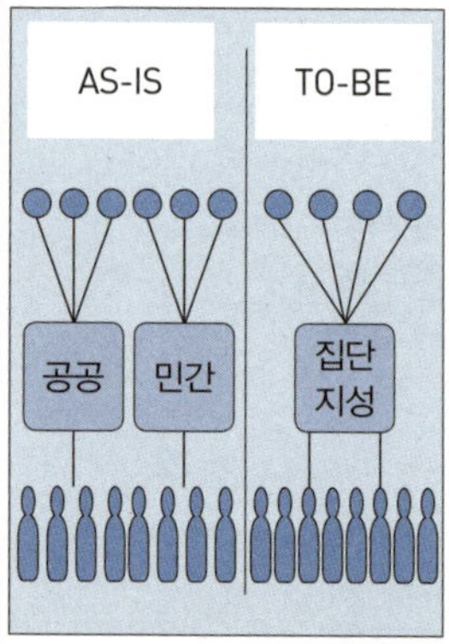

추가 제안

스토리보드는 PRDR 작성양식과 목업 작성양식으로 구성되어 있으며, 단지 문서를 작성하는 것만으로도 제안서를 어떻게 작성할지 머릿속으로 정리할 수 있고, 콘텐츠의 아이디어 도출 또한 가능하여 매우 유용하게 활용할 수 있다.

제안작업을 하는 데 있어서, 매우 중요한 작업방식 중의 하나가 바로 목업 장표를 작성하는 것이라 확신한다. 일반적으로 프레젠테이션 자료를 작성하는 데 효과적이라고 알려져 있지만, 실제로 제안서 작성뿐만 아니라 회사 보고서를 작성하는 데도 매우 유용하고 강력한 효과를 볼 수 있다.

목업 장표를 보다 효과적으로 활용하는 데 중요한 것은, 작성하고자 하는 콘텐츠를 상세한 부분까지 고민하지 말고, 전체 흐름에서 지금 장표를 어떤 콘텐츠로 어떻게 구성할 것인지 틀을 만든다라고 생각하고 작성해야 한다. 왜냐하면, 우리가 생각하는 고객 설득의 논리를 스토리로 어떻게 구성할 것인지 고민하는 단계에서, 콘텐츠 내용까지 상세하게 고민한다면 스토리보다는 장표 한 장 한 장에 몰입하여 전체적인 흐름을 놓치기 쉽기 때문이다. 틀 안에 작성하는 상세한 내용은 스토리를 작성한 이후에 작성해도 늦지 않다.

목업 작업 예시

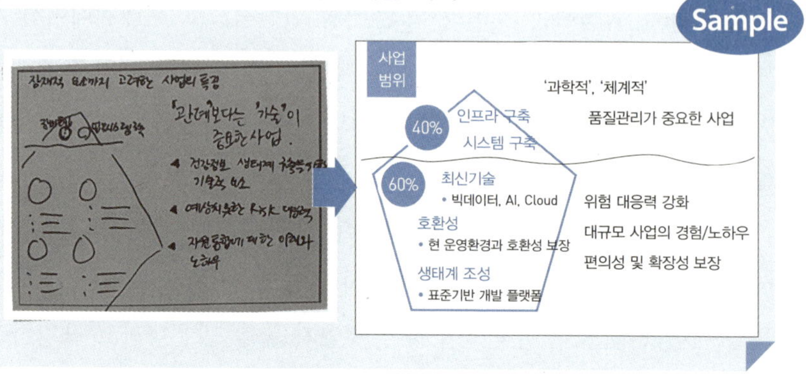

위의 예시는, 필자가 컨설팅을 수행했던 프로젝트의 프레젠테이션 장표 실제 목업 자료이다.

보시는 것과 같이, 아이스버그Iceberg 안에 들어가는 콘텐츠는 나중에 고민하고, 장표상 기술하고자 하는 키워드를 기술하여 전체 시나리오상의 흐름과 내용이 맞는지를 확인하며 작성하였다.

목업 장표를 작성하는 데 꼭 기억해야 할 것은 콘텐츠를 작성하는 것이 아니라 콘텐츠 구성을 만든다라는 것이다.

Part 3_

전달력을 향상시키기 위한 도식에는 무엇이 있을까?

3.1 도식화의 정의

글로벌 제안의 경우, 일반적으로 제안서는 제안요청서상의 요건을 기준으로 얼마나 충족하는지 텍스트 중심으로 작성하여 제출한다. 하지만, 국내 제안의 경우 글로벌 제안과는 다르게 제안서의 가독력을 높이기 위해 콘텐츠를 구조화하여 표현하는 경향이 많다.

왜냐하면, 장황한 글보다는 키워드를 중심으로 콘텐츠를 구조화하는 것이, 어려운 제안내용을 보다 쉽고 빠르게 이해할 수 있다고 생각하기 때문이다.

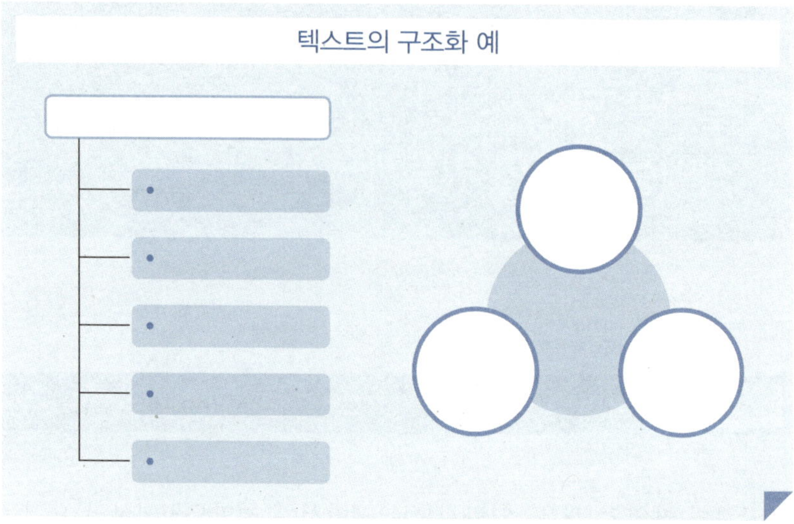

예시와 같이, 텍스트를 구조화하여 표현하는 것을 우리는 일반적으로 '도식화한다'라고 하며, 이것은 사물의 구조, 관계, 변화상태 따위를 일정한 형식이나 틀에 넣어 작성하는 것을 의미한다.

'도식'과 유사한 단어로 '도해'가 있으며, 그 의미에서 다소 차이는 있으나, 어째든 긴 글보다는 그림으로 표현하여 좀 더 이해도를 높이는 것을 그 목적한다는 것은 동일하다.

- 도해: 글의 내용을 그림으로 표현하는 것
- 도식: 내용을 일정한 형식으로 표현하는 것

도식화 작성 단계

텍스트를 도식화하는 기본 패턴은, 먼저 문장에서 전달하고 싶은 키워드를 찾아내고, 이것을 키워드 간 관계를 고려하여 도형에 배치한 후, 도형 간 관계를 설정하는 프로세스로 구성된다. 이러한 과정은 결국, '언어정보'를 '도형의 관계정보'로 바꾸는 것을 의미한다. 프로세스를 도식화하면 다음과 같다.

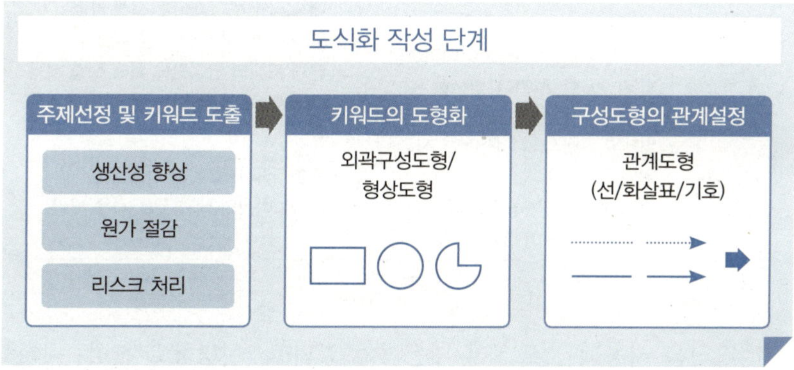

① 전달하고 싶은 주제를 선정한다

② 키워드를 찾아낸다

③ 키워드를 도형에 넣는다

④ 키워드 간 관계/연계를 고려하여 도형을 배치한다

⑤ 배치된 도형 간 관계를 설정한다

도식화의 원칙

키워드 간 관계를 고려하여 배치하고 관계를 설정하는 것에도 일정한 원칙이 있으며, 대표적으로 정확성과 가독성을 고려해야 한다.

도식화의 원칙

구분	정확성	가독성
도형 활용	• 한 도식 안에 사용되는 도형의 일관성 유지 • 내용에 부합된 텍스트 다이어그램 활용(교차형, 회전형, 확산형 등)	• 시선의 흐름을 고려한 도형 및 콘텐츠 배치(좌→우, 상→하, 시계 방향) • 3가지 이상의 도형 사용 제한 • 전체 도식의 안정감을 위해 정렬 사용(그리드(Grid) 최소화)
시각적 표현	• 입체와 그림자 효과를 적용 시 스타일의 일관성 유지 • 강조하고자 하는 포인트에 시선이 가도록 대비하여 표시	• 표현 극대화를 위해 기법 활용 • 3가지 이상의 색과 폰트 사용 제한

정확성은 사용되는 도식이 내용과 부합되고, 설명하고자 하는 것을 적절하게 표현하였는가에 대한 고민이다. 일반적으로 사용되는 텍스트 다이어그램Text Diagram에는 교차형, 회전형 등이 있으며 다음에서 상세히 설명하고자 한다.

가독성은 시선의 흐름을 고려하여 콘텐츠를 배치하여 보다 쉽게 이해될 수 있도록 구성하는 것을 의미한다. 사람들의 시선은 무의식적으로 좌에서 우로, 위에서 아래로 그리고 시계 방향으로 이동하는 경향이 있으므로, 키워드의 배치 또한 시선의 흐름에 따라 구성해야 보다 쉽게 읽을 수 있다. 또한 사용되는 도형도 3가지 이하로 사용해야 조잡하거나 복잡해 보이지 않다.

시각적으로는 강조하고자 하는 포인트에 시선이 가도록 표현하는 방법에는 다음과 같이 6가지 방법이 있다.

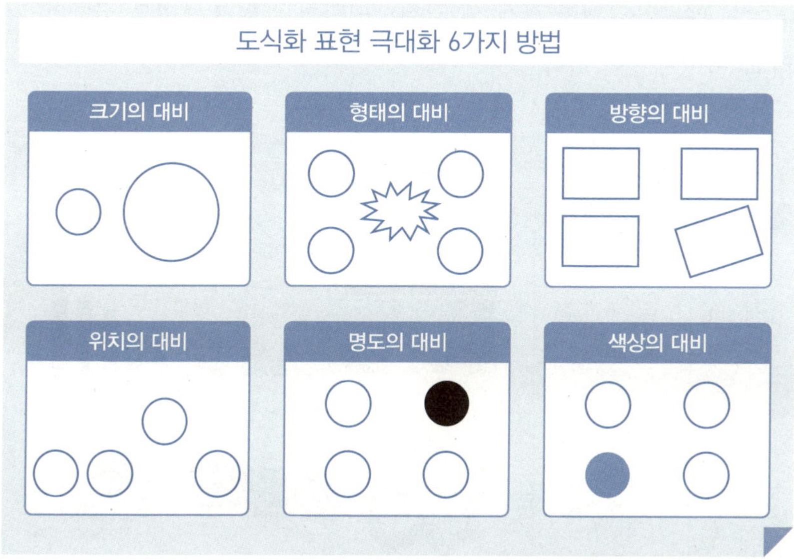

3.2 글을 이미지로 표현하는 도식화의 유형

도식화의 유형에는 크게 세 가지, '데이터 표현형', '정보 전달형' 그리고 '이미지형'이 있다.

도식화의 3가지 유형

구분	유형	예시
데이터 표현형	• 차트 • 표	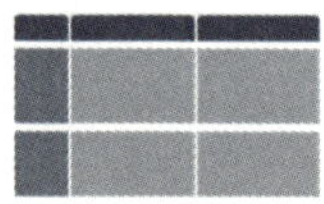 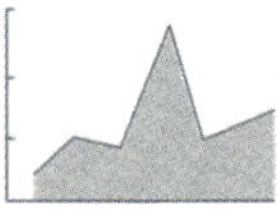 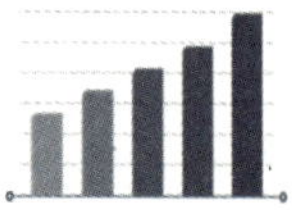
정보 전달형	• 그래픽 • 다이어그램	  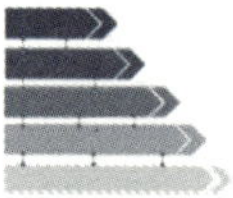
이미지형	• 아이콘 • 사진	 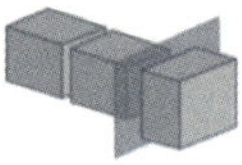 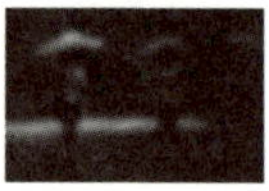

데이터 표현형은, 장황한 데이터를 간결하게 정렬하여 표현하거나, 수치적 데이터에 의미를 부여하고자 할 때 활용하는 유형을 말한다.

정렬을 통한 표현방법의 대표적인 방법에는 표, 그리고 수치적 표현의 대표적인 방법에는 그래프가 있다. 특히 그래프는 시간적 추이와 연계하여 설명하는 데 유용하다. 가장 많이 활용되는 도식 중에 하나인 차트는, 원, 가로막대, 세로막대, 꺾은선, 점 그래프 등이 있으며, 데이터가 어떠한 분포를 보이는지 설명하고자 할 때 유용하다.

정보 전달형은 앞서 도식화 방법 및 프로세스에서 설명한, 키워드 중심의 상관관계를 설명할 때 사용되는 도식으로, 크게 8가지 유형Pattern이 있으며, 상세한 내용은 다음 장에서 설명하고자 한다.

이미지형은 하나의 사실Fact을 이미지로 형상화한 도식을 의미하며 가장 대표적인 것으로는 아이콘이 있다. 제안서상 업무개념도, 프로세스, 목표시스템 등을 작성하는 데 있어서 아이콘의 중요성은 매우 중요하며, 실제로 아이콘 없이 제안서를 작성하는 것은 현실적으로 불가능하리라 생각된다. 따라서 산업별 자주 활용되는 아이콘을 미리 제작해야 좀 더 원활한 제안작업이 가능하다. 아이콘 외에도 실사實寫가 있으며, 직관적 의미를 부여할 때 적절하다.

3.3 제안서에 활용되는 정보 전달형 도식화 작성 유형

앞에서 설명하였듯이, 정보 전달형 도식화 유형에는 크게 8가지가 있으며, 각각 표현하고 설명하고자 하는 콘텐츠 유형이 상이하므로 키워드의 흐름과 배치를 고려하여 활용하면 된다.

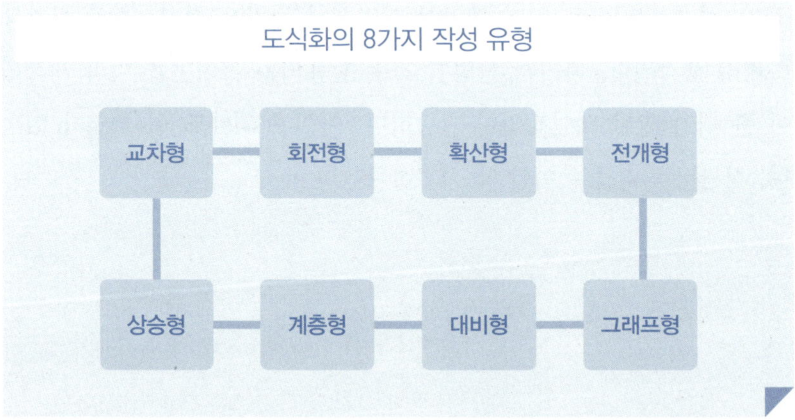

1. 교차형 도식화

교차형 도식은, 서로 연관되어 있거나 중복되는 요소가 있어 겹쳐서 설명할 때 활용 가능한 도해를 의미한다.

활용 사례는 제휴, 협력, 합병, 조합 및 공통점을 기술할 때 유용하다.

교차형 텍스트 다이어그램

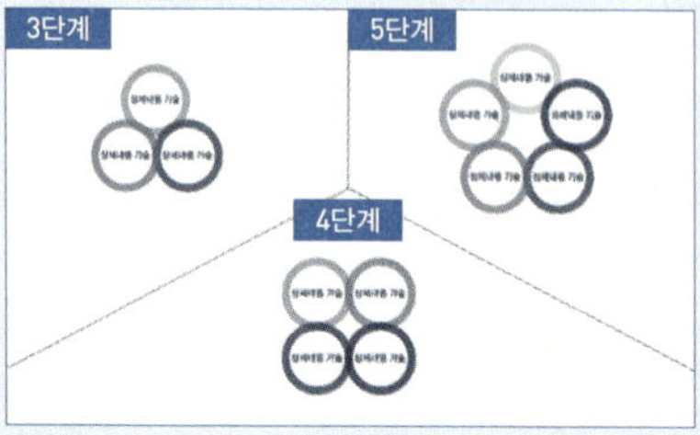

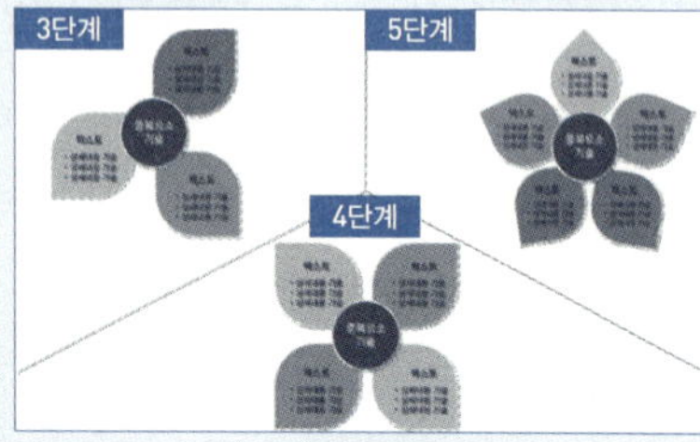

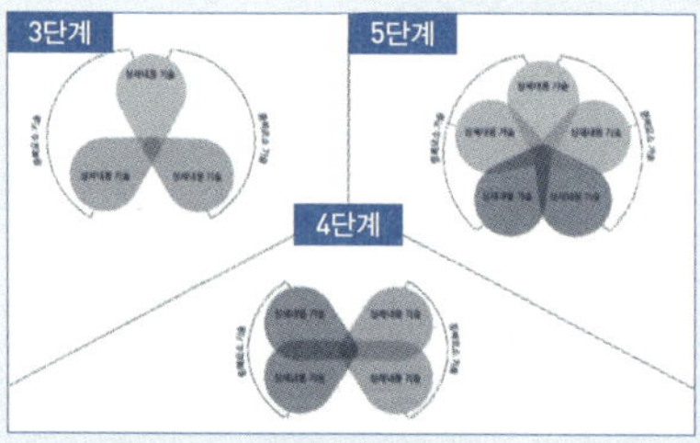

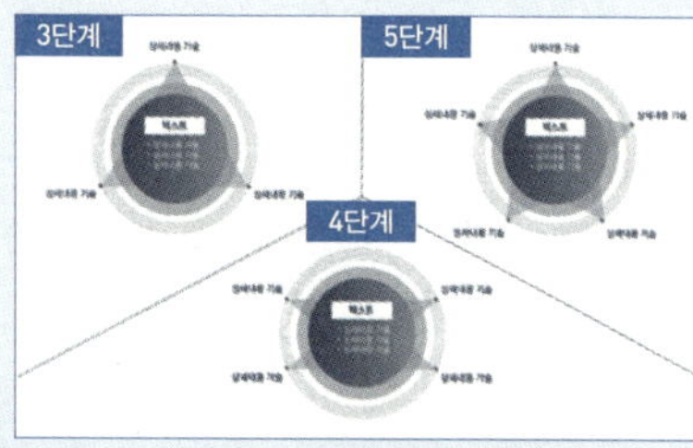

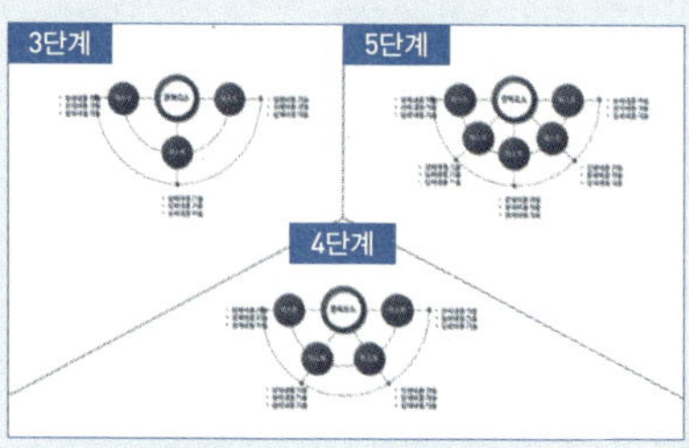

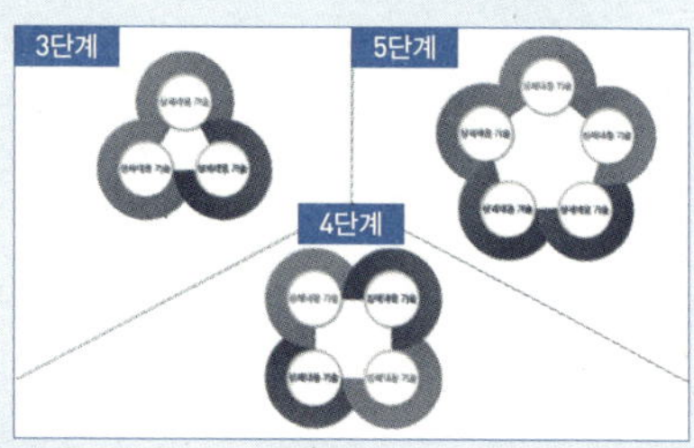

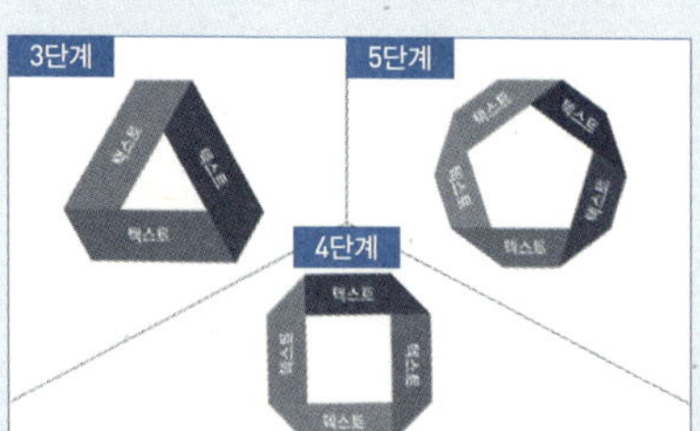

2. 회전형 도식화

회전형 도식은, 반복적으로 순환하는 것을 설명할 때 활용 가능한 도해를 의미한다.

활용 사례는 제품 순환, 반복 훈련, 생명주기Life Cycle, 피드백 등을 기술할 때 유용하다.

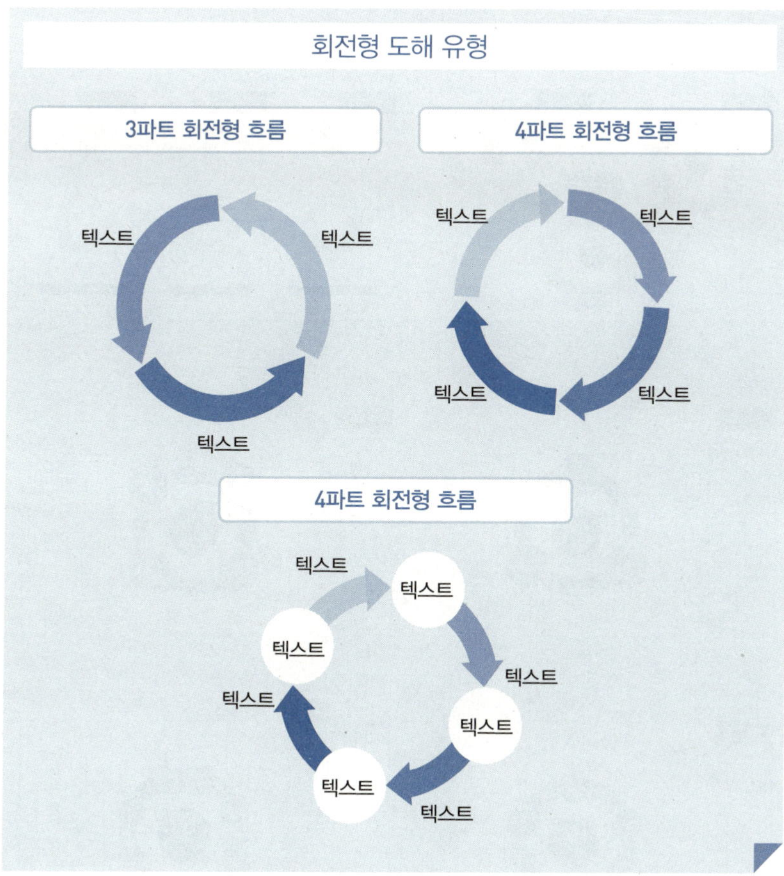

회전형 텍스트 다이어그램

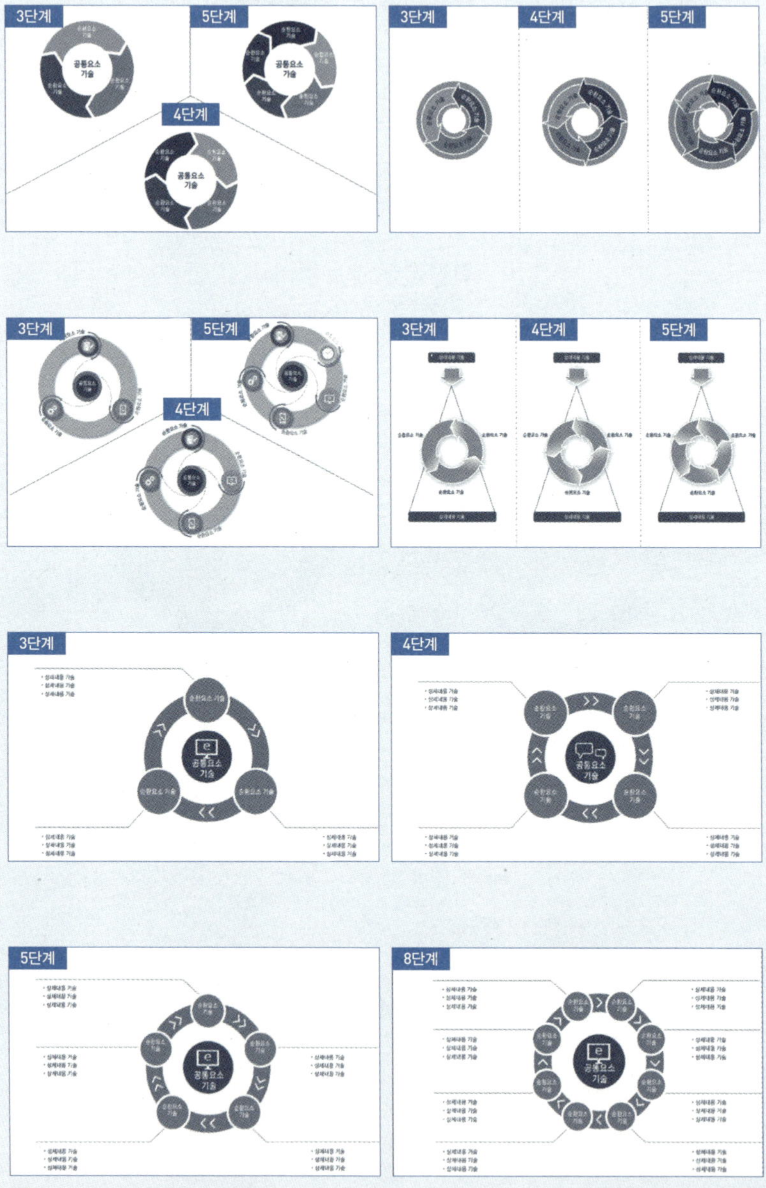

3. 확산형 도식화

확산형 도식은, 하나의 개체에서 여러 개체로, 또는 중심에서 주변으로 퍼져나가는 것을 설명할 때 활용 가능한 도해를 의미한다.

활용 사례는 조직도, 신시스템 도입 결과 등을 기술할 때 유용하다.

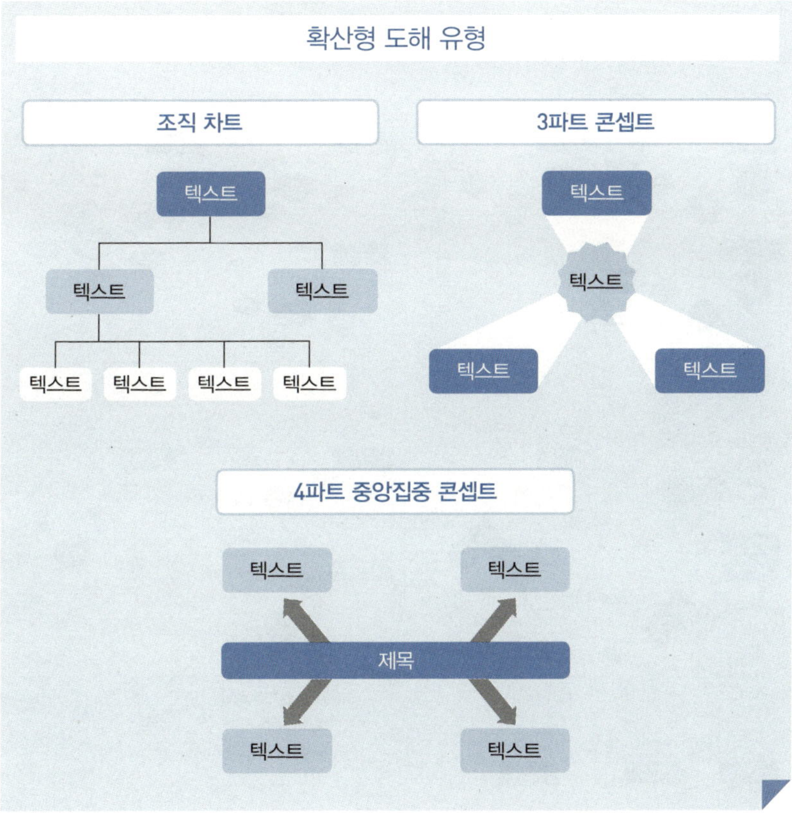

확산형 텍스트 다이어그램

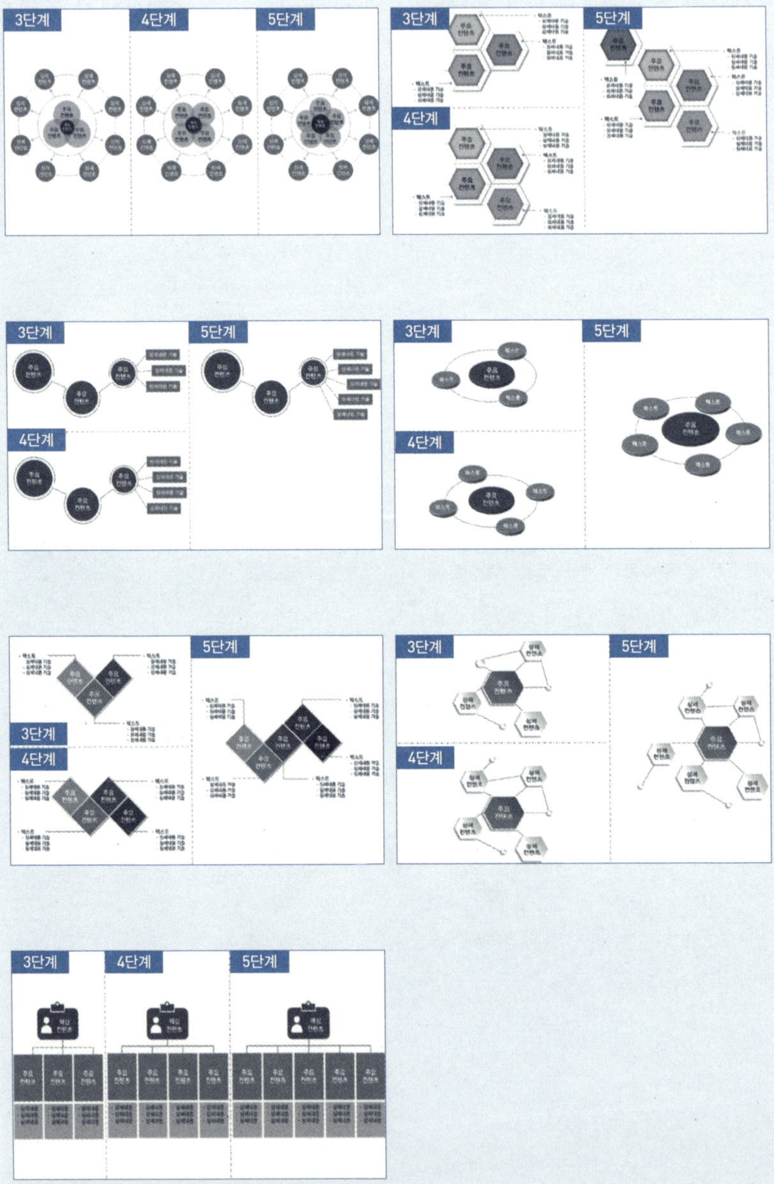

4. 전개형 도식화

전개형 도식은, 일의 순서나 일정 등 시간적인 이동과 흐름을 표현할 때 활용 가능한 도해를 의미한다.

활용 사례는 순서도, 제작 과정, 업무 프로세스, 작업 과정, 일 처리 방식, 향후 일정 등 제안서에서 가장 많이 활용되는 도식 중에 하나이다.

전개형 텍스트 다이어그램

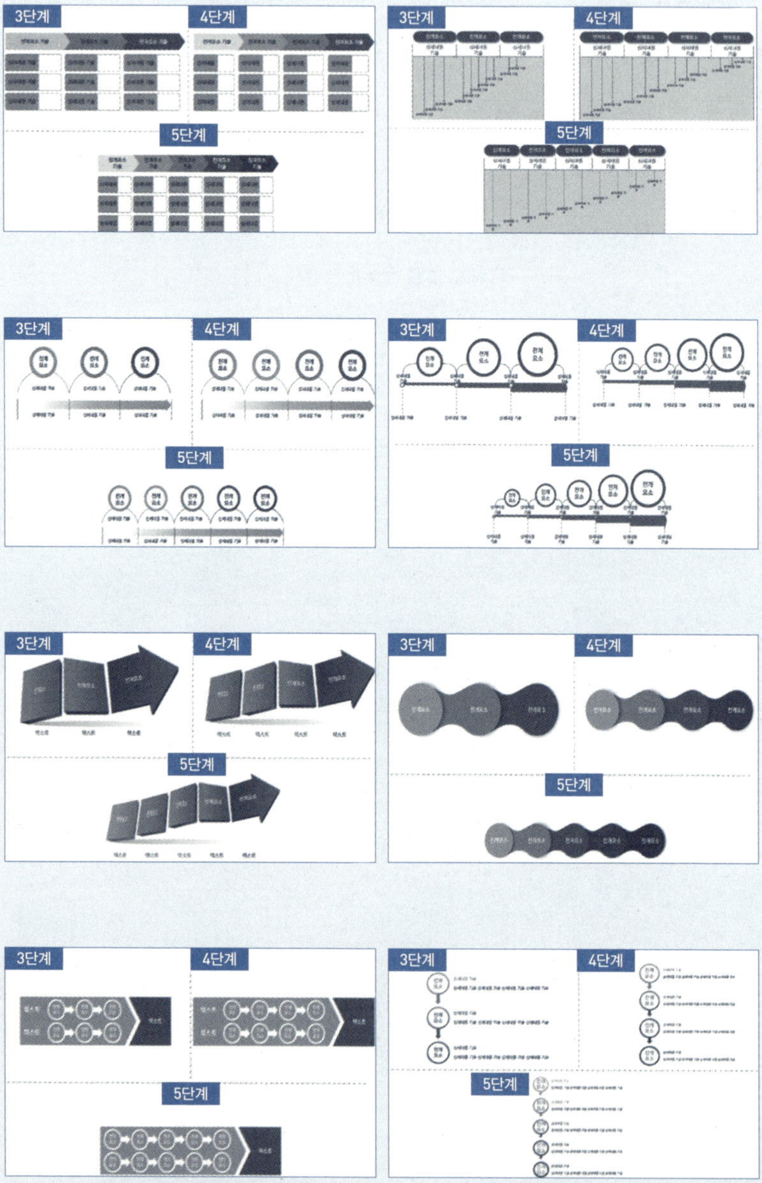

5. 상승형 도식화

상승형 도식은, 어떠한 목표 또는 정상을 향해 올라가거나 또는 순위를 하나하나 올리는 것을 설명할 때 활용 가능한 도해를 의미한다.

활용 사례는 목표 도달 단계, 목표 달성, 비전, 미래방향성 등을 기술할 때 유용하다.

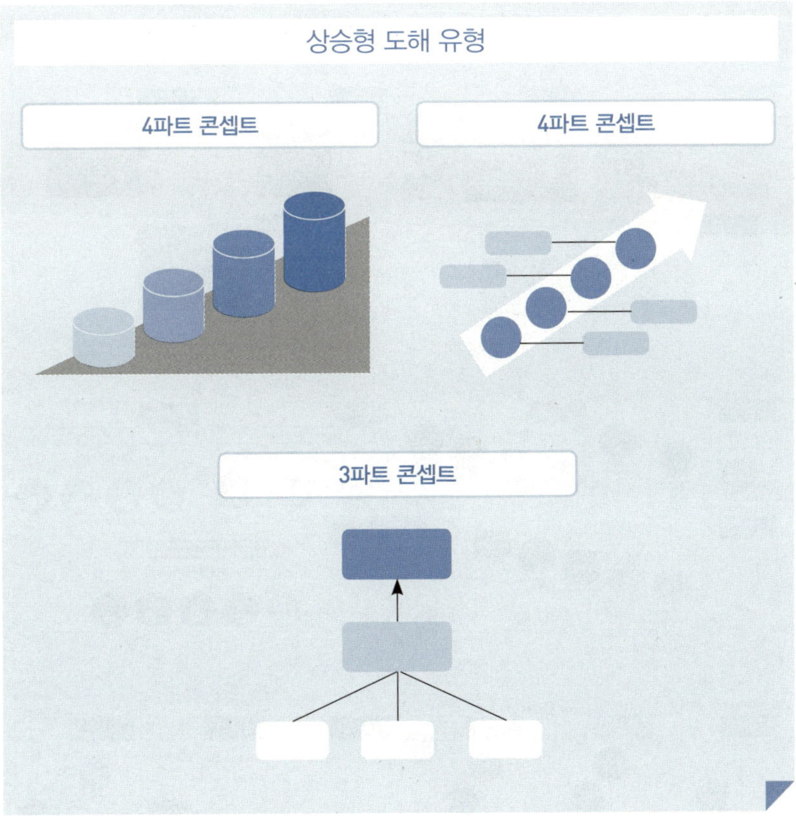

상승형 텍스트 다이어그램

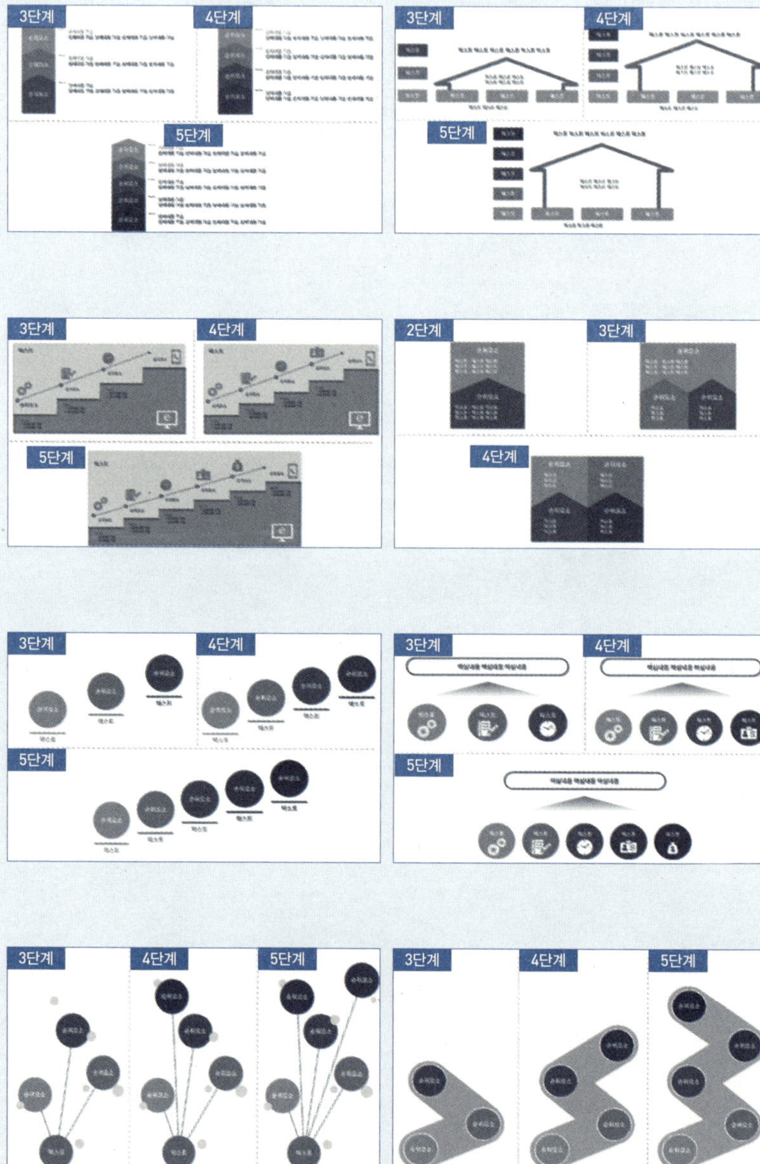

6. 계층형 도식화

계층형 도식은, 상하로 구분되는 관계나 아랫부분이 윗부분을 지탱해주는 것을 설명할 때 활용 가능한 도해를 의미한다.

활용 사례는 상하관계, 순서, 위치, 축적 등을 기술할 때 유용하다.

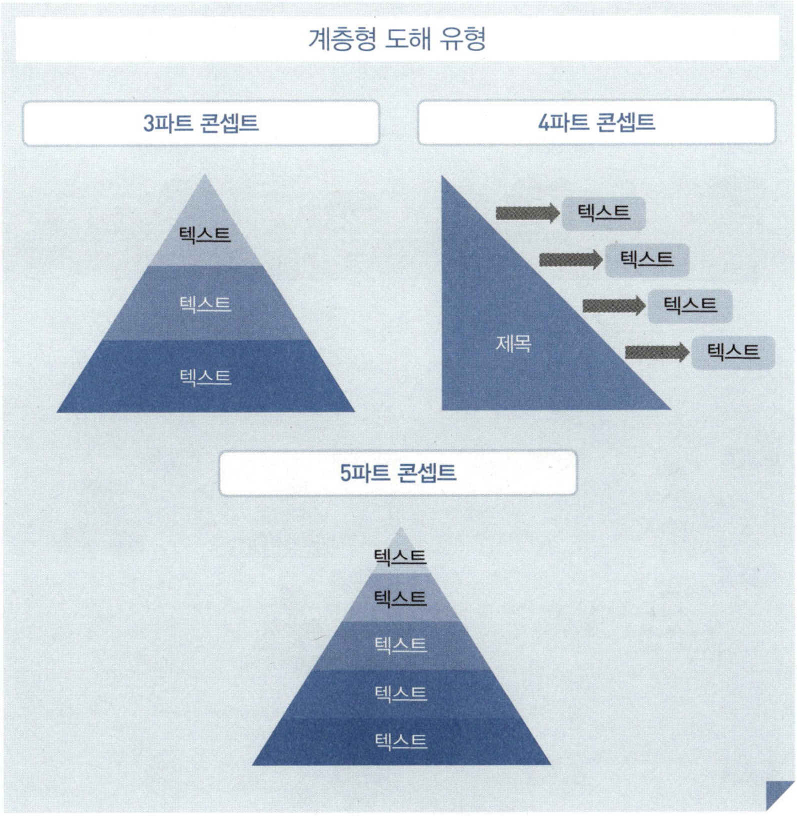

계층형 텍스트 다이어그램

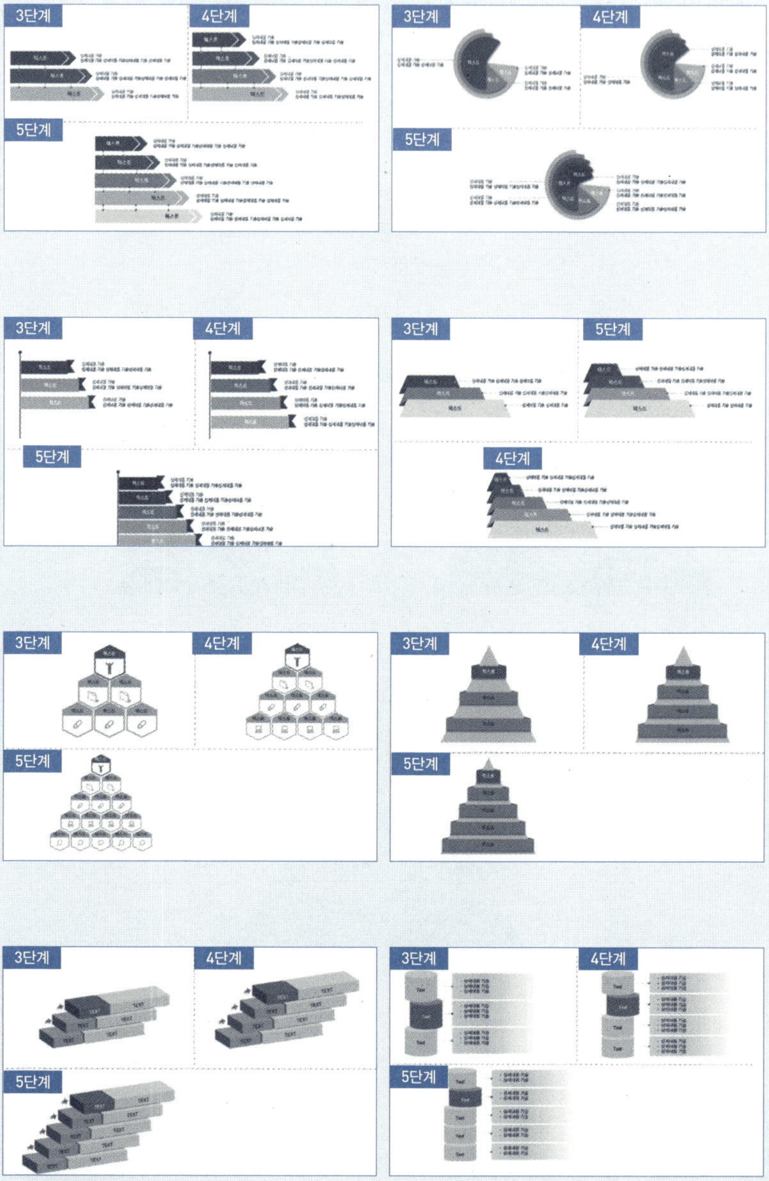

7. 대비형 도식화

대비형 도식은, 서로 상반되거나 적대관계를 설명할 때 활용 가능한 도해를 의미하다.

활용 사례는 비교, 경쟁, 대비, 대조 및 대립 등을 기술할 때 유용하다.

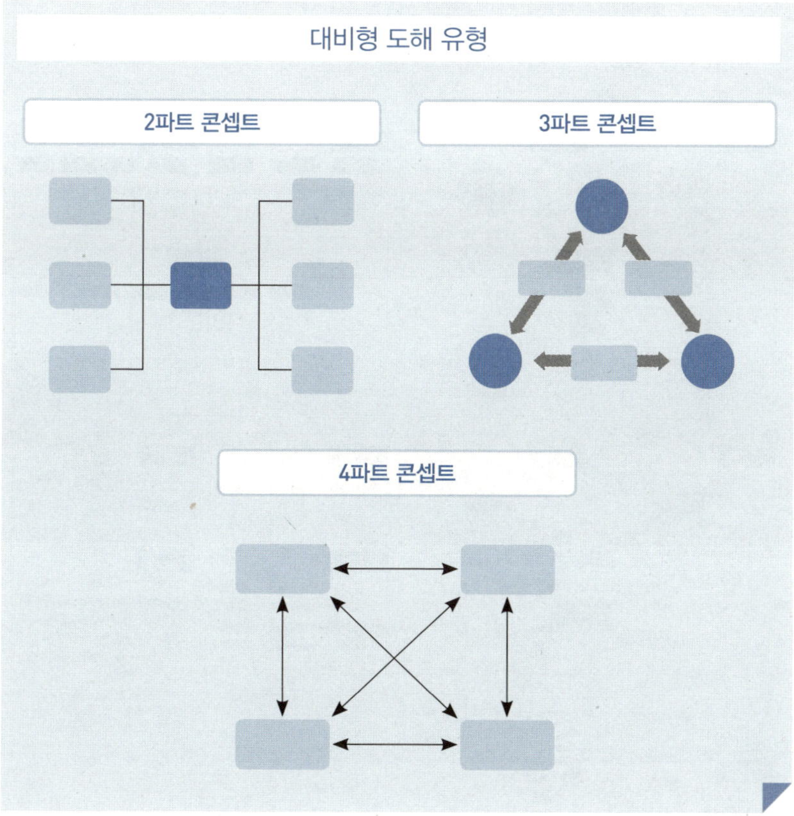

대비형 텍스트 다이어그램

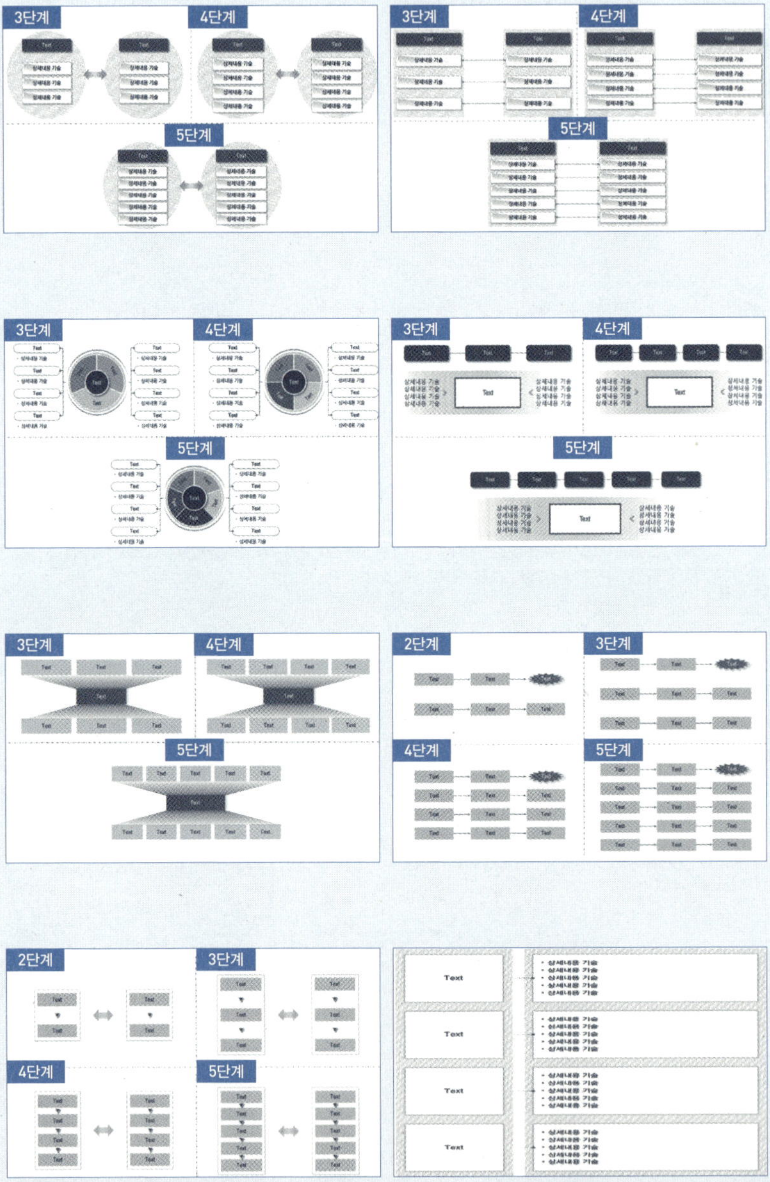

8. 그래프형 도식화

그래프형 도식은, 데이터를 차트로 도식화하여 표현할 때 활용 가능한 도해를 의미한다.

활용 사례는 구성요소의 크기 비교, 시간적 흐름에 따른 크기 비교, 인력구성 분포, 구성요소에 따른 분포도 등을 기술할 때 유용한다.

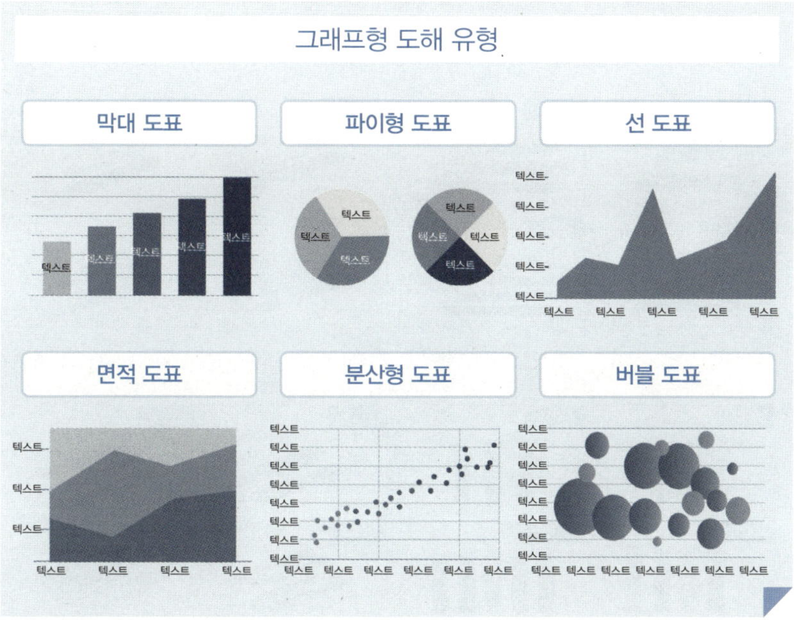

그래프형 막대도표 다이어그램

그래프형 선도표, 면적그래프, 버블차트 다이어그램

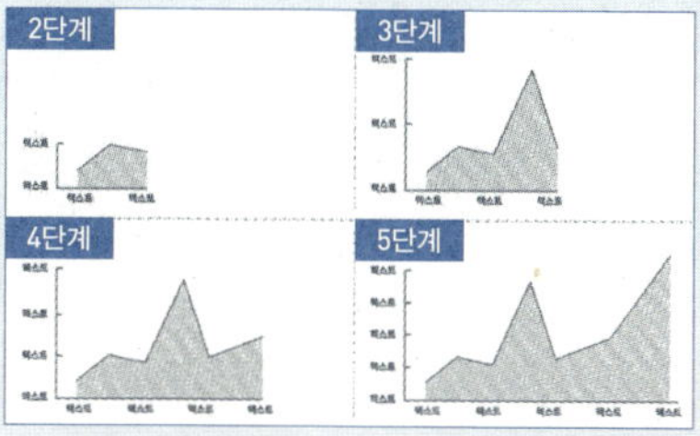

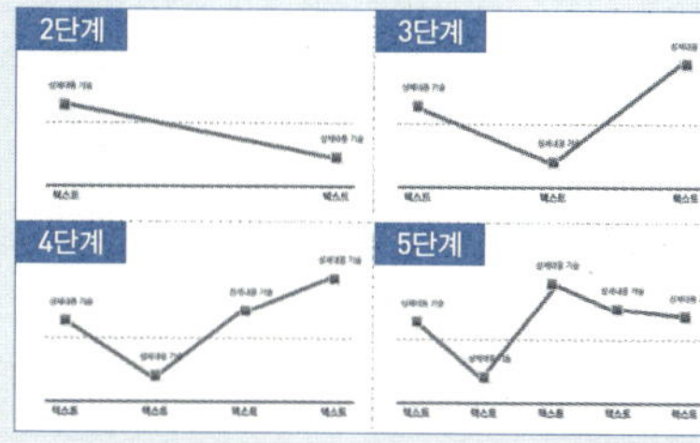

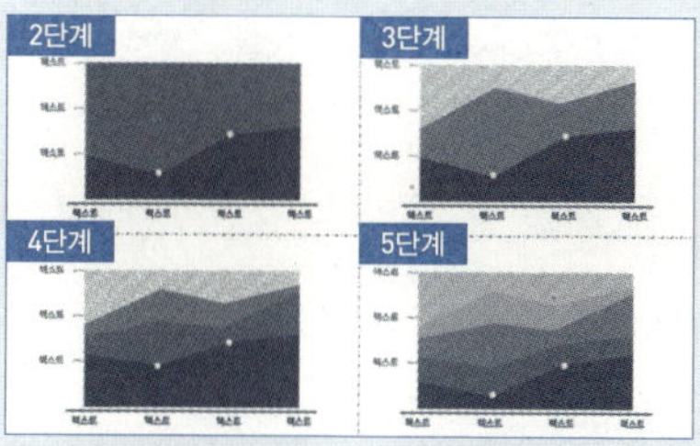

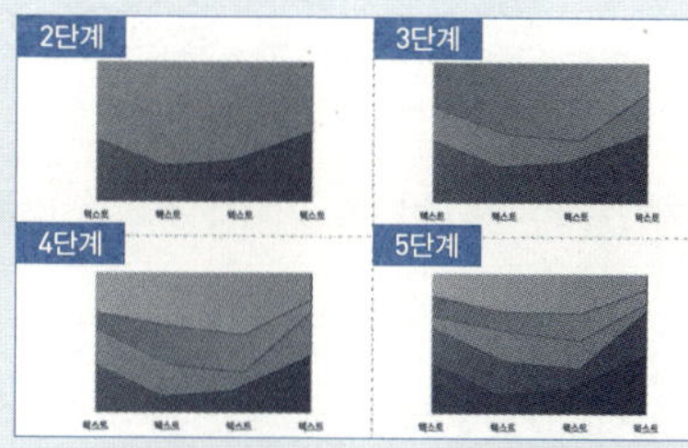

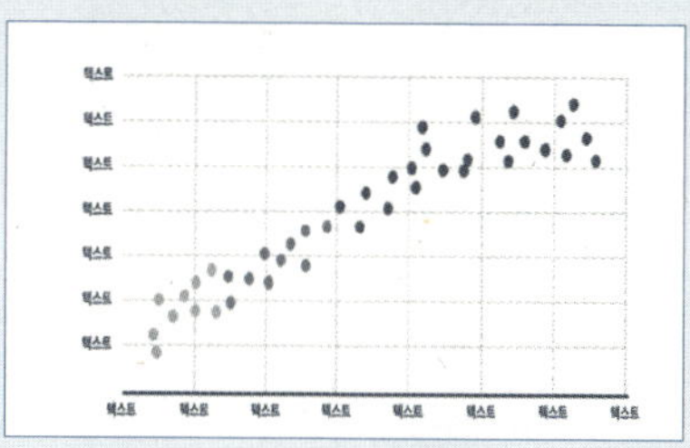

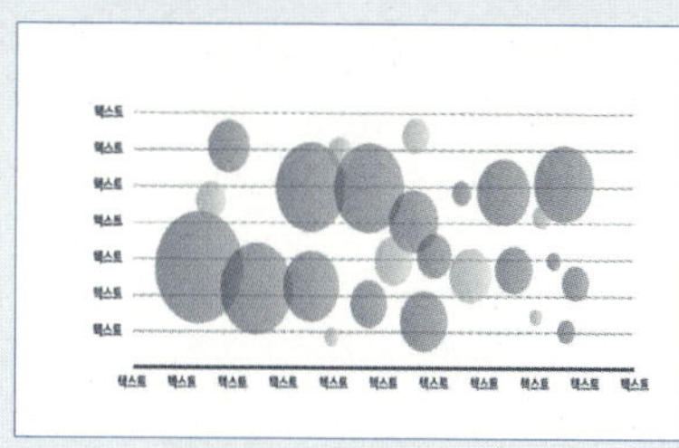

Part 4_
경쟁력 있는 제안서는 어떻게 써야 할까?

4.1 제안서 구성의 유형 분석

제안서는 산업 특성, 사업의 성격, 규모 등에 따라 다양한 형태로 구성되지만, 기본적으로 서문, 본문, 별첨의 구조로 구성되며, 각 구조별 상세 제안내용에 대해서는 유사한 콘텐츠 유형을 보이는 특징이 있다.

1. 제안서 서문 콘텐츠 유형

제안서 서문은 제안에 대한 구체적인 내용을 기술하기 전, 표지, 인사말, 조견표, 목차 등의 문서를 의미하며, 다음과 같은 작성 유형이 있다.

표지는, 발주처 로고, 제안서 제목, 제출일자, 제안사 로고 등으로 구성되며, 평가위원이 제안사에 대한 선입견을 갖지 않고 공정한 평가를 할 수 있도록 제안사와 관련된 표식을 금지하는 경우도 있으므로 제안요청서 제약사항을 반드시 확인해야 한다. 특히, 표지는 제안서의 얼굴에 해당하므로, 제안의 특징을 대표하는 의미의 SMPSingle Minded Proposition을 기술하는 것이 필요하다. 관련한 상세 설명은 Chapter Ⅱ의 「Part 04 제안에서의 콘셉트란 무엇일까?」 부분을 참조하기 바란다.

인사말은, 일반적으로 제안사의 최고경영자 관점에서 작성하며, 사업참여 기회에 대한 감사 인사와 성공적 수행능력을 충분히 보유하고 있음을 자사 성공사례 등을 인용하여 작성한다. 최고경영자 관점에서 작성하는 이유는, 후광효과The Halo Effect를 고려한 것으로서, 이것은 미국 심리학자 손다이크Edward Lee Thorndike에 의해 제기된 심리학 용어로, 외관적으로 보이는 좋은 모습들(CEO의 의지)로 인해, 보이지 않는 내면적인 문제들(사업 리스크 및 이슈 해결역량 등)까지도 좋게 해석시킴으로써, 제안서에 신뢰감을 부여하는 효과를 기대할 수 있기 때문이다.

서문 유형 및 내용

구분	기술 내용
표지	• SMP(Single Minded Proposition) 중심의 사업 가치(Value) 표시 • 발주처 및 제안사 로고, 제출일 등 명시
인사말	• 최고경영자의 인사(The Halo Effect) • 필요 시 제안사 강점 중심의 정책결정을 위한 요약 삽입
조견표	• 평가위원 및 고객을 위해 요구사항 중심으로 구축 방안을 간략히 기술 • 제안요청서(RFP) 요건에 대한 충족 여부 및 제안서상 해당 내용의 위치 명기
차례	• 제안서 콘텐츠 구성에 대한 색인
약어표	• 제안서 내의 기술된 전문용어 등에 대한 해설 모음
간지	• 장 간지 및 절 간지(특히, 기술 부문) 선택 적용

조견표는, 제안요청 내역에 대해 구체적 방안을 손쉽게 찾아볼 수 있게 하는 색인을 말하며, 평가위원 또는 고객이 제안서를 평가하는 기준인 평가항목 및 제안요청서 요구사항을 기준으로 작성한다. 주의할 점은, 두 가지 중 하나만 작성하는 것보다는 평가위원을 위해 두 종류 모두 작성하는 것을 추천한다. 또한, 좀 더 노력하는 제안사의 모습을 보여주기 위해, 제안서의 목차명만 기술하는 것보다 실제 구성 방안의 내용을 간단하게 기술하는 것 또한 고민해볼 만하다.

[양식 Ⅲ-3] 조견표-평가항목 기준 조견표

Sample

평가부분	평가항목	평가요소	제안서 목차	페이지
일반 부문 (15)	대상 사업의 이해도	제안요청 내용의 이해도	Ⅰ.1 일반현황	Ⅰ-1~22
		제안요청서와의 부합성		
		제안내용의 적정성 및 객관성		
	재무구조 등 경영상태	재무구조 및 신용평가 기관의 신용도(경영상태)	Ⅰ.2.2 경영상태	Ⅰ-28~29
		정보시스템 유지보수 관련 사업 수행 실적	Ⅰ.2.3 주요 사업실적	Ⅰ-37~38
		유사분야의 사업수행 규모 및 수준 등		
사업수행 부문 (30)	유지보수 운영체계 적절성	유지보수사업 수행 방안의 적정성 및 전문성	Ⅱ.1 유지보수 수행 및 비상대응	Ⅱ-1~28
		- 정보시스템 유지보수 지원체계, 방법, 절차 등의 적절성		
		- 평시 및 취약시기(공휴일, 야간 등) 장애대응체계		
		- 예비부품 확보체계 및 수급의 신속성 (부품 확보 비율, 보관 장소, 수급체계 등)		
		예방점검, 정기점검, 특별점검 방안의 적정성	Ⅱ.2.1 장애 예방점검 수행 방안	Ⅱ-29~53
		- 업무특성(업무 집중기간 등)에 따른 유지보수 방안		
	기술지원 역량의 적절성	유지보수, 운영지원, 장애처리의 기술지원체계 적정성	Ⅱ.2.2 장애 발생 시 처리 방안	Ⅱ-54~64
		- 긴급장애 대응전략 및 장애원인 분석 방안		
		- 제안사, 제조사 등 전문업체의 기술지원 방안		
		구조·성능 진단 및 개선 방안의 적정성	Ⅱ.3 기능최적화 및 우편 DR훈련	Ⅱ-65~81
사업관리 부문 (30)	사업수행 조직	유지보수 및 운영지원 조직관리 적정성	Ⅲ.1.1 사업추진체계	Ⅲ-1~2
		상주인력의 규모 및 유사사업 수행 경험(경력)	Ⅲ.1.2 인력운용계획	Ⅲ-3~9
		상주인력의 보유 기술(자격)수준의 적정성	Ⅲ.1.2 인력운용계획	Ⅲ-3~9
		위험관리(파업, 태업 등) 방안 및 비상대응체계의 적정성	Ⅲ.1.2.사 파업 발생 시 대응 방안	Ⅲ-19
	품질보증	사업수행 목표 정의, 세부 활동 도출 및 산출물 관리체계	Ⅲ.2.1 품질보증 방안	Ⅲ-15~24
		품질 보증 및 관리 체계 우수성	Ⅲ.2.1.가 품질보증 방안	Ⅲ-15
		요구사항 관리 및 조치 방안의 우수성	Ⅲ.2.1.사 요구사항 관리	Ⅲ-15
		IT 서비스관리(ITSM) 및 서비스수준협약(SLA) 이행 방안의 적정성	Ⅲ.2.2 서비스 수준관리	Ⅲ-26~29
		인수인계 시 품질유지 방안의 우수성	Ⅲ.2.3 유지보수 계약 인계·인수 방안	Ⅲ-30~31
		- 사업자 간 및 투입인력 교체 시 품질유지 방안		
	보안관리	정보보안체계의 적정성 및 대책의 신뢰성	Ⅲ.3 보안관리	Ⅲ-33~40
		자료유출 방지, 보안유지 대책 등		

[양식 Ⅲ-3] 조견표-제안요청서 요구사항 기준 조견표

Sample

제안요청사항	관련 목차	페이지
1. 사업수행 부문		
가. 유지보수 운영체계		
센터 및 입주기관 소프트웨어의 24시간 365일 안정적인 운영을 위한 유지보수 관리 방안 및 지원체계를 제시하여야 한다.	Ⅲ.1.다 유지보수 현황 및 고도화 방안	Ⅲ-4~13
- 소프트웨어의 특성 및 제공 서비스를 고려한 유지보수 추진	Ⅲ.3.다.2) 평시 및 취약시기 장애 대응 방안	Ⅲ-50
- 근무 취약시간(야간, 주말, 휴일 등) 장애발생에 대비한 유지보수		
센터에 위치한 대전 주 시스템의 관련 유지보수 및 기술지원 방안을 제시하여야 한다.	Ⅲ.2.나 재해복구시스템 유지보수 방안	Ⅲ-31
- 재해복구 모의훈련 시 환경 재구성이 필요할 경우 관련 기술 지원		
공동수급체를 구성할 경우에는 주 사업자와 부 사업자 간의 업무수행 범위를 상세히 정의하고 책임관계를 명확히 하여야 한다.	Ⅰ.3. 전략 3	Ⅰ-22
- 제안업체는 신속히 유지보수 수행을 위한 제조사, 공급사 또는 유지보수 실적이 있는 전문업체와의 협력 방안을 제시하여야 한다.	Ⅰ.3. 전략 3	Ⅰ-22
계약 후 유지보수 대상별 전문업체(제조사 및 협력사 등)와의 구체적인 협력 방식 및 증빙자료 제출 방안 등 수행계획을 1개월 이내에 제출하여야 한다.		
나. 비상대응체계 구축		
유지보수업체로 선정된 후 주 사업자 또는 협력사의 파업 등 다수의 인력 변동으로 유지보수에 지장을 초래하는 경우를 대비한 긴급 유지보수 방안을 제시하여야 한다.	Ⅳ.1.마 파업·태업을 대비한 비상대응체계 수행방안	Ⅳ-13~15
바이러스 및 사이버공격, 화재, 홍수, 지진 등으로 인하여 유지보수 대상 장비의 일부 또는 전체의 장애가 발생된 경우에 대비한 비상 유지보수 방안을 제시하여야 한다.	Ⅳ.1.마 파업·태업을 대비한 비상대응체계 수행 방안	Ⅳ-13~15
다. 장애처리 및 지원		
제안업체는 신속한 장애처리 및 예방을 위하여 제조사별 장애유형에 따른 장애처리 및 장애이력 관리 방안을 제시하여야 한다.	Ⅲ.3 다.4) 장애유형별 장애처리 방안	Ⅲ-52,53
	Ⅲ.3 다.10) 장애이력 관리 방안	Ⅲ-60,61
장애가 발생하였을 경우에 즉시 유지보수조직을 가동 실시하여야 하며, 장애원인, 재발방지책, 해결 방법 등을 제시하여 장애 관련 정보수집 및 복구 작업을 우선시하여야 한다.	Ⅲ.3 다.7) 장애원인 분석 방안	Ⅲ-57
	Ⅲ.3 다.8) 장애원인 분석력 강화	Ⅲ-58
	Ⅲ.3 다.11) 장애 재발 방지방안	Ⅲ-62
제안업체는 장애원인 분석결과 장애원인이 타 유지보수 사업 관련 장애로 판단될 경우에도 구체적인 근거자료를 첨부하여 서면으로 제출하여야 하며 타 업체의 장애조치에 최대한 협조하여야 한다.	Ⅲ.3.다) 장애처리 절차	Ⅲ-51

목차는, 일반적으로 제안개요, 제안업체 일반, 기술 부문, 사업관리 부문, 지원 부문, 기타, 그리고 별첨(첨부)의 순서로 구성된다. 전체적인 제안서 구성을 한눈에 파악할 수 있도록 목차를 구성해야 하며, 고객의 제안요청서, 특히 평가표를 최우선적인 기준으로 작성해야 한다. 별도의 작성 지침이 없을 경우, 공공사업이라면 한국정보사회진흥원의 「전자정부지원사업 사업관리 방안」의 기준을, 일반 기업의 경우에는 기존 제안서를 활용하여 작성한다.

간지는, 제안서상 각 챕터를 구분하는 역할을 하며, 장 간지는 각 장(I. 제안개요, II. 제안업체 일반, III. 기술 부문 등)별로, 절 간지는 분량이 많은 기술 부문에 각 절(시스템 구축 방안, 소프트웨어 개발 방안 등) 및 기술 분야별(응용시스템, 기반시스템 등)로 한 장씩 작성한다. 또한 간지 종류별로 색상을 달리하여 쉽게 구분할 수 있도록 할 수 있다.

약어표는, 제안서에 기술된 약어 및 전문용어와 관련하여, 고객의 이해를 높이기 위해 작성하는 설명문서를 의미한다. 하지만, 약어표를 작성한다고 하더라도, 약어 및 전문용어에 대한 해설은 해당 장표의 우측 하단에 전체 이름Full Name을 기술하여 고객이 바로 확인할 수 있도록 하는 것을 추천하며, 설명은 고객이 사용하는 표준용어를 최우선으로 사용하여 기술하는 것이 바람직하다.

[양식 Ⅲ-4] 약어표

Sample

순번	약어	원어	설명
1	Adobe FLEX	Adobe FLEX	FLEX는 Adobe사에서 RIA(Rich Internet Application)을 구현하기 위하여 내놓은 제품으로 기존의 정적이고 수동적인 웹 환경에서 보다 능동적이고 개방적인 WEB2.0 기술 구현을 손쉽게 해주는 스크립트 언어이다.
2	AES	Advanced Encryption Standard	AES는 미국의 연방 표준 알고리즘으로서 20년이 넘게 사용되어 온 DES(Date Encryption Standard)를 대신할 차세대 표준 알고리즘이다.
3	AR	Augmented Reality	실세계에 3차원의 가상물체를 겹쳐서 보여주는 기술을 활용해 현실과 가상환경을 융합하는 복합형 가상현실 기술이다.
4	BI	Business intelligence	기업들이 신속하고 정확한 비즈니스 의사결정을 위해 사용하는 데이터의 접근, 수집, 보관, 분석 등의 애플리케이션과 기술의 집합, 비즈니스 인텔리전스(BI) 애플리케이션의 의사결정 지원시스템, 조회 및 응답, 올랩(OLAP), 통계 분석, 예측 및 데이터 마이닝 등이 기본이 되나, 필연적으로 기업의 데이터베이스와 데이터웨어하우스(DW), 기업지원관리(ERP) 등과도 관련이 있으므로 넓은 의미이다.
5	BPM	Business Process Management	기업 내외의 업무 프로세스를 가시화하고, 업무의 수행과 관련된 사람과 시스템을 프로세스에 맞게 실행·통제하며, 전체 업무 프로세스를 효율적으로 관리하고 최적화할 수 있는 변화 관리 및 시스템 구현 기법, 지속적으로 성장·변화·발전하며, 각 프로세스 흐름을 이해하고, 기술 솔루션인 비즈니스 프로세스 관리시스템을 기반으로 확장시킬 수 있는 비즈니스 프로세스를 직접 구현한다는 가정을 전제로 한 시스템이다.
6	BRM	Business Reference Model	정부의 업무 기능을 체계적으로 구분하여 정리한 모델을 바탕으로 그 모델 내에 정의된 각각의 영역 안에서 부처 간 업무 흐름, 서비스 종류 등을 파악하여 정부 각 부처, 기관의 기능들을 확인할 수 있도록 하고, 해당 정부 기능의 근거 법령, 구제 내용, 정보화 현황 등이 체계적·상시적으로 정리되고 관리되도록 하는 모형, 정부 기능 연계모형(BRM)은 전시적 아키텍처(EA)의 참조 모델(RM)의 하나다.
7	CMMI	Capability Maturity Model Integration	기존의 소프트웨어 품질보증 기준으로 널리 사용되고 있는 업무능력 및 성숙도 평가기준(CMM)의 후속 모델, 미국 국방부의 지원 아래 산업계와 카네기멜론 대학 소프트웨어(SW) 공학연구소(SEI)가 공동으로 SWOCMM과 시스템 엔지니어링(SE)-CMM 등의 요소를 통합 개발한 것이다.
8	Custermizing	Custermizing	IT 산업에서 개발된 솔루션이나 웹사이트 등을 구입 또는 이용하고자 하는 사람이 원하는 형태로 재구성 또는 재설계하는 것을 말한다.
9	CDP	Career Development Program	경력개발제도는 경력개발의 개념을 조직의 인재육성을 위해 제도화시켜 놓은 것으로, 개인의 입사부터 퇴직까지의 경력경로를 조직이 함께 설계하고 장기적 관점에서 관리해나가는 종합적 인적자원개발 시스템이다.
10	CSS	Cascading Style Sheet	웹페이지용 스타일 시트로 특정 요소가 웹페이지 내에 어떻게 표현되는지를 결정할 수 있는 스타일 시트들과 문장 정의이다.
11	DW	Data Warehouse	기간시스템의 데이터베이스에 축적된 데이터를 공통의 형식으로 변환하여 일원적으로 관리하는 데이터베이스, 웨어하우스는 '창고'라는 의미인데 데이터의 수용이나 분석 방법까지 포함하여 조직내 의사결정을 지원하는 정보관리시스템으로 이용된다.
12	DRM	Device Relationship Management	인터넷에서 지능장비의 감시, 관리 및 지원이 가능한 기업 소프트웨어, 지능장비는 컴퓨터 기능이 장착된 모든 설비, 기기 및 기계를 말하며, DRM 소프트웨어를 사용하여 세계 어느 곳에 있는 장비와도 지속적인 정보의 흐름을 유지할 수있다.
13	DoS	Denial of Service	DoS 공역은 사용자나 기관이 인터넷상에서 평소 잘 이용하던 지원에 대한 서비스를 더 이상 받지 못하게 되는 상황을 의미한다.
14	DSR	Direct Server Return	L3 스위치는 Dest, IP를 보고 스위칭 처리하며 L4를 거치지 않고 외부망으로 대량의 데이터를 보내는 기술이다.
15	EUC	End User Computing	현업 부문에서 컴퓨터를 이용하여 문제 해결이나 업무 처리에 종사하는 담당자(최종 사용자)가 정보시스템 부문에 의존하지 않고, 자기 자신이 필요로 하는 용도에 합치되는 시스템을 사용해서 정보를 검색, 가공, 입력하는 것, 정보시스템 부문에만 의존하는 형태에서는 적시 적절하게 현업담당자의 목적에 부합되는 시스템이 되기 어렵다는 관점에서 이런 표현을 사용하게 되었다. 최종 사용자 자신이 시스템의 기획과 구축까지 행하는 경우에는 최종 이용자 개방(EUD)이라고 한다.
16	EP	Enterprise Portal	엔터프라이즈포털(EP, Enterprise portal)이란 기업의 분산된 전산시스템과 인사 재무 등 경영정보를 인터넷 환경에 묶어 언제 어디서나 필요한 업무를 개인화된 단일 화면으로 수행할 수 있도록 하기 위해 도입된 시스템을 말한다.

2. 제안서 본문 콘텐츠 유형

제안서 본문은 제안개요부터 기타 부문까지 크게 6개의 콘텐츠로 구성되며, 필요 시 별첨(첨부) 내역을 추가할 수 있다.

본문 유형 및 내용

구분	기술 내용
Ⅰ장. 제안개요	• 제안배경(사업의 이해), 제안목적, 제안범위, 수행전략, 제안의 특장점, 사업성공의 전제조건 및 기대효과 등 기술
Ⅱ장. 제안업체 일반	• 제안사 일반현황, 조직 및 인원, 주요 사업실적 및 사업에 참여하는 협력업체 일반현황 소개 기술
Ⅲ장. 기술 부문	• 제안요청서 과업에 대한 구체적 방안 기술 • 시스템 구성도, 시스템 구축 방안, 소프트웨어 개발 방안, 표준화 방안, 보안 및 개인정보보호 방안, 시스템 시험 및 운영 방안, 향후 시스템 발전 방향 등 기술 • 특히, 고객의 고민거리(생산성 향성, 비용절감, 안정성 확보, 장애 최소화 등)에 대한 구체적 해결 방안 제시가 필수
Ⅳ장. 사업관리 부문	• 과제를 성공적으로 수행하기 위한 역량 기술 • 사업관리, 품질보증 계획, 사업추진 일정, 업무 보고 및 검토 계획, 사업 수행 조직 및 업무분장, 투입인력 및 이력사항 등을 제시
Ⅴ장. 지원 부문	• 제안요청서 요건의 구축 이후에 대한 방안 기술 • 교육훈련 계획, 유지보수 계획, 기술이전 계획 등 기술
Ⅵ장. 전문업체 및 상호 협력	• 전문업체 상호 협력, 중소기업 보호육성 등 기술

제안개요에서는, 제안의 전체적인 관점에서 접근하여, 사업의 범위를 분석하고 숨은 의미를 파악한 후, 성공적으로 사업을 수행하기 위한 전략을 제시해야 한다.

■ 제안의 배경

: 고객의 업무/사업에 대한 이해와 자사의 본 사업에 대한 전문성을 표현

- 제안 프로젝트에 대한 이해: 고객의 장기 비전, 사업계획, 사업의 추진배경 및 의의 등
- 다양한 환경변화에 대한 대응: 경영환경의 변화, IT 기술의 변화 등 다양한 관점

■ 제안의 목적

: 고객의 비전·목표를 기술하고, 그것을 달성하기 위해 자사가 어떻게 할 것인가를 작성

- 고객 비전, 사업의 목표, 사업 방향성과 사업의 성공적 수행을 위한 주안점 등을 기술

■ 제안범위

: 수행해야 할 업무범위를 기술

- 전체 제안범위를 포함할 수 있는 통합 이미지
- 업무 또는 서비스 위주로 상세화

■ 사업수행전략

: 고객의 사업목표 달성을 위해 자사가 사업수행 과정에 적용할 전략을 기술

- 사업의 특징, 주요 성공요인CSF, Critical Success Factor 도출

■ 제안의 특장점

: 당사 관점에서 경쟁사와 비교하여 우월한 요소를 기술 관점에서 작성

- 사업관리 방안과 중복 제거를 위해 기술 중심 작성

■ 전제조건

: 사업 성공을 위해 선행되어야 할 조건으로 고객사의 협조사항 기술

■ 기대효과

: 성공적인 수행 후 고객이 얻을 수 있는 업무적인 정성적/정량적 효과 기술

제안업체 일반에서는, 제안사의 일반현황, 조직 및 인원, 주요 사업내용 및 유사 사업실적 등의 사업수행 능력을 제시해야 한다.

■ 조직 및 인원

: 전사적 역량을 본 사업에 집중하고 있다는 표현으로 작성하며, 인력현황은 기술 분야 및 기술등급별 인력현황 제시

■ 주요 실적

: 유사/선행사업 등 수행 건수 및 규모 표현

■ 협력업체 소개

: 타사와 컨소시엄 구성 또는 주요 협력사에 대하여 작성하며, 해당 협력업체의 지명도, 기술적 전문성을 중심으로 작성

기술 부문에서는, 제안서에서 가장 큰 비중을 차지하며 제안요청서에서 제시한 요건에 대한 자사의 기술력을 제시해야 한다.

■ 시스템 구성도

: 시스템 구성 내역에 대한 상세 방안으로, 목표시스템 구성도, 응용시스템 구성도, 하드웨어 구성도, 소프트웨어 구성도, 데이터베이스 구성도 등에 대한 구체적 방안 기술

■ 시스템 구축 방안

: 하드웨어, 소프트웨어, 네트워크 등 시스템의 구성 방안을 제시하고, 도입제품의 세부사양, 선정근거, 납품 및 설치 방안을 제시하며, 시스템 사양 및 기능, 구성장치 내역 및 세부 방안, 시스템 납품 및 설치 방안 등 기술

■ 소프트웨어 개발 방안

: 고객 업무(응용시스템)에 대한 개발 방안을 작성하며, 개발방법론, 업무개발 방안, 초기 데이터 구축 방안, 시스템 통합 방안 등을 제시

사업관리 부문에서는, 사업수행체계 측면에서 조직과 인력이 어떤 일정으로 사업을 수행할 것인가에 대한 방안을 제시해야 한다.

■ 수행조직 및 업무 분장

: 제안사(컨소시엄 포함) 및 협력업체를 포함하여 업무 구분별 담당조직을 구성하고 역할 명시

■ 투입인력 및 이력사항

: 성공적 사업수행을 보장하는 최적의 인력구성에 대한 방안으로, 인력등급별 구성현황, 관련기술 보유인력 현황, 주관사업자 현황 등을 제시

■ 추진일정계획

: 고객의 요구사항을 기반으로, 사업추진 시 예상되는 리스크 및 이슈사항을 감안한 일정계획 제시

■ 품질보증계획

: 제안사의 품질보증체계를 중심으로 프로젝트 품질보증을 위한 조직, 인력, 프로세스, 활동 등을 제시

■ 사업관리계획

: 사업관리 방법론을 기반으로 8대 사업관리영역(위험관리, 범위관리, 품질관리, 비용관리, 일정관리, 자원관리, 형상관리, 의사소통관리)에 대한 구체적 방안 제시

지원부분에서는, 프로젝트 종료 이후 구축된 시스템을 고객이 업무에 효과적으로 적용하고 활용할 수 있도록 어떻게 지원할 것인가에 대한 방안을 제시해야 한다.

■ 교육훈련계획

: 교육 대상자를 그룹별(일반사용자, 관리자, 운영자 등)로 나누어, 교육 시점 및 과정 제시

■ 유지보수계획

: 장애처리 방안 외 분야별 유지보수 방안(조직, 지원절차 등)을 제시하며, 특히 유상/무상을 구분하여 작성 필요

■ 기술이전계획

: 고객의 자체적인 시스템 운영을 위한 기술이전계획으로, 기술 이전 방법 및 각 분야별 기술이전 내용 기술

■ 기밀보안 유지 방안

: 물리적, 논리적, 기술적 보안대책과 함께 산출물(문서, 소스코드) 등에 대한 저작권 보안 방안 제시

전문업체 및 상호협력 부분에서는, 대한민국 소프트웨어산업 진흥을 위해 어떤 활동(공제사업 재원 조성, 소프트웨어 사업자 신고)을 했는지를 제시하며, 일반적으로 공공사업과 관련된 경우에만 해당된다.

■ 전문업체 참여

: 소프트웨어 기술성 평가기준의 '전문업체 참여' 평가요소(전문업체 기술의 부합성, 전문업체의 자질, 전문업체 활용 방안의 적정성)를 중심으로 기술

■ 상호협력

: 소프트웨어 기술성 평가 기준의 '상호협력' 평가요소(컨소시엄 구성의 적정성, 「소프트웨어산업 진흥법」에 의한 공제사업 재원 조성 참여, 소프트웨어 사업자 신고 제도의 성실한 이해) 중심으로 기술

3. 제안서 별첨 콘텐츠 유형

별첨은, 제안서 본문에 기술하기에 너무 상세하고 그 문서 양이 많아 별도로 모은 콘텐츠로, 제안요청서 요구에 따라 가변적이나 기본적으로 인력, 회사/재무, 제품, 수행실적 등을 포함한 문서를 의미한다.

별첨 유형 및 내용

구분	기술 내용
기술 관련 추가사항	• 구축 방안에 대한 상세 정보 • 제안사의 강점 강조 자료 (예: 선투입하여 작성한 산출물, 설계자료, 프로토타입(Prototype) 등) • 정보시스템 구축/운영 기술 적용계획표 등
제품 증빙	• 납품되는 장비 및 솔루션에 대한 상세 정보 • 기술지원확약서, 제품공급확약서, 제안제품설명서 등
인력 증빙	• 이력서, 자격증, 재직/경력증명, 참여인력 보안각서 등
회사/재무 증빙	• 재무제표(회계감사보고서), 신용평가 결과, 대외 인증서, 각종 상장(표창장) 등
수행실적 증빙	• 실적증명원 또는 계약서
기타 자료	• 상기 외 고객이 요구하는 자료

기술 증빙은, 제안요청서에 제시된 기술 부분의 상세내용을 정리한 문서로, 공공사업의 경우 '정보시스템 구축/운영 기술적용계획표'를 기준으로 작성한다.

제품 증빙은, 공급하는 제품이나 기술의 지원 확약서를 공급업체에서 수취하여 제출하는 것으로, 일반적으로 '기술지원/제품공급확약서', '제안제품설명서(브로셔)' 등의 문서가 있다.

인력 증빙에서는, 개인별 업무, 기술등급, 목표 투입공수/참여율 및 경력사항이 기술된 이력서를 제출한다.

회사/재무 증빙에서는, 제안요청서 요구 또는 기본적으로 제시가 필요한 증빙자료로 '감사보고서', '신용평가', '인증서', '가입증명서' 등의 문서가 있다.

수행실적 증빙에서는, 제안개요 부분에서 기술한 제안사의 실적에 대한 증빙자료로 납품실적증명원 문서 및 계약서로 갈음한다.

4.2 고객과 작성자의 사고를 결정하는 프레임, 콘텐츠 작성 유형 분석

고객 측면에서는 글의 가독력을 높이고, 제안서를 작성하는 측면에서는 사고의 방향성과 프레임Frame을 결정할 수 있도록 지원해주는 것이 바로 '글의 구조화'이다. 앞에서 언급한, 인간 사고의 메커니즘을 활용한 피라미드 구조, 그리고 시선의 흐름으로 고려한 콘텐츠 구성이 바로 그 예시이다.

콘텐츠 작성 측면에서의 유형은, PRDR Point-Reason-Doing-Result 구조에서 실행 방안Doing 부분에 어떤 콘텐츠 구조로 작성할 것인가에 대한 것으로, 이것은 결국 무의식적으로 익숙한 글의 유형을 활용하여 보다 경쟁력 있는 제안서를 작성하기 위한 것을 그 목적으로 한다.

1단 레이아웃의 콘텐츠 흐름 및 유형

상승형 콘텐츠 흐름

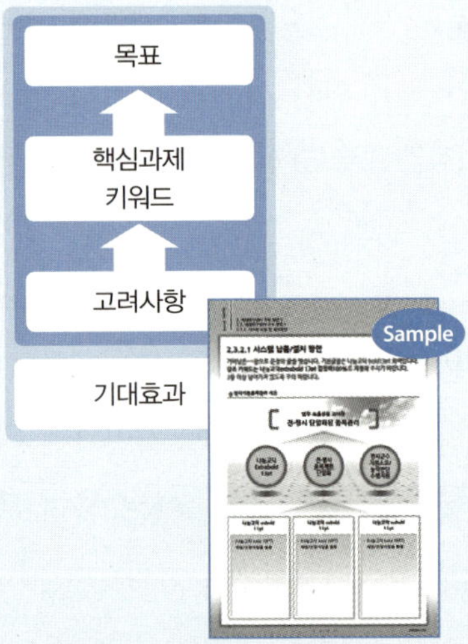

중앙집중형 콘텐츠 흐름

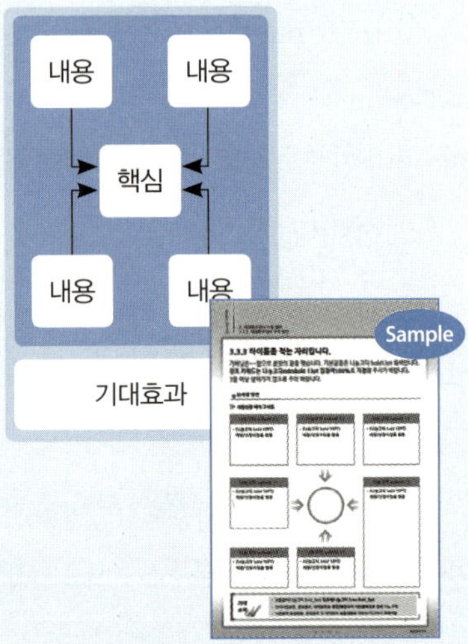

매트릭스 기반 우측 분석

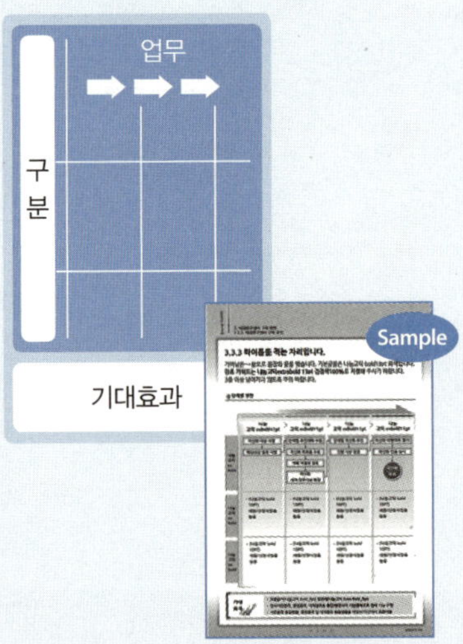

매트릭스 기반 하향 분석

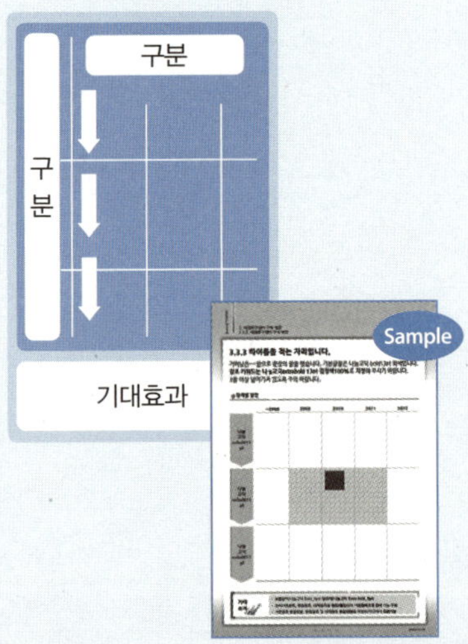

2단 가로 레이아웃의 콘텐츠 흐름 및 유형

분석을 통한 개선 방안 도출

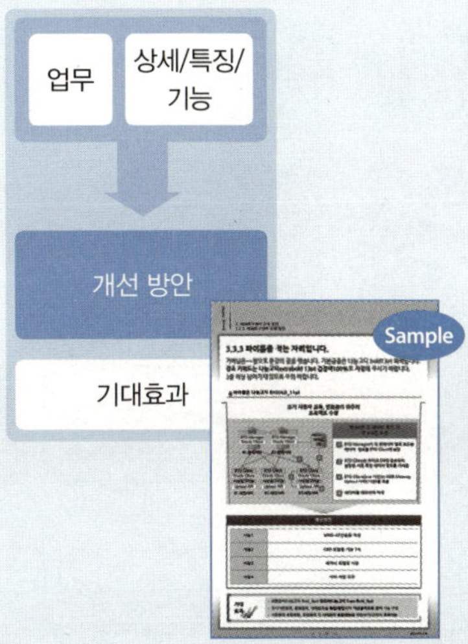

현재상황(As-Is)/미래방향(To-Be) 비교

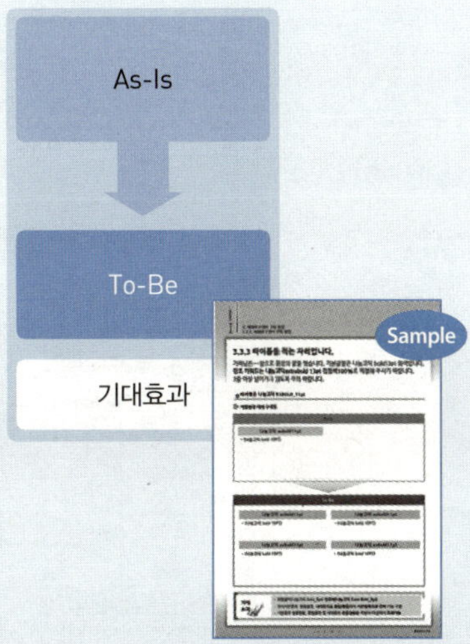

공통 상세설명 도출

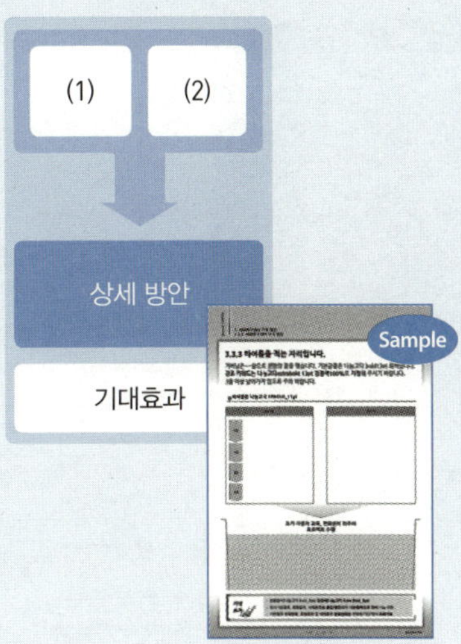

업무 상세설명

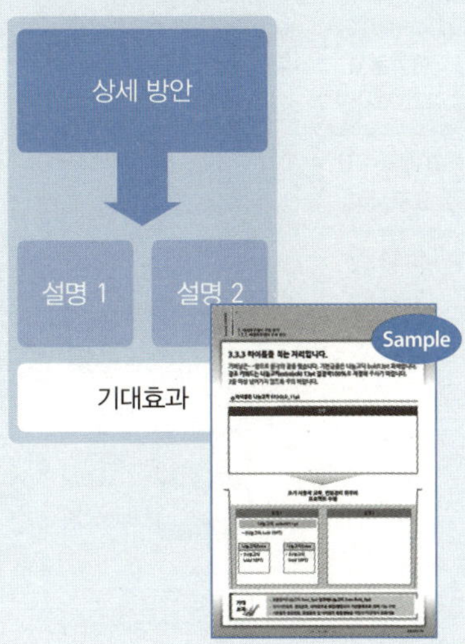

2단 세로 레이아웃의 콘텐츠 흐름 및 유형

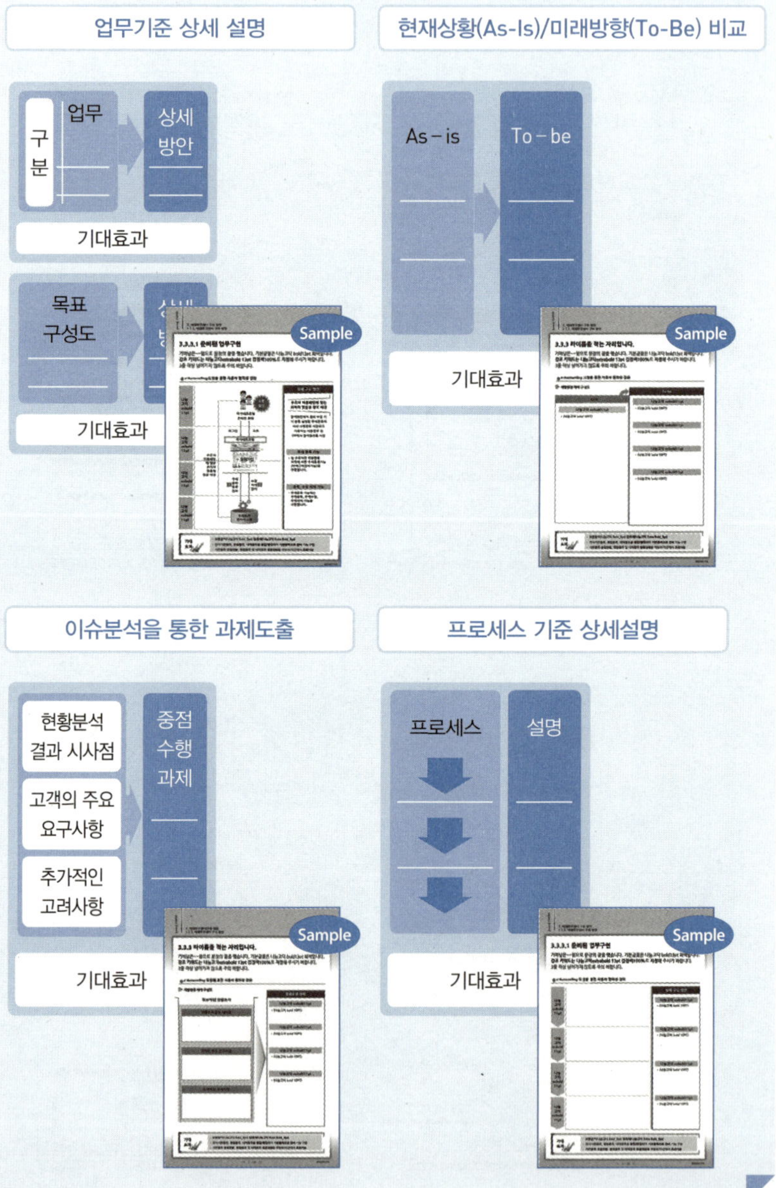

3단 가로 레이아웃의 콘텐츠 흐름 및 유형

방안별 설명

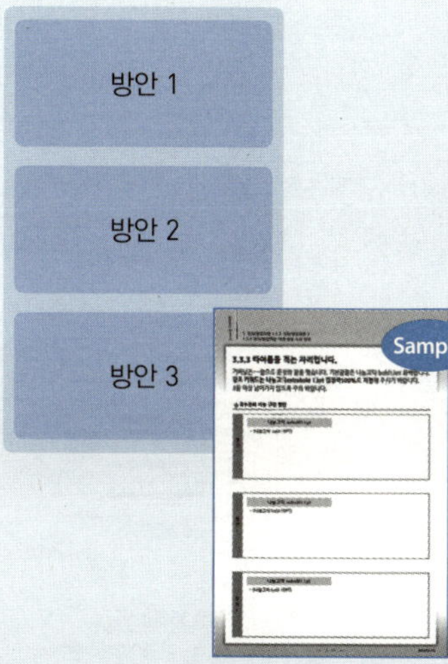

현재상황(As-Is)/미래방향(To-Be) 비교

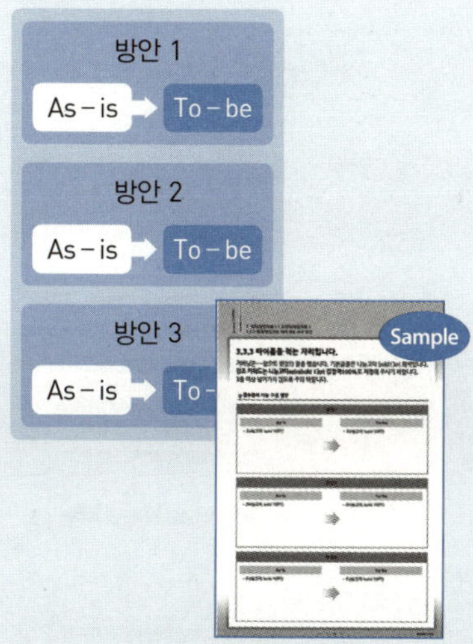

방안별 상세내용 설명

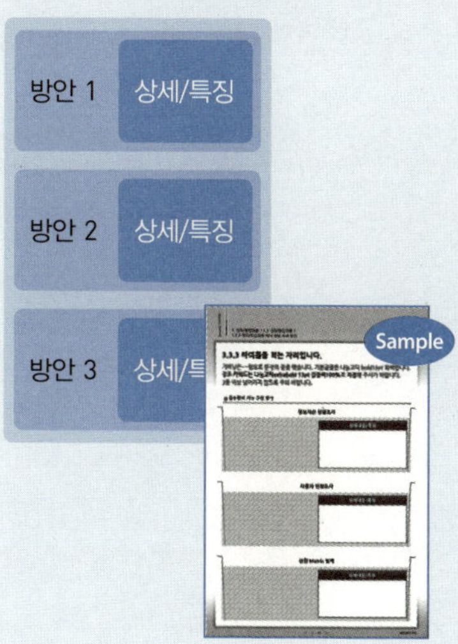

3단 세로 레이아웃의 콘텐츠 흐름 및 유형

업무별 상세설명

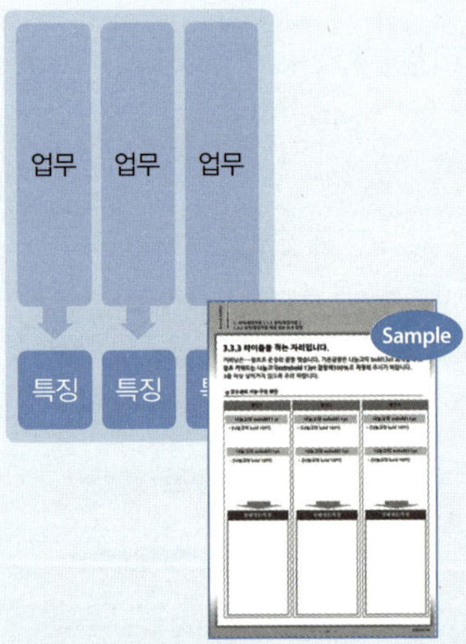

중심업무 기준 상세설명

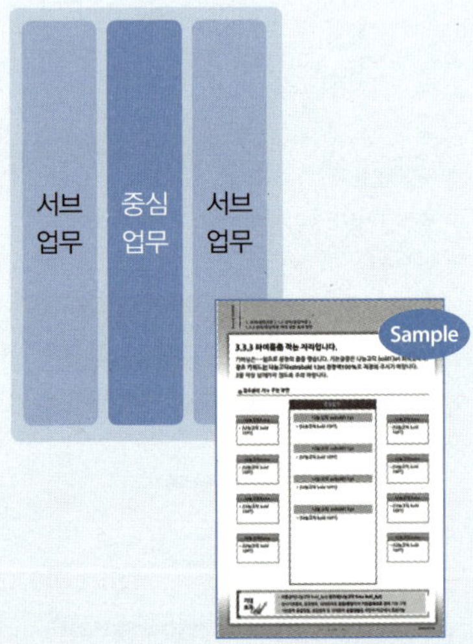

4단 레이아웃의 콘텐츠 흐름 및 유형

콘텐츠 그룹형 나열

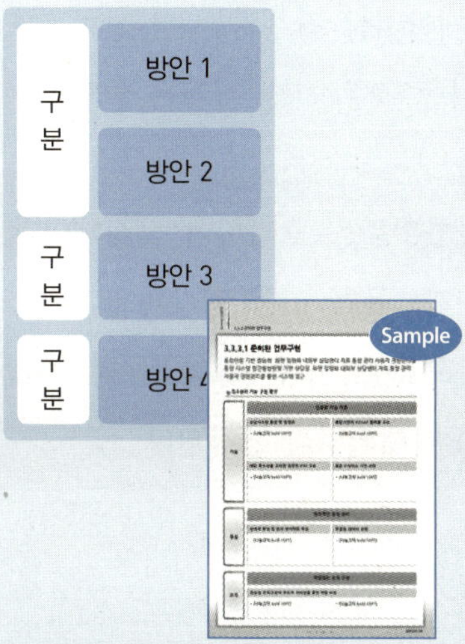

단순 콘텐츠 나열

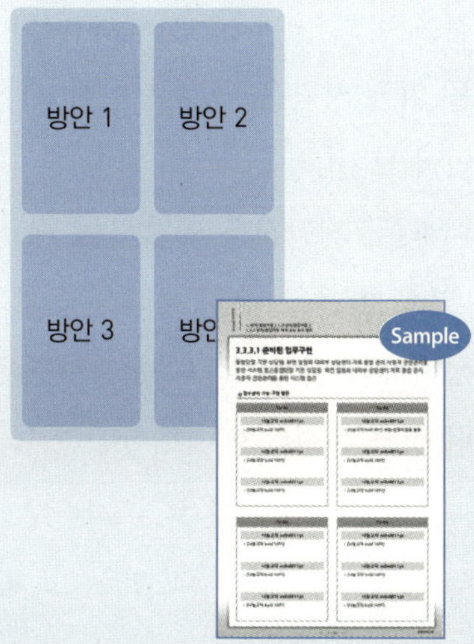

콘텐츠 간 연계성 나열

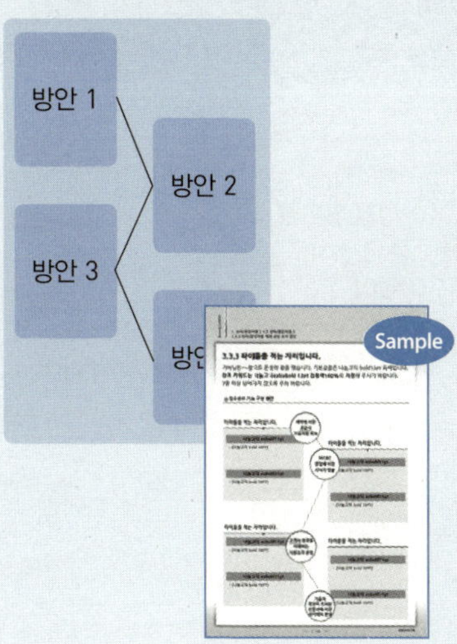

4.3 평가위원 관점 중심의 목차작성 유형 분석

모두가 이미 잘 알고 그리고 이해하고 있지만, 실천하기 어려운 것, 그것은 바로 평가위원을 고려하며 제안서를 작성하는 것이다. 그만큼 글을 읽는 사람을 생각하며 작성한다는 것은 분명 어려운 일임에는 틀림없어 보인다.

어째든, 제안서를 작성하는 데 평가위원을 고려하며 작성해야 한다는 것에 이견을 갖은 사람은 없겠지만, 목차 또한 평가위원 중심으로 작성해야 한다고 알고 있는 사람은 드물 것이다. 하지만, 평가위원이 어떤 평가 유형인지 이해한다면 쉽게 이해되리라 생각된다.

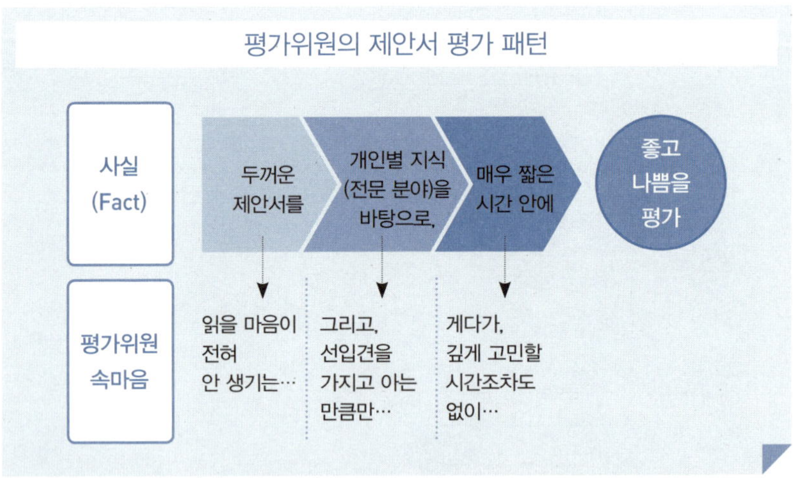

공공, 금융, 제조 등 산업별로 다소 차이가 있지만, 평가위원에게는 공통된 평가환경이 있다.

> [범위] 두꺼운 제안서를,
>
> [지식] 개인별 지식과 경험을 바탕으로,
>
> [시간] 비교적 짧은 시간에 평가한다.

이것을 평가위원 중심으로 보다 현실적으로 표현하자면,

> [범위] 상세하게 읽기에 너무 많은 양의 제안내용에 대해,
>
> [지식] 전체 제안내용을 하나하나 깊게 이해하는 데 모든 분야의 기술과 경험을 보유하고 있지도 않으면서,
>
> [시간] 100% 이해할 때까지 연구할 시간적 여유조차도 없이 평가한다.

이것은 필자가 오랜 기간 공공기관과 기업의 평가위원으로 활동하면서 현장에서 직접 몸으로 느낀 평가위원 입장에서의 고충이다.

따라서, 이러한 평가위원의 환경적 특징을 고려하여, 짧은 시간에 제안내용을 이해시키기 위한 전략적 접근이 있어야 높은 기술점수를 받을 수 있는 것이다.

목차 문장구성 노하우

목차를 작성하는 데 가장 중요한 것은 목차명만 보더라도 해당 장표의 전체 내용을 알 수 있도록 구성해야 한다는 것이다. 평가위원은 우리의 제안서를 100% 정확하게 판단하는 데 한계가 있기 때문에, 어떻게 하든 짧은 시간에 우리가 제시하는 제안내용을 통해 고객의 업무환경이 얼마나 좋아지는지, 그리고 경쟁사 대비 어떤 차별화가 있는지 설명하는 것이 매우 중요하다.

목차를 차별화하는 것에는 다음의 3가지 방법이 있다.

① 제목에 제안사의 주장을 담는다

② 고객의 요구사항을 제목에 포함한다

③ 고객의 기대가치를 제목에 담는다

주의할 점은 장황한 수식어는 반드시 배제해야 한다. 예를 들어, '세계 최고의 ○○○' 또는 '전무후무한 무결점 ○○○'와 같은 수식어를 사용하면 오히려 고객의 신뢰감을 떨어뜨릴 수 있다.

① 제목에 제안사의 주장을 담는다

['~이다'식의 제목]		['~을 하는 제안이다'식의 제목]
7. 개발환경 구축 방안 7.1 개발환경 구축 방안 7.2 개발환경 구성요소 확보 방안	➡	7. 개발환경 구축 방안 7.1 임대장비 도입을 통한 조속한 개발환경 구성 7.2 개발환경에서 데이터 구축 및 이전 방안

목차는 단답식과 같이 '~이다'식으로 작성하는 것보다는, '~을 하는 제안이다'의 서술형으로 작성해야 이해하기 쉽고 더 설득력이 있다. 왜냐하면, 해당 제안내용에 대한 사전 인지가 없는 평가위원이 콘텐츠를 해석하는 데 있어서, 사전 가이드를 제공해주는 역할을 할 수 있기 때문이다.

예시와 같이, '7.1 개발환경 구축 방안'으로 작성하는 것보다 '7.1 임대장비 도입을 통한 조속한 개발환경 구성'이 해당 페이지의 제안내용을 이해하는 데 더 도움이 되고, 나아가 더 높은 설득력을 가질 수 있는 것이다.

서술형으로 작성하는 방법의 포인트는 '목적+방법'으로 구성하는 것이며, 이것에 대한 상세한 내용은 「Chapter Ⅱ 본질적 경쟁력을 확보하는 전략을 수립한다」를 참조하기 바란다.

② 고객의 요구사항을 제목에 포함한다

[제안요청서RFP 발췌, 고객 요구사항]

바) 위험관리 방안

- 일정지연, 품질저하 등 위험 발생을 사전 예방하고 위험 발생 시 사후 대처 방안을 기술하여야 한다.
- 성능상 문제 등으로 하드웨어 또는 소프트웨어가 변경되는 경우에 대한 사후 방안을 기술하여야 한다.

[고객 요구사항을 제목에 반영]

8. 위험요소 관리 방안
   - 8.1 위험요소 대응 방안
   - 8.2 예상 위험 및 대응 방안
   - 8.3 하드웨어, 소프트웨어 등 변경에 따른 사후 방안

제안요청서상 요구사항의 내용을 반영하여 목차를 작성하는 것도 유용하다. 왜냐하면, 고객에게 이미 익숙한 언어(단어, 용어 등)을 사용함으로써 더욱 쉽고 빠르게 이해시킬 수 있기 때문이다.

이것은 예시와 같이, 제안요청서에 "하드웨어 또는 소프트웨어가 변경되는 경우에 대한 사후 방안을 기술하여야 한다."라는 요구사항이 있다면, 이것을 반영하여 '8.3 하드웨어, 소프트웨어 등 변경에 따른 사후 방안'으로 목차를 작성하는 것이다.

③ 고객의 기대가치를 제목에 담는다

[제안사 관점의 'How' 중심제목]		[고객 관점의 'Why' 중심제목]
가. 시험 수행 전략 1) 서비스별 시험일정 수립 2) 체계적인 시험절차 적용 3) 시험 전담팀 운영	➡	가. 시험 수행 전략 1) 조기안정화를 위한 기간 확보 및 통합시험 강화 2) 검증된 테스트 방법론을 적용한 체계적인 시험 3) 시험 전담팀에 의한 독립적, 객관적 시험 실시

보다 쉽게 고객에게 어필할 수 있는 목차 유형의 마지막으로, 고객의 관심사를 담아 목차를 작성하는 방법이 있다.

제안요청서상 하나하나의 업무에서 고객이 무엇을 원하는지는 사실 모두가 알고 있다. 생산성을 높이고 싶은지, 비용을 절감하고 싶은지, 아니면 안정성을 높이고 싶은지 말이다. 마찬가지로, 각 목차에서도 이러한 고객의 관심사를 반영하여 목차를 작성한다면 상대적으로 더 관심을 갖는 것은 당연할 것이다.

예시에서는, '1) 서비스별 시험일정 수립'을 고객의 관심사인 '조기안정화'를 반영하여 '1) 조기안정화를 위한 기간 확보 및 통합시험 강화'로 목차를 수정하여 보다 설득력 있게 구성하였다.

※ 장황한 수식어는 배제한다

[수식어로 꾸민 제목]		[구체적인 제목]
국내 최고 수준의 정보보호체계 확립	➡	시스템 영역별 7계층 보안 아키텍처 구성

역량과 기술력을 장황하게 강조한 목차는 비현실적으로 보여지고 사실Fact보다는 감성적으로 비춰질 수 있기 때문에, 기술적 방안을 제시하는 제안서와 같은 문서에서는 오히려 신뢰감을 떨어뜨릴 수 있다.

장황한 수식어가 들어간 대표적인 문장들은 아래와 같다.

- 국내 최고 수준의 체계
- 글로벌 최고 수준의 사업관리역량
- 세계 최고 선진 시스템
- 전무후무한 무결점 전문가 집단

예를 들어, '국내 최고 수준의 정보보호체계 확립'이라는 장황한 목차가 있다면, 보다 신뢰감과 현실적 느낌을 주기 위해 '시스템 영역별 7계층 보안 아키텍처 구성'과 같이 수정하는 것이 적절하다.

4.4 제안서 경쟁력 확보를 위한 품질점검

어떤 작업을 진행하든, 어떤 업무를 추진하든, 우리는 항상 직책자에게 검토를 받는다. 이것은 보고를 받는 직책자에게 확인을 받기 위해서이기도 하지만, 품질을 높이기 위한 하나의 과정이기도 하다.

제안작업도 마찬가지로, 제안서의 품질을 높이기 위해 프로젝트 관리자에게 리뷰를 받는 과정을 거친다. 다만, 제안업무의 특수성을 감안하여 일정한 원칙을 적용하여 리뷰를 진행해야 소기의 목적을 달성할 수 있다. 왜냐하면 제안의 경우, 매우 짧은 시간에 높은 품질의 문서를 작성해야 하는데, 리뷰 스케줄링을 제대로 하지 않는다면 제안품질을 높이는 데 한계가 있게 되고, 결국 실주의 빌미가 될 수 있기 때문이다.

단계별 품질점검

가장 효율적인 제안서 리뷰 과정은 3단계로 진행되는 것이 이상적이다.

1단계는, 제안착수 단계에 진행하며, 제안서 작성의 방향성 공유를 목적으로, 제안팀 전체 구성원을 대상으로 진행한다. 각각의 제안팀원 입장에서 담당하지 않는 부분이더라도 상대방이 어떤 업무를 어떻게 작성하고 있는지 들어야 사업 전체를 이해하는 데 유용하기 때문이다. 착수 단계에서는 목차 및 제안서 스토리보드 문서를 활용하여 공유하고 리뷰한다.

2단계는, 제안서 제출 7~10일 전 진행하는 것이 적절하며, 업무 단위(업무시스템, 인프라, 컨설팅 등)별 관련 제안팀원끼리 함께 진행한다. 1단계에서 전체 제안방향을 공유했으니, 2단계에서는 각 콘텐츠별로 좀 더 깊은 내용으로 리뷰해야 하며, 리뷰 방향의 포인트는 경쟁사 대비 어떤 차별화 포인트를 발굴하였는지를 확인한다. 또한, 개인별 작업속도를 점검하여 자원을 재분배해야 한다.

3단계는, 제안서 제출 3일 전에 진행하며, 제안팀원 개인별 작업 내용을 리뷰한다. 특히, 제안기간 내내 고민했던 경쟁사의 차별화 요소에 대해 얼마나 정량적으로 표현했는지 확인을 해야 한다. 투입인력 및 사업추진 일정이 어느 정도 마무리된 시점이므로 사업관리 분야의 숫자를 점검하며, 이 단계에서 '제안품질 점검결과서' 문서를 활용하여 제안서의 품질을 점검한다.

각 품질점검 단계를 진행하는 시점은 제안팀 상황에 맞게 유연하게 적용하면 된다. 중요한 것은, 제안서 리뷰를 공식적으로 3번 적용하지만, 비공식적인 품질점검은 업무의 난이도 및 구성원의 역량에 따라 상시로 진행해야 품질 및 일정을 확보할 수 있다.

단계별 품질점검 상세내용

품질점검 단계		품질점검 내용	활용 문서
1차	제안 착수 단계	제안의 방향성 공유를 위해 제안팀 전 구성원 함께 진행	• 목차, • 제안서 스토리보드
		• 목차 및 스토리보드에 기술된 내용과 방향성의 일치 여부 점검 • 차별화된 요소의 추가적 발굴 여부 점검	
2차	제출 7~10일 전	업무단위별 관련 구성원이 함께 진행	• 제안서
		• 1단계에서 점검한 콘텐츠 흐름이 제안서에 제대로 반영되었는지 중간점검 • 경쟁사 대비 차별화 요소 발굴현황 점검 및 협의 지속(추가 발굴을 위한 회의 병행) • 개인별 작성량과 작업속도를 고려한 자원 재분배	
3차	제출 3일 전	구성원 개인별 작성내용 점검	• 제안품질 점검결과서
		• 체크리스트를 중심으로 제안요청서 요건의 반영 여부 • 경쟁사 대비 차별화 요소의 정량적 기술 여부 • 인력 및 조직 등의 사업관리적 요소	

제안품질 점검결과서

제안서 작성을 하다 보면, 의도와 다르게 그리고 생각지 못하게 제안요청서에서 제시한 요구사항을 제안서에 100% 반영하지 못하는 경우가 종종 있다. 이것은 의도했다기보다는, 과도한 업무와 계속되는 야근으로 요건 하나하나를 챙기지 못했기 때문이다. 따라서, 제안요청서상 요건에 대해 제안서에 제대로 반영했는지 확인하는 과정이 반드시 필요하며, '제안품질 점검결과서'를 활용하여 품질을 점검하고 그 결과를 제안팀원과 공유 및 보완해야 한다.

반드시 지켜야 할 것은, 객관적 점검을 위해 제안팀 구성원 외 다른 인력이 점검을 해야 하며, 만약 별도의 지원 인력이 없다면, 제안팀원 간 담당한 영역을 서로 바꾸어 점검해야 한다. 또한, 3차 품질점검 단계에서 부족한 부분을 공유하고 보완할 수 있도록 프로세스를 가져가야 한다.

'제안품질 점검결과서'에는 ① 기술평가 기준별 품질점검, ② 제안요청사항별 품질점검 두 가지가 있다.

① 기술평가 기준별 품질점검은 제안요청서에서 제시한 평가항목을 기준으로 그 내용이 제안서에 세부 평가항까지 구체적으로 기술되어 있는지를 점검한다.

[양식 Ⅲ-5] 제안품질 점검결과서 – 기술평가 기준별 품질점검

Sample

대항목	종합목	평가 요소	해당목차 레벨 1	해당목차 레벨 2	점검결과 반영 여부	점검결과 수정/보완사항
개발 계획 부문	유사 분야 에서의 개발 경험	개발경험의 유사성	II. 제안업체 일반	4. 주요 사업실적 가. 유사 사업실적	부분 반영	'개발경험'에 대한 정의를 (1) (상품정보)DB구축/정비와 (2) 정보시스템 구축으로 정의 필요하며 구분하여 제시 필요 제안요청서 P68 별지서식 3 유사 분야 수행경험(최근 3년간) 양식 준수 필요 – 누락: 사업관리자 – 오류: 계약금액 단위
		개발 분야의 규모 및 역할		가. 유사 사업실적	부분 반영	'역할'은 일반적으로 주사업자인지, 부사업자인지 구분
		자체개발기술 등 관련 기술		(추가 필요)	미반영	별도 목차화하여 제시 필요
		상품정보 관련 사업수행 경험		(추가 필요)	미반영	별도 목차화하여 제시 필요
		ebXML 관련 업무수행 경험		(추가 필요)	미반영	별도 목차화하여 제시 필요
	개발 대상 사업의 이해도	개발목표 및 내용의 이해도	Ⅰ. 제안개요	1.사업의 이해	반영	–
		문제파악의 정확성	Ⅰ. 제안개요	1.사업의 이해	반영	–
		업무분석체계의 명확성	Ⅰ. 제안개요	4.사업의 범위	반영	–
		목표시스템 구성의 적정성	Ⅲ. 기술 부문	1.시스템 구성도	반영	–
		전자상거래 관련 표준이해도	(Ⅰ.제안개요)	(1.사업의 이해)		전자상거래 관련 표준(목록, 온돌로지, 데이터 교환 등)의 내용을 1장으로 요약반영 필요 – 제안개요에 반영 필요
		제안요청서와의 부합성	Ⅰ. 제안개요	3. 수행범위	반영	단, 사업의 범위가 제안요청서 내용 '표현'과 상이하므로 일치 필요 – 제안요청서 P2~3 내용 또는 제안요청서 P14~18의 목차 내용과 일치 필요
	개발 전략	추진전략의 창의성	Ⅰ. 제안개요	4. 사업추진전략	부분 반영	사업추진전략 각각의 '방안'(1~10)은 적어도 단순 텍스트가 아니라, 가시적으로 보여줄 수 있도록 형상화하여 최소한 반 페이지(1/2) 분량으로 작성 필요
		추진전략의 창의성				
		적용기술의 혁신성				
		적용기술의 최신성				
		제안기술의 실현가능성				
개발 부문	기능 및 성능	기능요구 충족도	Ⅲ.기술 부문	–	반영	–
		성능요구 충족도			반영	–
		운용요구 충족도			반영	–
		표준요구 충족도			반영	–
	데이터 정비 방안	상품정보 표준화 방안 적절성	Ⅲ.기술 부문	3. 상품정보 표준체계 정비 방안 가. 분류체계 정비 방안	반영	–
		상품정보 정비 방안 적절성		다. 데이터 정비 방안	반영	–
		데이터 품질관리		라. 데이터 품질관리 방안	반영	–

② 제안요청사항별 품질점검은 제안요청서에서 제시한 요구사항을 기준으로 구체적인 내용이 기술되어 있는지를 점검한다.

[양식 Ⅲ-5] 제안품질 점검결과서 – 제안요청사항별 품질점검

Sample

대항목	중항목	소항목	해당목차		점검결과	
숫자 레벨	가. 레벨	네모/동그라미/하이픈 레벨	레벨 1	레벨 2	반영 여부	수정/보완사항
4.사업 내용	가. 목표 시스템		Ⅲ.기술 부문	1.시스템 구성도	–	–
	나. 개발 대상 업무	상품 관련 표준체계 정립 및 기존 자료 – 상품 관련 표준체계 정립 구분: 상품 관련 표준체계 정립 내용: 물품분류 표준화		3. 상품정보 표준 체계 정비 가. 분류체계 정비 방안	반영	–
		내용: 국제표준 상징		3. 상품정보 표준 체계 정비 나. 속성정보 정비 방안	반영	–
		내용: 속성 표준화 현행 대/중/소 세분류별 속성 그루핑 체계 정의			보강 필요	해당 내용의 목차가 '설명'이 불일치하므로, 일관성 있게 수정 필요 – 현재 목차: 나) 계층적 속성체계 설계 미흡으로 온톨로지 확장이 어려움 → 목차를 '현행 대/중/소~'로 변경 고려
		구분: 상품정비 방안 수립		3. 상품정보 표준 체계 정비 다. 데이터 정비 방안	반영	–
		기존 조달청 보유 상품정보 정비			–	–
		구분: 상품정보 정비 내용: 기존 데이터			반영	–
		내용: 신규속성 수집			반영	–
		구분: 품질관리 내용: 품질관리 도구 도입		3. 상품정보 표준 체계 정비 라. 상품정보 품질 관리 방안	반영	–
		내용: 정비된 데이터 품질관리 – 정비된 데이터 품질측정			반영	–
		정비된 데이터 품질평가 통한 재정비			미반영	앞의 3.가,3.나 목차 전개와 동일하게 제안요청서 '설명' 각 항목별 '목차화'하여 내용 제시 필요
		기존 데이터 품질평가 통한 정비대상별 품질평가 수행			미반영	(상동)
		내용: 표준체계 반영 개선 – 분류별 속성체계 적용 위한 기존 시스템 기능 개선		나. 업무개발 방안 2) 지능형 상품정보시스템 개선 가) 표준체계 반영에 따른 기능 개선	미반영	(상동)
		프로세스 변경			반영	–
		표준체계 관리기능 재구축			반영	–
		상거래 관련 속성처리기능 신규 구현			반영	–
		상품공급업체 정보 및 가격 정보 관리			반영	–
		상품정보 저장장치 기반 구축		나. 업무개발 방안 2) 지능형 상품정보시스템 개선 가) 표준체계 반영에 따른 기능	–	–
		구분: 지능형 상품정보시스템 개선		나) 이원화된 기능 및 데이터 통합	–	–
		내용: 이원화된 기능 및 데이터 통합			보강 필요	–
		목록 데이터베이스와 온톨로지 데이터베이스 통합			보강 필요	–
		온톨로지 재구축			보강 필요	목차상, 내용상 기존 온톨로지 데이터 실시간 처리 구축에 해당되는 내용 찾을 수 없음 – 해당 내용을 '목차화'하여 내용 추가 – 무엇과 무엇이 실시간 연계되는지 명확히
		기존 온톨로지 데이터 동기화의 실시간				

4.5 반드시 지켜야 할 제안서 작성의 10개 원칙

지금까지 우리는 경쟁력 있는 제안서를 작성하기 위한 방법, 즉 '제안서 구성 유형', '콘텐츠 유형', '목차 수립 전략' 그리고 '품질향상을 위한 방안'에 대해서 살펴보았다.

이 외에, 제안서 작성 시 우리가 흔히 하는 실수 그리고 놓치기 쉬운 10가지 핵심 스킬Skill에 대해 살펴보고자 한다.

1st. 강조할 곳은 도식화하여 차별화한다
2nd. 여백의 미를 최대한 활용한다
3rd. 인지심리 기반으로 콘텐츠를 작성한다
4th. 전문용어의 잦은 사용은 고객을 무시하는 것이다
5th. 가독력은 콘텐츠의 그루핑과 정렬에서 시작한다
6th. 한 번에 완성하려고 하지 마라
7th. 두 줄이 되는 문장에 짜증을 내라
8th. 재작업Rework의 최소화는 반복적 공감뿐이다
9th. 먼저 프로토타입을 작성하여 배포하라
10th. 용어와 단어를 통일시켜라

1st. 강조할 곳은 도식화하여 차별화한다

도식화를 하는 목적은, 키워드를 중심으로 콘텐츠를 구조화하여 어려운 제안내용을 보다 쉽고 빠르게 이해할 수 있도록 구성하는 것이라고 앞에서 이미 설명하였다. 이것은, 결국 평가위원으로 하여금 제안내용을 일일이 해석하지 않고, 좀 더 쉽게 이해하고 평가할 수 있도록 배려하는 것을 의미한다.

간단한 예로 키워드 중심으로 도식화한 사례를 살펴보자.

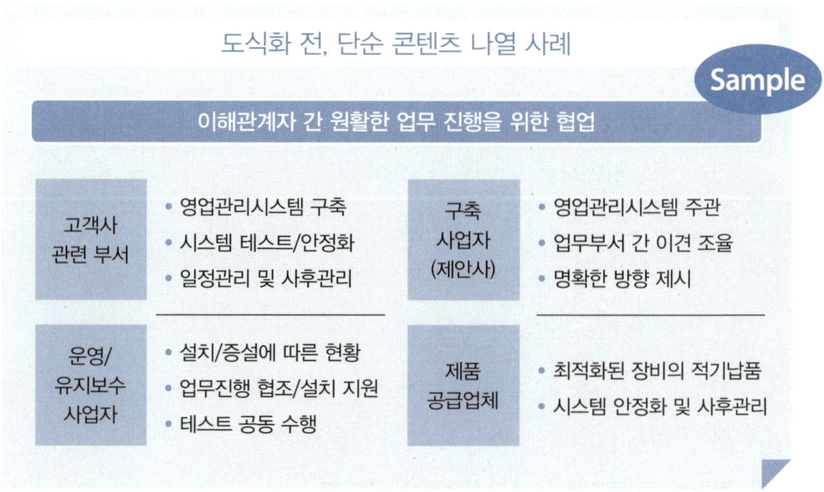

예시에서는 원활한 업무진행을 위해 각 이해관계자 간 협업이 필요하며 어떤 역할을 해야 하는지 기술하고 있다. 하지만, 각자 역할만을 강조하고 있을 뿐 전달하고자 하는 '키워드'가 무엇인지 명확하지 않고, 구성 또한 나열식으로 배치되어 있는 한계가 있다.

이것을 도식화하며 표현한다면, '소통과 협업'이라는 키워드를 중앙에 배치하고 흩어져 있던 이해관계자를 중앙에 구성하여 전달하고자 하는 의미를 반영하여 구성하였다.

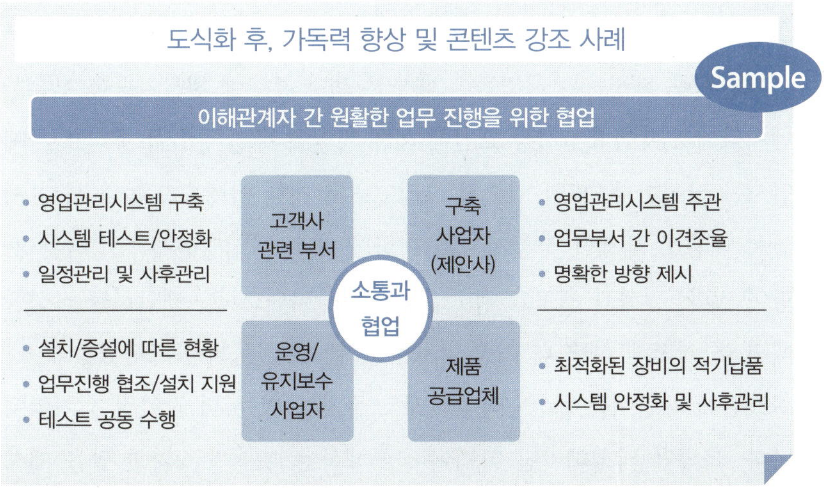

단지 글자의 위치를 바꾸고 키워드 하나만을 추가했을 뿐이지만, 전체적인 느낌과 전달력 측면에는 차이가 있음을 쉽게 알 수 있다.

2nd. 여백의 미를 최대한 활용한다

제안서를 작성하는 사람들은 대부분 해당 분야에 전문기술을 보유한 엔지니어로 제안요청서상 요건에 대해 기술적 해결 방안을 중심으로 제안서를 작성한다. 또한 기술적 그리고 업무적인 이해도가 높다 보니 제안서 내용도 세세한 부분까지 고민하며 매우 디테일하게 작성하는 경향이 있다. 필자가 프로그래머 업무를 담당하던 시절, 제안서를 작성할 때면 늘 어떻게 하면 더 기술적 표현을 할 수 있을까를 고민했었고, 자연스럽게 제안서는 좀 더 복잡해지고 글자 크기는 더 작아졌던 기억이 난다. 그렇게 작성해야만 고객이 궁금해하는 부분에 정확한 답을 제시할 수 있고, 나아가 우리의 기술력을 인정해줄 것이라고 생각했기 때문이다.

하지만, 고객은, 어찌 보면 세부적인 기술적 내용에 대해 깊숙한 이해를 하고 싶지 않을 수도 있다. 왜냐하면, 그렇게 복잡하고 어려운 것은 제안사가 알아서 해결해주길 바라기 때문이다.

따라서, 제안서를 작성할 때에는 좀 더 쉽고, 여백의 미를 최대한 살려 제안서를 작성하는 것이 진정 고객을 배려하는 것이고, 결국 고객에게 "개념있게 잘 썼다."라는 좋은 평가를 받을 수 있는 것이다.

3rd. 인지심리 기반으로 콘텐츠를 작성한다

이미, 앞부분에서도 인지심리학적으로 글을 이해하고 기억시키는 데 가장 중요한 것이 인과관계 중심의 이야기 구조(Stephen K. Reed)이며, 이것을 PRDRPoint–Reason–Doing–Result로 구현할 수 있다고 설명하였다.

이 외에도 사람의 뇌 기능에 따른 작성전략도 필요하다. 잘 알고 있듯이, 사람의 뇌는 좌뇌와 우뇌로 나뉘며, 좌뇌는 언어를 인식하고, 우뇌는 이미지를 인식한다.

- 좌뇌: 지적 능력인 추리, 계산 등의 논리적, 언어적인 기능
- 우뇌: 그림을 그리거나 행동하는 학습에 익숙하며, 직관적 판단을 하는 기능

특이한 점은, 이러한 뇌 기능과 시야는 서로 반대로 위치하여, 좌뇌로는 우측 시야 정보가, 우뇌로는 좌측 시야 정보가 투사된다고 한다. 이것을 제안서 작성 측면에서 표현하자면, 언어적 기능을 담당하는 좌뇌는 우측 시야 정보가 들어오니, 문서의 우측에는 좌뇌가 인식하기 좋은 텍스트가 위치해야 하며, 이미지적 기능을 담당하는 우뇌는 좌측 시야 정보가 투사되므로, 장표의 좌측에는 우뇌가 인식하기 편한 이미지가 배치되어야 한다는 것을 의미한다.

좌뇌/우뇌의 법칙을 활용한 콘텐츠 구성

Sample

좌/우뇌 법칙에 어긋난 사례

실행 방안 07

맞춤형 시스템 구축

사내(In – House) 개발을 통한 최적화 방안

구축 방향의 특장점

- 인적 정보의 체계적 관리가 되도록 시스템을 구축하며, 인사정보를 효율적으로 관리 할 수 있도록 구성
- 경영상 필요한 자료의 신속한 파악을 위해 통합적 관리
- 부서별, 직급별, 연령별 인사 통계 및 급여 지급 구축 방향

구축 방향

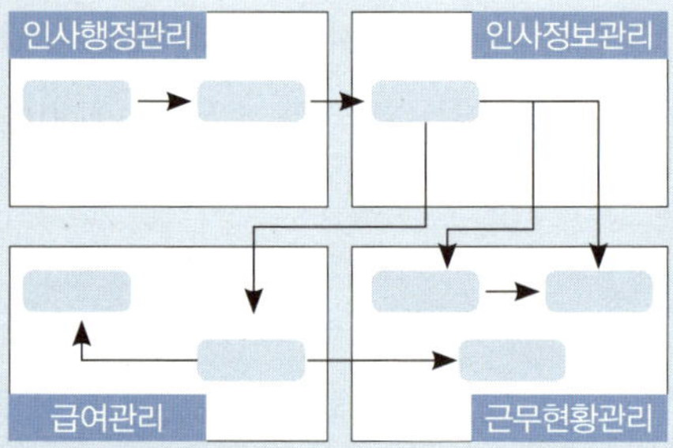

텍스트 | 이미지

좌/우뇌 법칙에 따른 배치

실행 방안 07

맞춤형 시스템 구축

사내(In – House) 개발을 통한 최적화 방안

구축 방향

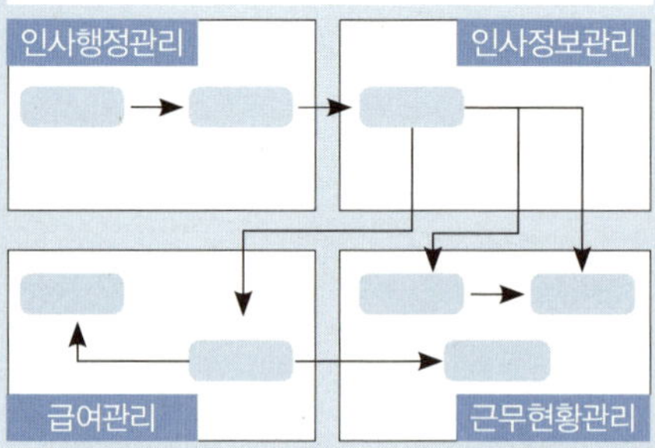

구축 방향의 특장점

- 인적 정보의 체계적 관리가 되도록 시스템을 구축하며, 인사정보를 효율적으로 관리 할 수 있도록 구성
- 경영상 필요한 자료의 신속한 파악을 위해 통합적 관리
- 부서별, 직급별, 연령별 인사 통계 및 급여 지급 구축 방향

이미지 | 텍스트

시선의 흐름을 고려한 콘텐츠 배치와 관련하여, 예시를 들어 한 번 더 설명하고자 한다.

사람의 시선은 위에서 아래로, 좌에서 우로 흐르기 때문에 이 원칙을 어긴 장표를 보면, 무의식적으로 긴장하고 불편함을 느끼게 되어, 결국 가독력을 떨어뜨리게 된다. 따라서, 장표를 작성할 때는 시선의 흐름을 고려해야 한다.

시선 이동에 따른 콘텐츠 구성

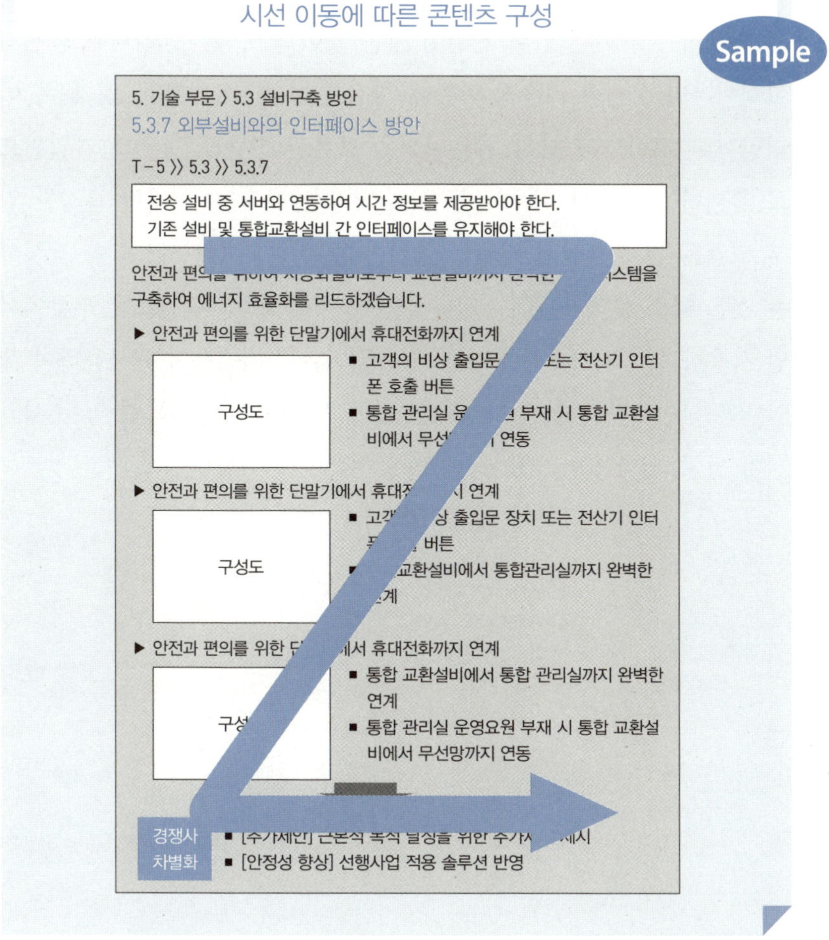

4th. 전문용어의 잦은 사용은 고객을 무시하는 것이다

고객이 해결하지 못하는 문제, 고민거리에 대해 기술적 방안을 제시하는 제안서에는, 전문적 용어와 단어가 들어가는 것은 어찌 보면 당연해 보인다. 정확히 말하자면, 그런 전문적 용어와 단어가 들어가지 않는 것이 오히려 더 문제라고 할 수 있다.

하지만, 앞에서 언급했듯이, 고객은 상세한 기술적 내용보다는, 이 프로젝트를 통해 업무가 얼마나 개선되는지, 고객사에 어떤 기대효과가 발생하는지에 대해 더 관심이 많을 것이다. 물론, 엔지니어 출신의 고객이라면 상세한 기술적 방안에 관심을 보일 수 있지만, 문제는, 이러한 세부적인 기술까지 전문지식을 보유한 고객의 경우 평가위원으로 참여하는 경우는 매우 드물다는 것이다. 따라서, 이러한 특정한 일부 고객을 위해 제안서 전체를 알기 힘든 전문용어를 사용하여 작성하는 것은 다소 문제가 될 수 있다. 전문용어를 쓰되 꼭 필요한 부분에서만 사용하고, 그 외의 부분에는 다소 일반화된 기술용어를 사용하여 제안내용을 이해하기 쉽게 작성하는 것이 오히려 더욱 설득력 있는 제안서가 될 수 있다(참고로, 기술된 전문용어는 약어집에 상세히 설명).

5th. 가독력은 콘텐츠의 그루핑과 정렬에서 시작한다

인간 사고활동 메커니즘의 기본은 구조화이다. 이것이 의미하는 것은, 여러 개가 흩어져 있는 것보다는 정렬되고 구조화된 것을 더 빠르게 이해할 수 있다는 것이다. 왜냐하면, 각 정보를 특정한 논리적 형태로 분류하는 것이 해당 내용을 이해하고 수용하는 데 더 쉽고 빠르기 때문이다.

따라서, 제안서를 작성할 때에도 유사한 유형끼리 그루핑한다면, 더욱 세련된 제안서가 될 수 있다.

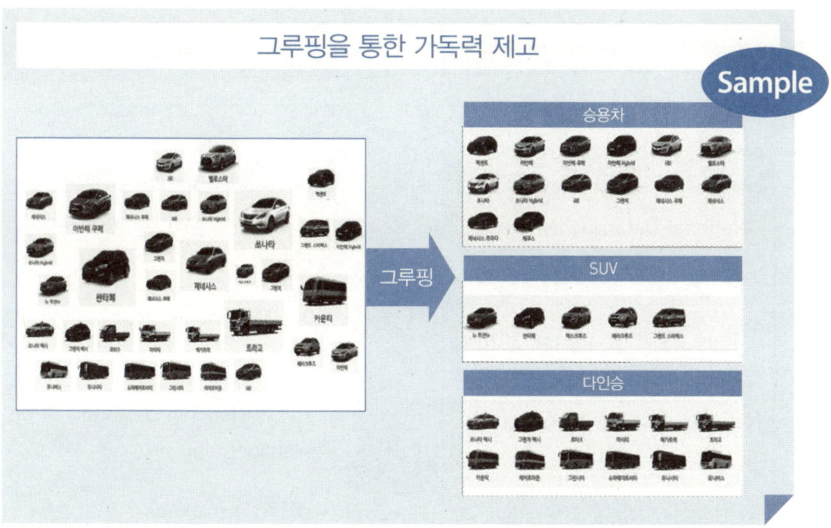

또한, 그루핑 외 단지 콘텐츠의 정렬만으로도 가독력을 높일 수 있다. 다음 예시는, 고객사 및 수행경험과 관련된 리스트로, 간단하게 정렬만 적용했지만 보는 느낌에는 많은 차이가 있음을 알 수 있다.

정렬을 통한 가독력 제고

Sample

Clients

정렬

Clients

Ministry of Security and Public Administration	Ministry of Education
Ministry of Land, Infrastructure and Transport	Ministry of Justice
Ministry of Trade, Industry & Energy	Statistics Korea
National Emergency Management Agency	Supreme Prosecutor's Office Republic of Korea
Ministry of National Defense	Defense Acquisition Program Administration
National Computing & Information Agency	Korea Post

Reference

- National Data Quality Mgmt., 2018
- Korea e – Gov. Portal, 2010
- National Disaster Management, 2019
- e – Census, National Statistics , 2017
- e – Gov. Standard Framework, 2008
- Business Support One – Stop Service, 2015

정렬

Reference

- 2018 | National Data Quality Mgmt.
- 2010 | Korea e – Gov. Portal
- 2019 | National Disaster Management
- 2017 | e – Census, National Statistics
- 2008 | e – Gov. Standard Framework
- 2015 | Business Support One – Stop Service

6th. 한 번에 완성하려고 하지 마라

모든 문서작업이 그러하겠지만, 제안서 또한 한 번에 모든 사람이 만족하는 제안서를 작성하는 것은 현실적으로 불가능하다. 해당 업무에 매우 상세한 지식과 경험을 갖고 있더라도 제안서를 작성한다는 것 자체가 어려운데, 하물며 익숙하지 않은 분야라면 더더욱 어려울 것이다.

단시간 내에 품질 높은 제안서를 작성하는 가장 좋은 방법은, 직책자와의 공식적인 리뷰 외 개인적 리뷰를 세 번 정도 진행하는 것이다. 이렇게 하기 위해서는 빠른 초벌작업이 매우 중요하다. 그 내용에 다소 부족함이 있어도, 도식 안에 텍스트를 일부만 기술하더라도, 콘텐츠의 방향성을 잡고 최대한 속도를 내서 초벌을 완성한 후, 직책자에게 검토를 받고 보완하면서 작업을 진행해야 한다. 만약, 초벌작업을 하는데 내용을 기술할 정도로 업무분석이 되지 않았다면, 목업Mock-up 장표 수준이라도 작업을 한 후 리뷰하는 것이 좋다. 왜냐하면, 제안서 작성의 방향성과 각 페이지에서 콘텐츠의 구조를 수립하는 것(말 그대로, 무엇을 어떻게 쓸 것인가의 문제)이 실제 콘텐츠를 작성하는 것보다 더 어려운 문제이기 때문이다.

제안서를 작성하는 데, 처음부터 한 장 한 장 심혈을 기울여 작업한다면, 그리고 모든 과업범위를 연구, 분석하여 완전히 이해한 후 작업한다면, 아마 어느 누구도 제안서 제출일에 맞게 할당된 작성 분량을 완성하지 못할 것이라 확신한다.

7th. 두 줄이 되는 문장에 짜증을 내라

일반적으로, 사람들에게는 글을 읽는 데 조금 특이한 심리가 있다. 그것은 바로 장황하고 긴 문장보다는, 간결하고 정렬된 문장을 훨씬 편하게 읽고 선호한다는 것이다.

장황한 문장과 간결한 문장의 차이는, 사례를 보면 쉽게 이해가 되리라 생각된다. 하나는 작성자를 중심으로 하여 상대적으로 길게 서술하고 있으나, 다른 하나는 되도록 한 줄을 넘지 않게 정렬하여 작성을 하고 있다.

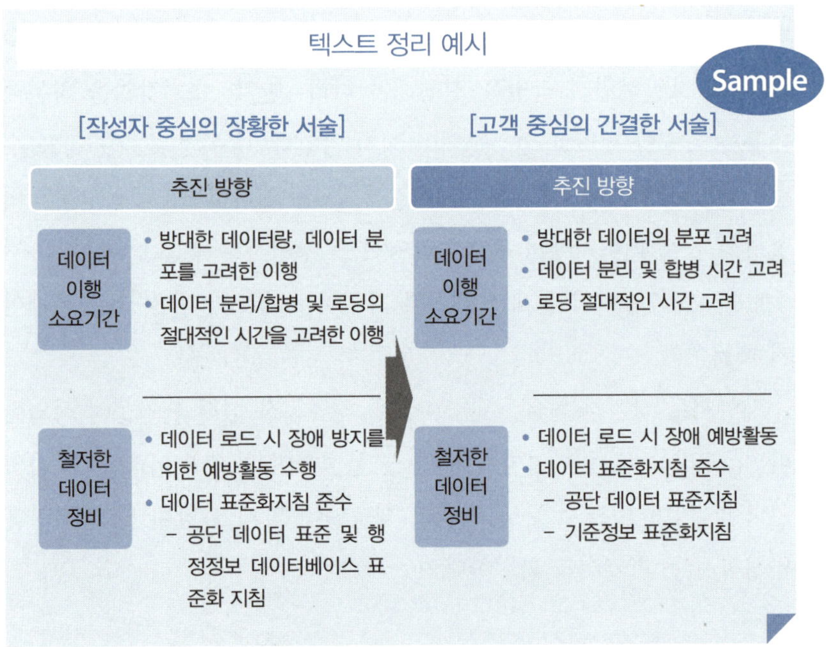

사실, 설명을 길게 작성한다는 것은 고객의 이해를 돕기 위한 것임에는 분명하다. 하지만, 단어 한두 개를 삭제한다고 해서, 그리고 두 줄로

된 하나의 문장을, 두 문장으로 나누어 작성한다고 해서 그 의미가 왜곡되지는 않는다.

물론, 예시와 같이 제안서를 작성하는 데 있어서 모든 문장을 한 줄로 표현하는 것은 불가능하다. 하지만, 그 의미를 유지하는 범위 안에서 최대한 간결한 문장으로 작성하고, 각 문장을 정렬되게 표현한다면, 고객으로 하여금 글을 읽는 심적 부담감을 줄이고, 좀 더 읽기 편하도록 배려하여 결국, 가독력을 높이는 역할을 할 수 있다.

8th. 재작업Rework의 최소화는 반복적 공감뿐이다

제안서 작업에는 현실적으로 재작업Rework이 없을 수 없다. 작성 시간도 충분치 않고 담당한 작성분량도 많은데, 재작업의 양이 많으면 정말 답답한 마음이 드는 것이 사실이다. 특히 모든 사람이 관심을 갖는 프레젠테이션 작업을 할 때면 밤을 새워가며 재작업을 하곤 한다. 이렇게 재작업이 발생하는 이유는, 사람마다 생각이 조금씩 다르듯, 직책자와 작성자 간 사업을 바라보는 방향성이 조금씩 다르기 때문이다. 이것은 각자의 전문 분야가 다르고, 경험한 프로젝트가 다른 것에서 기인한 관점의 차이라고 할 수 있다.

그럼, 이런 재작업을 최소화할 수 있는 방법은 무엇이 있을까? 그것은 오직 하나, 검토할 직책자와 반복적인 공감을 갖는 것뿐이다. 제안서 작성 전에는, 업무방향성에 대해서 공유하고, 작성 중에는 목업Mock-up 장표를 작성하여 콘텐츠 흐름과 내용에 대해 공감한 후, 작성이 완성된 후에는 최종적으로 콘텐츠에 대해 확인을 받아야 한다. 물론, 궁금한 것이 있다면, 중간중간에 확인을 받고 의견을 들어야 하며, 자유로운 대화를 위해 공식적인 리뷰 시간보다는 복도나 식사 자리 등의 사적인 상황에서 물어보는 것이 유용할 때가 많다.

중간중간에 검토를 받는 과정은 직책자의 생각을 알아내는 것도 있지만, 내 생각을 직책자에게 설득시키는 역할을 하기 때문에, 서로의 생각을 절충함으로써 재작업을 줄이는 데 매우 효과적이다.

9th. 먼저 프로토타입을 작성하여 배포하라

제안서를 작성하다 보면, 동일 구조의 콘텐츠가 반복되는 경우가 있다. 대표적인 경우가 여러 업무시스템에 대해 하나하나 구축 방안을 설명하거나, 투입되는 장비의 상세기능 등을 기술할 때이며, 예를 들어 다음과 같은 경우이다.

업무시스템 구축 방안의 반복된 콘텐츠

Sample

업무시스템 개발방안

3. 'AAA 시스템' 개발 방안
- 3.1 개요
- 3.2 업무흐름도
- 3.3 기능구현 방안
- 3.4 요구사항 적용 방안

4. 'BBB 시스템' 개발 방안
- 4.1 개요
- 4.2 업무흐름도
- 4.3 기능구현 방안
- 4.4 요구사항 적용 방안

5. 'CCC 시스템' 개발 방안
- 5.1 개요
- 5.2 업무흐름도
- 5.3 기능구현 방안
- 5.4 요구사항 적용 방안

각 업무시스템 구축 방안에서 '개요', '업무흐름도', '기능구현 방안', 그리고 '요구사항 적용 방안'이 반복을 이루고 있다.

이런 경우에는 제안내용의 일관성 유지 및 작성시간을 단축하기 위해 일정한 작성 틀을 제공하여야 하며, 이것을 '프로토타입'이라고 한다.

반복된 콘텐츠 구조를 위한 프로토타입 예시

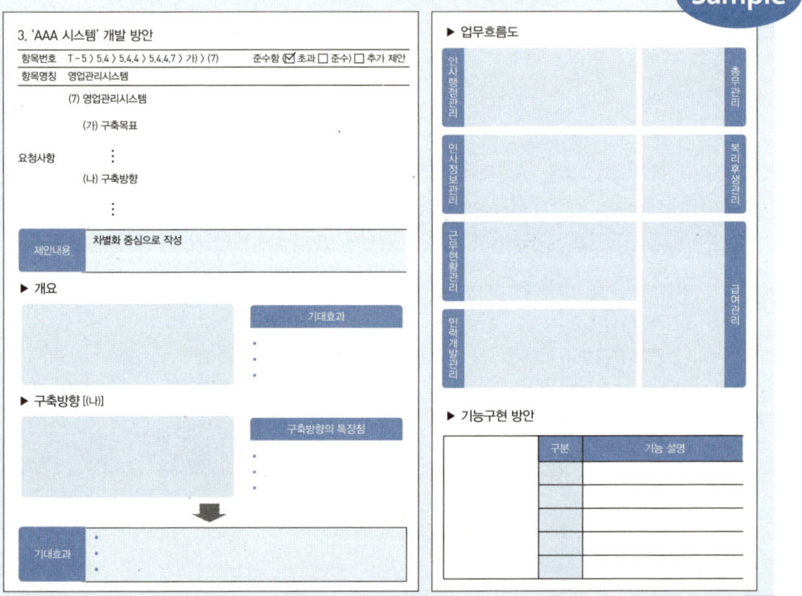

프로토타입 작업의 장점은 목업 장표를 통한 제안내용의 일관성 유지 및 작성시간의 단축 외에도, 평가위원으로 하여금 다음 페이지에서 진행될 콘텐츠를 예측할 수 있게 만드는 역할을 한다.

또한, 익숙한 구조가 전개됨에 따라 콘텐츠를 해석할 필요 없이 쉽게 이해할 수 있어 결국 가독력을 높이는 역할도 한다. 이러한 프로토타입은, 패턴화된 구조의 콘텐츠를 미리 파악하여 템플릿을 제작할 때 함께 배포하는 것이 적절하다.

10th. 용어와 단어를 통일시켜라

많은 양의 제안서를 혼자서 작성하는 경우는 없을 것이다. 일반적으로 업무별로 담당자를 두어 제안서를 작성하거나, 제안팀원이 부족한 경우라면 협력업체 컨설턴트 또는 엔지니어들과 함께 작업을 진행한다. 이렇게 여러 팀원과 작업을 할 때 주의할 것은 문서의 일관성을 유지하는 것으로, 템플릿과 프로토타입 등을 제작하여 배포하는 것도 모두 이러한 이유 때문이다.

문서의 일관성을 위해 추가적으로 필요한 것이 바로 용어와 단어의 일관성이다. 이것은 동일한 의미로 활용되지만 다르게 표현되는 것들을 하나의 용어와 단어로 사용하는 것을 의미하며, 그 예는 다음과 같다.

- [외래어] 리스크 ↔ Risk
- [외래어] 소싱 ↔ Sourcing
- [외래어] PT ↔ 프레젠테이션 ↔ 프리젠테이션
- [외래어] 밴더 ↔ 벤더
- [제안사명] 제안사 ↔ 당사 ↔ ○○○사
- [고객사명] 고객사 ↔ ○○○사
- [전체 이름 & 축약된 이름] 금감원 ↔ 금융감독원

혼용되는 단어 및 용어 중에서, 어느 것이 더 옳다라기보다는 어떤 것을 표준으로 사용하는지를 정의하는 것이 중요하다. 하지만 '금감원'과 같은 축약된 단어는 사용을 지양하며 가급적 전체 이름Full Name으로 기술하는 것을 추천한다. 이러한 혼용된 단어 및 용어는 리뷰 시 적어두었다가 출력 전에 한 명이 담당하여 일괄적으로 수정하는 것이 적절하다.

사소한 것으로 보일 수 있으나, 힘들게 작성한 제안서의 품질을 떨어뜨리는 역할을 할 수 있으니 꼭 점검하기를 권한다.

4.6 작성 기간과 자원을 고려한 요약서 작성

모든 제안요청서에서는 제안서 외 요약서 제출을 요구한다. 경우에 따라 요약서가 프레젠테이션을 대체하는 경우가 있으나, 어쨌든 반드시 작성해야 하는 중요한 문서임에는 분명해 보인다.

수주기여도 측면에서 본다면, 사실 요약서가 제안서 본문보다 좀 더 중요하다. 왜냐하면, 평가위원 입장에서 두꺼운 제안서 본문보다는 상대적으로 얇은 요약서부터 펼쳐 볼 가능성이 높고, 그뿐만 아니라 경쟁사 대비 차별화하여 작성할 여지가 많아, 조금만 고민한다면 평가위원에게 좋은 인상을 줄 수 있기 때문이다. 실제로도 중요 사업의 경우, 'Executive Summary'라고 하여 요약서의 요약서 문서를 추가적으로 제작하여 평가위원에게 어필하기도 한다.

하지만, 새로운 템플릿과 화려한 디자인을 적용하여 요약서를 작성하는 것이 항상 옳은 것만은 아니다. 만약, 제안팀이 제출 일주일 전에 구성되었거나 팀원이 3~4명만 있는 경우라면, 아무리 좋은 템플릿이 있다고 하더라도 적용하는 데 한계가 있기 때문이다. 따라서, 요약서를 작성할 때에는, 제안팀의 인력구성, 역량 그리고 시간을 고려하여 작업해야 한다.

그렇더라도 반드시 강조하고 싶은 것, 요약서에서의 확실한 차별화는 분명 고객과 평가위원에게 좋은 인상을 줄 수 있고, 이것이 수주경쟁력을 올린다는 것이다.

요약서 작성방식에는 크게 세 가지 유형이 있으며, '형식 측면', '내용작성 측면' 그리고 '목차구성 측면'이 그 유형이다.

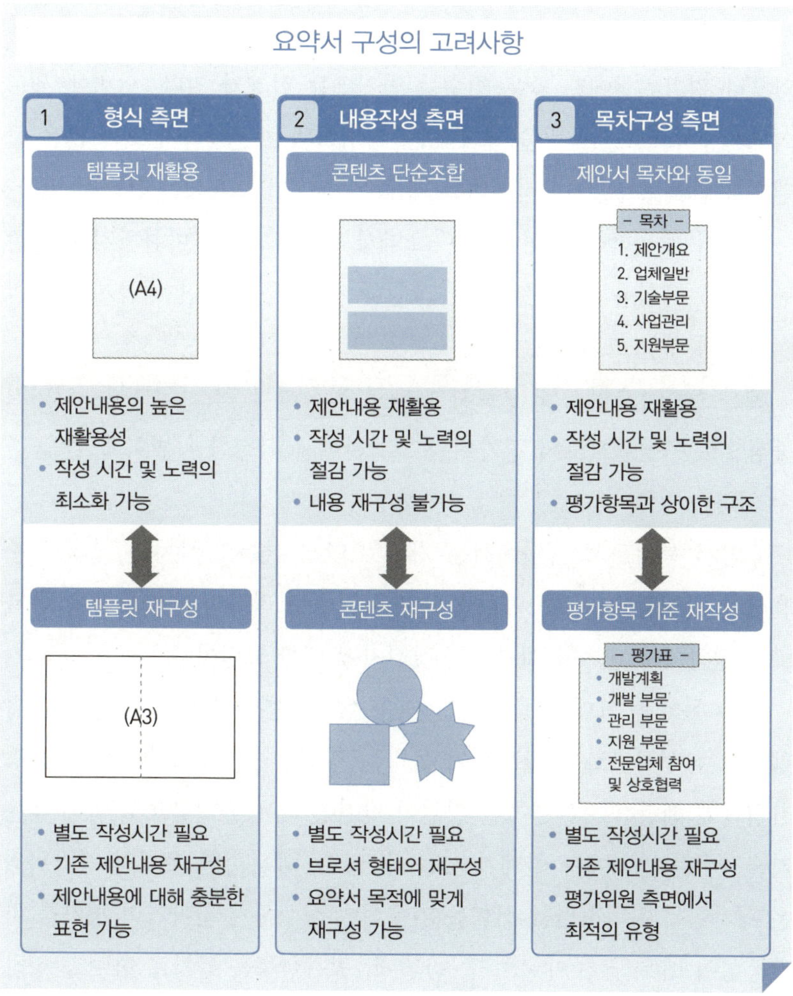

요약서 형식 측면에서는 제안서 본문을 작성한 기존 가로 또는 세로 템플릿을 그대로 활용하여 작성하는 형식과 템플릿을 새로 제작하여 작성하는 형식이 있다.

기존 템플릿을 활용하는 경우, 높은 재활용성으로 생산성은 높을 수 있으나 평가위원에게 좋은 점수를 받기에는 한계가 있다. 반면에 새로이 A3 양식으로 템플릿을 제작하면, 경쟁사와 차별화하여 보다 많은 콘텐츠를 담을 수 있으나 작성하는 데 많은 공수가 소요되는 단점이 있다.

요약서 내용작성 측면에서는 '요약서 형식 측면'과 마찬가지로 기존 템플릿을 재활용하여 콘텐츠를 작성할 것인지, 아니면 새롭게 작성할 것인지에 대한 고민이 있다.

예를 들어, 요약서를 브로셔 형태로 작성하여 텍스트보다는 이미지 중심으로 구성함으로써 평가위원으로 하여금 확실한 차별화 느낌을 줄 수 있다.

요약서 목차구성 측면에서는 기존 제안서 본문의 목차를 그대로 준용하여 작성할 것인지, 아니면 평가위원을 고려하여 평가항목을 목차로 구성하여 콘텐츠를 재구성할 것인지에 대한 고민이다.

기존 목차를 그대로 준용하는 것은 템플릿뿐만 아니라 콘텐츠를 발췌하여 작성하므로 재활용성이 높다는 장점은 있지만, 평가위원이 평가항목에 해당하는 콘텐츠를 일일이 찾아야 하는 불편함으로 인해 높은 기술점수를 받기에는 한계가 있을 수 있다. 왜냐하면 우리의 평가위원은 평가항목 하나하나를 심혈을 기울이며 성실하게 찾아가며 평가를 할 가능성이 매우 낮기 때문이다. 반면에, 평가항목을 목차로 하여 작성하게 되면, 평가위원이 원하는 정보 중심으로 콘텐츠가 구성되므로 평가위원 입장에서는 더 제안서를 잘 썼다라고 생각할 수 있고, 결국 상대적으로 높은 점수를 받을 수 있다. 다만, 앞에서 살펴본 대로, 평가항목을 중심으로 요약서를 작성하려면 추가적인 공수를 계획해야 한다.

차별화된 요약서 작성: ① 평가항목 기반

앞에서 언급하였듯이, 평가위원을 고려한 요약서의 대표적 방법은 평가항목 중심으로 목차를 구성하는 것이다

평가항목 기반의 요약서 작성

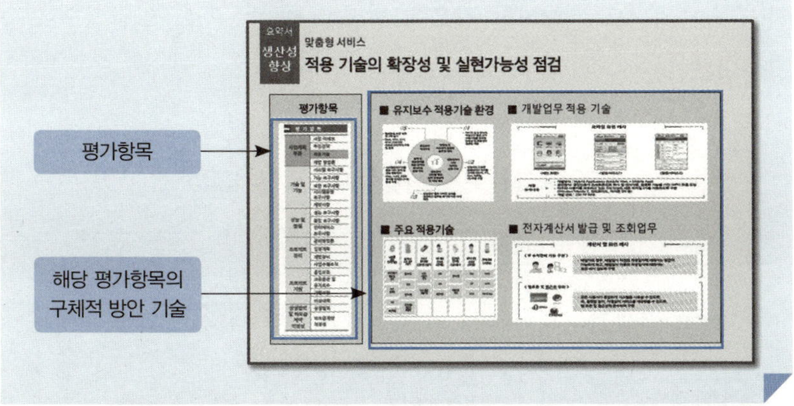

일반적으로, A3 양식으로 중앙에 철을 하는 템플릿을 사용하며, 평가항목을 좌측에 배치하여 콘텐츠가 어느 평가요소에 해당하는지를 나타낸다. 경우에 따라 평가항목을 모두 표현하지 않고 대분류 단위로만 기술하고, 나머지 공간에는 해당 콘텐츠에 대한 차별화 요소를 기술하기도 한다.

한정된 공간의 활용도를 높이는 장점이 있지만, 평가위원 입장에서 보면, 전체 평가항목에서 어느 부분에 해당하는지 찾도록 할 여지가 있기 때문에, 템플릿의 기본 목적과 다소 배치될 수 있다는 단점이 있다.

차별화된 요약서 작성: ② 제안요청서 요구사항 중심

제안요청서상 요구사항 중심으로 요약서를 작성하는 것은, 평가위원보다는 요건 하나하나에 관심 있는 고객 또는 업무담당자를 위한 템플릿 양식이라고 할 수 있다.

평가항목이 제안요청서에 기술되어 있지 않는 경우, 또는 현업담당자가 평가위원으로 참여할 경우에 적절한 템플릿으로, 일반적으로 공공사업보다는 일반 사기업의 제안에 적절하다.

제안요청서 요구사항 중심의 요약서 작성

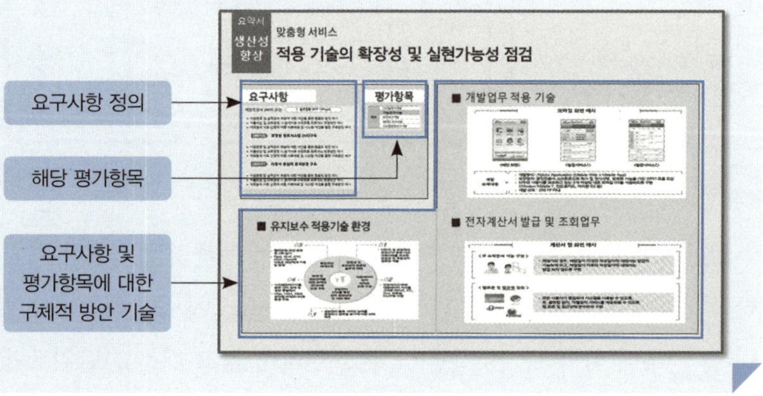

이 템플릿의 특징은, 무의식적 시선 흐름을 고려하여 왼쪽에 요구사항을, 바로 옆에는 해당하는 평가항목을 기술하며, 평가항목은 전체가 아닌 중분류 단위로 구성한다. 나머지 영역에는 요구사항 및 평가항목에 대한 구체적 방안을 기술한다. 좀 더 차별화를 위해서 요구사항별로 번호를 부여하고, 각 번호별 해결 방안을 기술하기도 한다

요구사항 중심의 요약서 시선이동

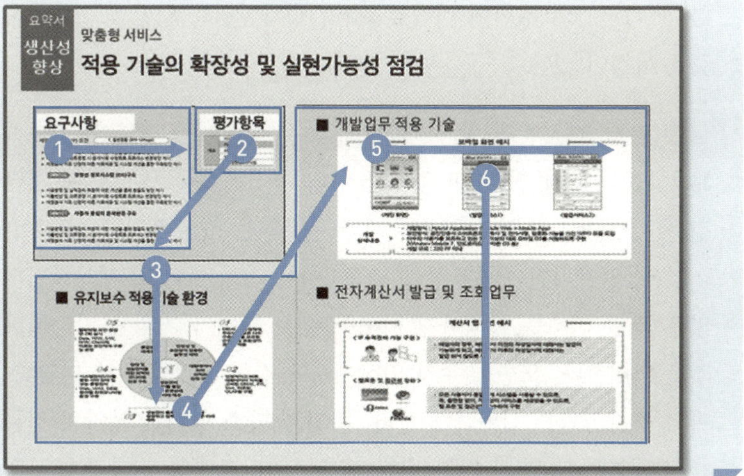

평가위원의 평가 패턴을 고려한 제안서

수많은 프로젝트에서 제안전략 컨설턴트로 활동하면서 필자가 다른 컨설턴트들과 차별화된 접근이 가능한 이유는, 무엇보다 다년간 과학기술정보통신부(구 미래창조과학부) 산하기관의 입찰 평가위원장 및 평가위원, 그리고 대기업 입찰의 평가위원으로 활동하면서, 누구보다도 평가위원의 심리와 평가 유형에 대해 잘 알고 있기 때문이라 생각한다. 다년간의 경험에 비춰봤을 때, 평가위원은 일반적으로 다음과 같은 특징이 있다.

첫 번째, 대부분의 평가위원은 일부 특정 분야에 대한 깊은 지식을 보유하고 있으며, 이러한 특정 분야의 지식을 중심으로 전체 제안품질을 추정하여 다소 편협하게 평가를 내리는 경향이 있다는 것이다. 이것은, 평가위원의 전문성이 부족하다는 것이 아니고, 제안요청서의 많은 과업 전체를 상세하게 이해하는 것 자체가 거의 불가능하다는 것을 의미한다. 또한 발주자 입장에서 공정한 평가를 위해 다양한 분야의 평가위원을 섭외하다 보니, 과업과 다소 상이한 분야의 전문가를 섭외하는 경우도 종종 있다. 예를 들어, 필자는 전기전자 분야에 전혀 문외한인데도 불구하고, 관련 사업에 평가위원으로 참석한 적이 있었다. 물론, 평가하는 내내 기술적인 분야에 대해서는 한마디도 못했고, 그저 사업관리 측면에서의 일정, 인력 등만 질의했던 기억이 난다. 이렇게 필자가 역할을 제대로 수행하지 못했던 이유는, 발주담당자의 입장에서는 연관이 있을 것으로 예상되는 다양한 분야의 심사위원을 섭외하려고 했기 때문이라고 할 수 있다.

현업담당자가 평가위원으로 배석한 경우 또한 마찬가지이다. 참석한 현업담당자는 회사와 관련된 모든 업무를 알 수 없으며, 단지 본인이 담당한 업무에 대해 깊은 지식을 갖고 있으며, 이러한 다소 편협한 지식을 바탕으로, 전체 제안내용을 평가하는 것이다.

두 번째로, 평가위원마다 다소 차이가 있겠지만, 일반적으로 하나의 제안서를 평가하는 데 길어야 20분 이내에 완료한다는 것이다. 우리가 생각하는 것처럼 제안서를 다각도로 분석하여 판단하는 것이 아니라, 말 그대로 '들쳐보며' 평가를 한다. 특히 한 페이지를 30초 이상 자세히 검토하는 경우는, 개인적으로 정말 관심이 있는 부분만 해당되며, 그나마 그렇게 자세히 살펴보는 횟수도 생각보다 많지 않다. 이러한 가장 큰 이유는 평가시간 자체가 부족하다 보니, 제안서의 전체 흐름을 중심으로 어떤 내용으로 작성되었는지만 훑어보고 판단하게 되는 것이다. 물론, 2~3일 동안 평가하는 경우는 좀 상황이 다르겠지만, 이 또한 마찬가지로 약 1~2시간 만에 제안서 전체 내용을 훑어본 후, 제안서 품질이 어떠하다는 '선입견'을 갖게 되고, 그러한 선입견을 바탕으로 2~3일 동안 본인의 선입견을 뒷받침할 근거를 찾는 활동을 한다.

마지막으로, 평가위원은 좋든 싫든 하나의 제안사를 선택해야 한다는 '심리적 의무감'을 갖고 있다는 것이다. 따라서 항상 어느 제안사가 더 적절한지 비교하며 평가를 한다. 이것은 상대적으로 짧은 시간에 갖게 된 '선입견'을 기준으로 절대평가가 아닌 상대평가로 각 제안사를 판단한다는 것이다.

결론적으로, 이러한 평가위원의 선정, 심리 그리고 평가 패턴을 고려했을 때, 제안과 관련된 분야에 넓고 깊은 지식을 보유한 평가위원의 비율은 생각보다 높지 않으며, 그럼에도 불구하고 20분 안에 생기는 선입견이 수주에 크게 영향을 미칠 수 있다는 것이다.

따라서, 우리의 제안서는 다음과 같이 작성되어야 한다.

먼저, 목차만 보더라도 제안서 전체 내용이 이해되도록 스토리로 구성해야 한다. 왜냐하면, 앞에서 언급했듯이 평가위원은 길어야 20분 안에 제안서를 평가하는데, 목차를 함축적으로 쓴다면 평가위원 입장에선 전체를 이해하는 데 어려움이 있을 수 있기 때문이다. 따라서 제목만 읽고도 각 장표의 콘텐츠를 추정할 수 있어야 하며, 이를 통해 제안내용의 이해도를 높이고, 나아가 경쟁사 대비 상대적으로 높은 기술점수를 받을 수 있는 것이다.

두 번째로, 각 장표에서 콘텐츠는 예측 가능한 구조로 작성해야 한다. 평가위원은 한 장표를 분석하는 데 30초를 넘기는 경우가 드물다고 설명하였다. 이것은 그들이 각 장표를 하나의 이미지로 캡처하듯이 받아들이지 텍스트 하나하나에 집중해서 해석하려고 노력하지 않는다는 것을 의미한다. 물론, 개인적으로 관심이 있는 부분은 깊이 있게 분석할 수도 있다. 하지만 그래 봐야 전체 제안서 중 20~30페이지를 넘지 않는다. 따라서, 짧은 시간에 높은 이해도를 위해서 예측 가능한 콘텐츠 구조로 작성하는 것이 필요하며, 앞에서 언급한 PRDRPoint - Reason - Doing - Result 구조로만 구성해도 높은 평가를 받을 가능성이 있는 것이다.

세 번째, 구조화된 콘텐츠는 여백을 살려 쉽게 작성해야 한다. 평가위원 구성은 특정 분야에 매우 깊이 있는 지식을 보유하고 있고, 그 외 분야에서는 다소 일반적인 지식을 보유하고 있다고 설명하였다. 이것은, 해당 분야를 모른다라기보다는 매우 상세한 지식을 보유하고 있지 않다는 것을 의미한다. 이러한 특징 때문에, 우리가 기술적 내용을 중심으로 상세하게 작성한다면, 평가위원은 "(무슨 내용인지 정확히 모르겠지만) 작성하느라 고생했네."라고 평가를 하고, 경쟁사와 비교하며 무엇이 어떻게 좋아지는지를 중심으로 이해하기 쉽게 작성했다면 "사업에 대해 개념 있게 잘 썼네."라고 평가를 하는 것이다.

제안서를 작성하는 이유는 명확하다. 바로 수주를 하기 위한 것이며, 그 수주 여부를 결정 짓는 것은 당연히 평가위원이다. 이것이, 제안서를 작성하는 방향성이 우리 중심의 콘텐츠가 아닌, 오직 평가위원을 위한 구조와 콘텐츠로 작성해야 하는 이유이다.

돌아보기

Ⅲ. 고객을 사로잡는 제안서를 작성한다

제안서의 3단계 스토리텔링

스토리라인 → 01 상위목차의 스토리화
- 제안개요와 기술, 사업관리, 지원 부분 간 연계 스토리

스토리라인 → 02 세부목차의 스토리화
- 경쟁사와의 영업적 경쟁상황을 고려한 스토리

스토리보드 → 03 콘텐츠의 스토리화
- PRDR 구성

전달력을 향상시키는 도식화 8가지 유형

사고를 결정하는 각 장표별 콘텐츠 구조화 유형

반드시 지켜야 할 제안서 작성 10개 원칙

- 강조할 곳은 도식화하여 차별화한다
- 여백의 미를 최대한 활용한다
- 인지심리 기반으로 콘텐츠를 작성한다
- 전문용어의 잦은 사용은 고객을 무시하는 것이다
- 가독력은 콘텐츠의 그루핑과 정렬에서 시작한다
- 한 번에 완성하려고 하지 마라
- 두 줄이 되는 문장에 짜증을 내라
- 재작업Rework의 최소화는 반복적 공감뿐이다
- 먼저 프로토타입을 작성하여 배포하라
- 용어와 단어를 통일시켜라

제안서 작성과 관련하여 기존 생각과 사고에 어떤 변화가 있었습니까?

여러분의 제안서에 어느 것을 먼저 적용해 보시겠습니까?

IV

제안 시스템 구성

수주경쟁력을 향상시키는 시스템을 구성한다

Part 1 _ 수주경쟁력을 향상시키기 위한 인적 조직은?

Part 2 _ 제안비용은 어떻게 관리할까?

Part 3 _ 제안작업의 품질 및 생산성 향상을 위해 어떤 인프라가 필요할까?

어느 길을 갈 것인가?

류시화

우리 앞에는 항상 오르막길과
내리막길이 놓여 있다.
이 중에서 하나를 선택해야 한다.

각자의 삶의 양식에 따라서
오르막길을 오르는 사람도 있고
내리막길을 내려가는 사람도 있다.

오르막길은 어렵고 힘들지만
그 길은 인간의 길이고 꼭대기에 이르는 길이다.
내리막길은 쉽고 편리하지만
그 길은 짐승의 길이고 수렁으로 떨어지는 길이다.

만일 우리가 평탄한 길만 걷는다고 생각해 보라.
십 년 이십 년 한 생애를 늘 평탄한 길만 간다고 생각해 보라.
그 생이 얼마나 지루하겠는가.
그것은 사는 것이라고 할 수 없다.

오르막길을 통해
뭔가 뻐근한 삶의 저항 같은 것도 느끼고
창조의 의욕도 생겨나고,
새로운 삶의 의지도 지닐 수 있다.

오르막길을 통해
우리는 거듭 태어날 수 있다.
어려움을 겪지 않고는 거듭 태어날 수 없다.

Part 1_

수주경쟁력을 향상시키기 위한 인적 조직은?

1.1 수주경쟁력 향상을 위한 제안팀 외 인력구성

「Chapter I 제안을 톺아보다」에서 살펴본 바와 같이 수주경쟁력의 요소에는 4가지가 있다.

먼저, '기술경쟁력'은 해당 사업과 관련하여 핵심기술의 보유 여부, 사업에 대한 기술적 이해도 등을 의미하며, '제안환경 경쟁력'은 고객친밀도, 평가위원 영업현황 등의 영업적 환경을 말한다. 또한, '사업구도 경쟁력'은, 경쟁사와 차별화된 자원(유사사업 경험, 협력업체 구도관계 등)을 어떻게 구성했는지, 마지막으로 '가격경쟁력'은, 가장 원초적 경쟁력으로 얼마나 낮은 투찰가를 쓸 수 있는지에 대한 경쟁력을 의미한다.

수주경쟁력의 4가지 요소 중, 제안팀과 가장 밀접한 역량은 '기술경쟁력'일 것이다. 왜냐하면, '제안환경 경쟁력'과 '사업구도 경쟁력'은 영업적 역량에, 그리고 '가격경쟁력'은 제안사의 구매력에 의존적인 역량이기 때문이다.

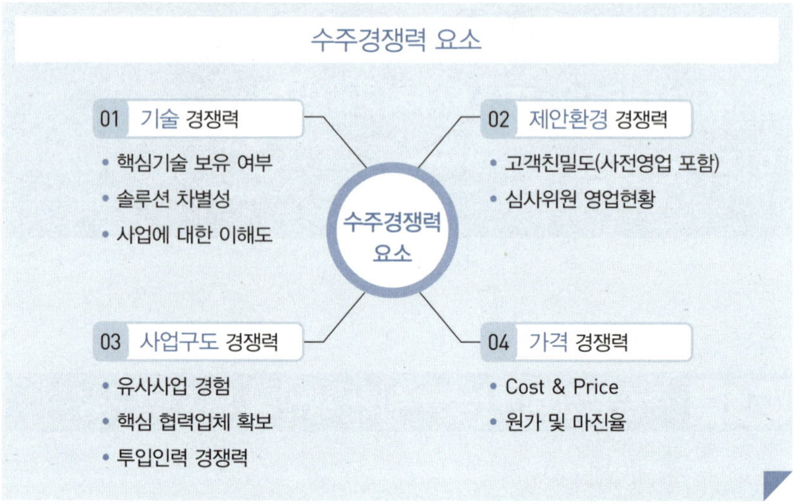

'기술경쟁력'에서 중요한 것은, 우리가 갖고 있는 기술력을 어떻게 포장하고 설득하여 고객과 평가위원의 마음을 얻을 것인가이다. 「Chapter Ⅲ 고객을 사로잡는 제안서를 작성한다」에서 설명하였듯이, 평가위원에게 높은 기술점수를 받기 위해서는, 엔지니어 중심의 깊이 있는 기술적 방안 이외에, 평가위원 관점의 시각적 표현과 스토리가 있어야 한다. 문제는, 이러한 시각적 표현과 스토리를 제안팀 자체적으로 적용하기에는 현실적으로 한계가 있다는 점이다. 이것은 제안팀의 역량이 낮아서가 아니라, 제안서를 작성하는 데 몰입하다 보니 스스로 점검하는 데 한계가 있기 때문이다. 따라서, 제안품질 향상을 위한 전사적인 지원이 필요하며, 이러한 역할을 수행하는 데 필요한 인력이 바로 마스터 프로젝트 관리자, 제안기획가, 제안전략가이다.

고객 중심의 제안을 위한 제안인력

구분	역할	세부 업무
마스터 프로젝트 관리자	전체적인 제안 리딩 (일정, 인력, 이슈 등)	• 사내 각 산업의 전문가가 수행 • 직책자 보고의 주체 • 제안전략 워크숍 진행 및 수주경쟁력 분석 • 제안품질의 전반적인 점검
제안 기획가	제안서/요약서의 작성 리더 및 품질 담당자	• 제안목차, 템플릿, 프로토타입 등 작성 • 콘텐츠별, 목차별 우수사례(Best Practice) 관리 • 제안팀에 우수사례(Best Practice) 자료 제공 • 제안서의 주요 부분 작성
제안 전략가	제안전략 수립 프레젠테이션 시나리오 및 장표 시각화 담당자	• 경쟁 포지셔닝 분석 및 제안전략 수립 • 프레젠테이션 시나리오 수립 • 프레젠테이션 스토리보드, 목업(Mock-up) 등 작성/지원 • 프롤로그, 에필로그 제작 • 프레젠테이션/요약서 장표 고도화

마스터 프로젝트 관리자는, 제안작업에 있어서 인력관리, 일정체크, 업무보고, 회의진행, 제안비용 및 이슈관리 등 전반적인 진행을 관리하며, 산업별 업무적 특징에 따라, 전문성을 위해 산업별로 인력을 구성하는 것이 적절하다. 마스터 프로젝트 관리자의 가장 중요한 역할은 무엇보다 제안품질을 확보하기 위한 활동을 수행하는 것이다. 제안전략이 미흡하다면 전략 워크숍 리딩 및 제안 전략가를 확보하고, 제안서를 작성할 자원이 부족하다면 인력을 찾아야 한다. 또한, 수주경쟁력을 지속적으로 분석하여 직책자에게 보고함으로써 전사 차원의 대응이 가능하도록 제안팀과 조직 사이에서의 가교 역할을 담당한다. 한마디로 전반적인 제안의 경쟁력 향상을 위한 프로젝트관리조직PMO, Project Management Office이라고 할 수 있다.

제안기획가는, 제안서 및 요약서의 콘텐츠 품질을 담당한다. 일반적으로 제안팀원은 개인이 갖고 있는 자료를 우수사례Best Practice로 생각하고 제안서에 활용하기 때문에 제안품질을 높이는 데 한계가 있다. 제안기획가는 업무별, 기술별, 산업별 전사 우수사례를 관리함으로써, 제안팀에 필요한 콘텐츠를 제공하여 짧은 시간에 제안서 품질을 높이는 역할을 한다. 또한, 제안전략 및 핵심 업무 등의 중요한 부분은 직접 작성하며, 경우에 따라 제안팀에 제안서 작성방법을 교육하기도 한다. 한마디로 제안서 품질의 프로젝트관리조직 역할을 수행한다고 할 수 있다.

제안전략가는, 경쟁사와의 경쟁력 포지셔닝 분석을 통해 전략을 수립하고, 이것을 바탕으로 프레젠테이션 시나리오는 어떻게 할 것인지 방향성을 수립하는 역할을 한다. 제안전문가와 마찬가지로 제안전략가는 업무별, 기술별, 산업별 제안전략 이력을 관리하며, 프레젠테이션 작성에 있어서 인지심리학 기반의 PRDRPoint-Reason-Do-Result 구조로 콘텐츠가 작성되도록 가이드를 제공한다. 또한, 데이터의 시각화, 즉 각 장표별 복잡한 데이터 또는 장황한 글을 인포그래픽화하여 가독력 있게 구성하는 역할을 한다. 콘텐츠가 엔지니어 중심의 논리적 내용으로만 구성되면, 프레젠테이션을 듣는 평가위원은 쉽게 지루함을 느끼게 되므로, 감성적 콘텐츠 요소를 추가하기 위해 프롤로그, 에필로그 작업을 수행하기도 한다. 요약하자면 프레젠테이션 품질을 위한 프로젝트관리조직 역할을 수행한다고 할 수 있다.

사실, 모든 조직에서 마스터 프로젝트 관리자, 제안기획가 그리고 제안전략가를 반드시 갖추어야 하는 것은 아니다. 조직의 상황과 제안팀의 역량을 분석하여 필요한 전문가를 배치하거나, 또는 해당 조직에서 반드시 필요한 업무를 선별하고 한 명의 인력이 해당 업무Task를 수행하도록 구성해도 된다. 어떤 방식을 적용하든, 중요한 것은, 제안팀 이외의 별도 인력을 배치하여 제안을 객관적으로 바라보고, 제안전략을 리딩할 수 있도록 체계화하는 것이 반드시 필요하다.

제안단계별 제안팀원 역할

제안작업은 짧은 시간에 많은 인력이 협업을 하며 진행하므로 각 개인별 역할을 단계별로 구분하여 진행해야 상호 간 시너지가 발생할 수 있다.

다음은 각 팀원별 역할을 제안진행 단계별로 상세화한 것으로, 「Chapter I 제안을 톺아보다」에서 설명한 '[양식 I-1] 제안일정표'를 활용하여 각 팀원별 업무와 일정을 수립하면 된다.

제안단계별 제안팀원 역할

구분	사전준비/ 분석 단계	제안 초기	제안 중기	제안 말기
마스터 프로젝트 관리자	• 제안일정 수립 • 제안전략서 분석 • 제안전략 워크숍 운영	• 제안착수 보고 진행 • 제안초안 품질 검토	• 제안 중간보고 진행 • 프레젠테이션/Q&A 진행 • 제안서/요약서 품질 검토	• 프레젠테이션 리허설 총괄
제안 프로젝트 관리자	• 제안일정 수립 • 제안전략서 초안 • 제안요청서 분석	• 제안착수 보고 • 제안초안 품질 검토	• 제안서/요약서 최종 품질 검토 • 프레젠테이션/Q&A 품질검토 및 발표준비	• 프레젠테이션 리허설 진행
제안 팀원	• 제안요청서 분석 • 제안/요약서 스토리보드 작성	• 제안초안 작성	• 제안서/요약서 작성 및 보완 • 프레젠테이션/Q&A 작성 및 보완	• 프레젠테이션 Q&A 보완
제안 기획가	• 제안요청서 분석 • 제안서/요약서 목차 작성 • 제안서/요약서 스토리보드 및 프로토타입 작성 • 콘텐츠별 우수사례 (Best Practice) 준비	• 우수사례 콘텐츠 배포 • 제안서/요약서 작성 가이드 • 제안초안 작성	• 제안서/요약서 작성 및 보완 • 프레젠테이션/Q&A 작성 및 보완	• 프레젠테이션/ Q&A 보완
제안 전략가	• 제안요청서 분석 • 제안전략서 완성 및 확정 • 프레젠테이션/ Q&A 수립 • 제안요청서, 제안전략서 분석 • 프레젠테이션 콘셉트 도출	• 제안전략 지원 • 프레젠테이션 시나리오 • 프레젠테이션 / Q&A 스토리보드, 프로토타입 작성 • 프롤로그, 에필로그 제작	• 프레젠테이션 /Q&A 프로토타입 교육 • 프레젠테이션 /Q&A 장표 고도화 • 프레젠테이션 /Q&A 고도화 및 시각화 • 프레젠테이션/요약서 표지, 간지 제작	• 프레젠테이션 Q&A 보완 • 프레젠테이션 리허설 진행 • 프레젠테이션 Q&A 보완
디자인 담당	• 템플릿 제공 • 디자인 자원 할당	–	• 디자인 진행	• 디자인 보완

역할별 제안활동 연관도Map

앞에서 살펴본 제안단계별 각 팀원의 역할을 프로세스 기반으로 도식화하면 다음과 같다.

중요한 것은, 제안 말기에 갈수록 제안서 및 요약서 작성보다는, 전체 팀원의 역량이 프레젠테이션 작성 및 리허설 그리고 Q&A에 집중될 수 있도록 구성해야 한다는 것이다.

참고로, 다음 '역할별 제안활동 연관도Map'의 ✓표시는, 팀원 간 원활한 커뮤니케이션을 위해, 각 챕터에서 설명하였던 양식이 있는 업무를 의미한다.

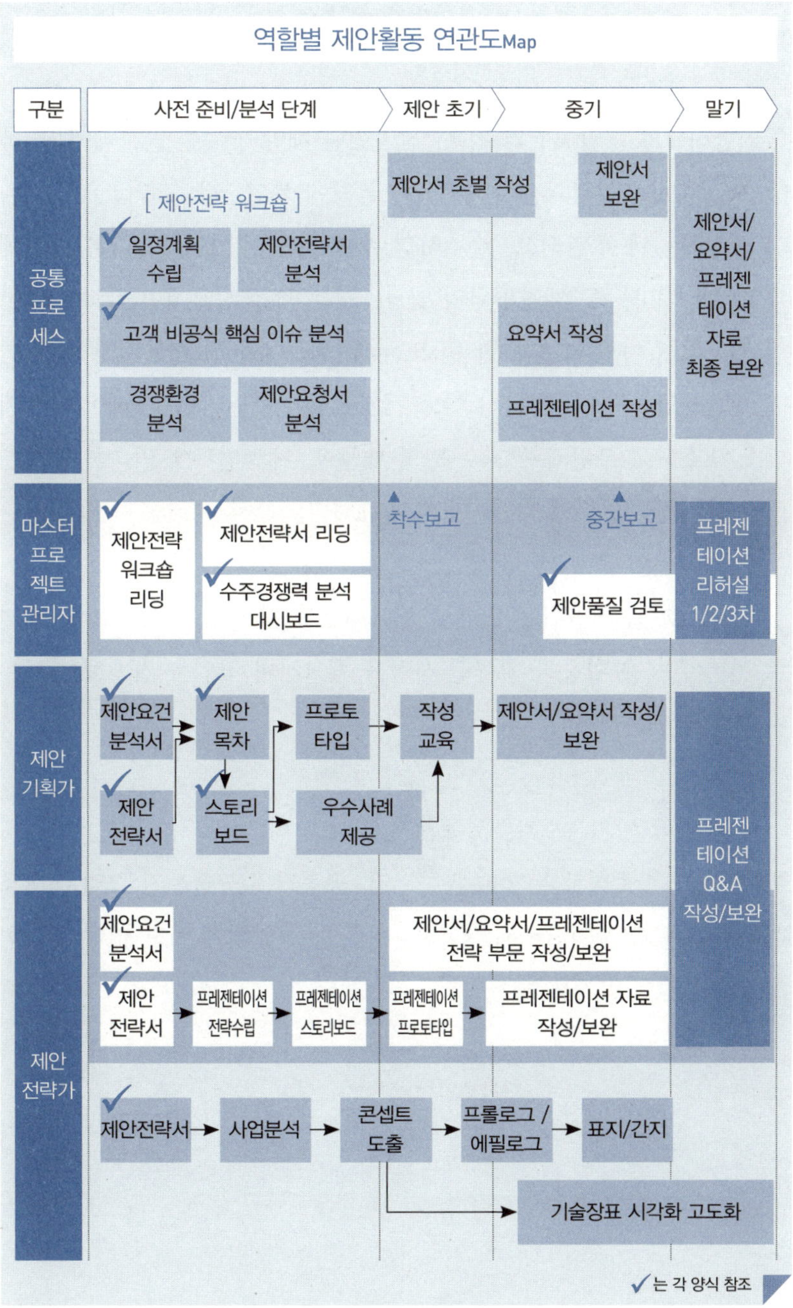
역할별 제안활동 연관도Map
구분
사전 준비/분석 단계
제안 초기
중기
말기
공통 프로세스
[제안전략 워크숍]
일정계획 수립
제안전략서 분석
고객 비공식 핵심 이슈 분석
경쟁환경 분석
제안요청서 분석
제안서 초벌 작성
제안서 보완
요약서 작성
프레젠테이션 작성
제안서/ 요약서/ 프레젠테이션 자료 최종 보완
마스터 프로젝트 관리자
제안전략 워크숍 리딩
제안전략서 리딩
수주경쟁력 분석 대시보드
착수보고
중간보고
제안품질 검토
프레젠테이션 리허설 1/2/3차
제안 기획가
제안요건 분석서
제안 목차
프로토 타입
작성 교육
제안서/요약서 작성/보완
제안 전략서
스토리 보드
우수사례 제공
프레젠테이션 Q&A 작성/보완
제안 전략가
제안요건 분석서
제안서/요약서/프레젠테이션 전략 부문 작성/보완
제안 전략서
프레젠테이션 전략수립
프레젠테이션 스토리보드
프레젠테이션 프로토타입
프레젠테이션 자료 작성/보완
제안전략서
사업분석
콘셉트 도출
프롤로그 / 에필로그
표지/간지
기술장표 시각화 고도화
✓는 각 양식 참조

1.2 제안활동 단계별 체크리스트 및 활용도구

일반적으로 제안팀원의 경우, 참여했던 제안의 수주를 하게 되면 해당 프로젝트를 일정기간 수행한 후, 본사에 복귀한다. 그러고 난 후 다시 제안작업에 투입되고, 수주하면 수행을, 실주하면 또 다른 제안에 투입되게 된다. 즉, 제안팀원의 입장에서는 짧은 시간에 반복적으로 투입되는 것이 아닌, 1년에 한 번 또는 두 번, 어떤 경우에는 몇 년에 한 번 제안작업을 한다. 따라서 어느 단계에서는 어떤 업무를 해야 하는지 다소 생소하여 우왕좌왕할 수 있기 때문에, 제안업무에 익숙하지 않은 팀원을 위해 제안작업의 가이드가 필요하다.

'[양식 Ⅳ-1] 제안활동 단계별 체크리스트 및 활용도구'는 각 단계별로 어떤 문서를 활용하여 어떤 사항을 체크하며 작업을 진행해야 하는지를 정의한 문서이다.

다음 양식을 기본으로, 소속된 조직의 인력 및 조직 특성을 반영하여, 각 체크항목별로 누가 주관하는지, 공동작업을 하는지 그리고 협조하는지 역할과 책임R&R, Role & Responsibility을 정의해야 이견 없이 원활한 제안작업 진행이 가능하다.

[양식 Ⅳ-1] 제안활동 단계별 체크리스트 및 활용도구

Sample

대분류	중분류	소분류	업무	담당							활용도구
				마스터 프로젝트 관리자	제안 프로젝트 관리자	제안 전략가	제안 기획가	제안 팀원	기술 영업	영업 대표	
준비	예비 제안 프로젝트 관리자 리스트 관리			●							
	제안전문가 선정					●					
	제안 프로젝트 관리자 선정 및 평가			●					△	△	
계획	제안 프레젠테이션 등록			○	●				○		사업계획, 제안요청서
	제안 핵심인력 구성			●	○						핵심인력 투입계획
	제안환경 구축	제안룸 확보			●						
		외부 협력업체용 제안룸 확보						●			
		제안 전용 공용서버 설치						●			
		제안환경 설치						●			
	제안예산 수립			●	○				△	△	[양식 Ⅰ-4] 제안예산 검토의견서 및 산출내역서
전략 수립	제안전략 워크숍	제안일정 계획 수립	제안일정 계획 수립		●						[양식 Ⅰ-1] 제안일정표, 제안요청서
			프레젠테이션 및 Q&A 리허설 일정 계획 수립		●						[양식 Ⅰ-1] 제안일정표
			디자인 일정 계획 수립		●	○					
		제안전략서 분석		●	○	●		○			[양식 Ⅱ-1] 제안전략서
		제안요청서 분석		○	○	●		○	△	△	[양식 Ⅱ-1] 제안전략서
		고객 비공식 핵심 이슈 분석		●	○	○		○	△	△	[양식 Ⅱ-1] 제안전략서
		경쟁환경 분석	경쟁사 분석	●	○	○		○	△	△	[양식 Ⅱ-1] 제안전략서
			고객, 평가위원, 핵심협력사 분석	●	○	○		○	△	△	[양식 Ⅱ-1] 제안전략서
		고객 질의 및 결과 공유		●	○	○		○	△	△	[양식 Ⅱ-1] 제안전략서
		기술 검증	아키텍처 검토 및 정의		●			○	△		
			솔루션 검토 및 선정		●			○	△	△	제안전략서, 제안요청서
		제안 차별화 전략 협의/확정		●	○	○		○	△	△	제안전략서, 제안요청서
		워크숍 결과	제안서/요약서 목차(시나리오) 작성		●		○	○			[양식 Ⅲ-1] 제안서 스토리라인 기반 목차 [양식 Ⅱ-1] 제안전략서, 제안요청서
			Fixed 모듈/Customized 모듈			○	●				[양식 Ⅱ-1] 제안전략서, 제안요청서
			PT 전략수립 및 시나리오 작성	●	○	○		○			[양식 Ⅱ-1] 제안전략서, 제안요청서
		제안전략서 완성		○		●					[양식 Ⅱ-1] 제안전략서
		가원가 분석	초기 재료비 견적	●	●						[양식 Ⅰ-3] 실행예산 산출내역 업체 견적서
			초기 외주비 견적	●	●						[양식 Ⅰ-3] 실행예산 산출내역서, 업체 견적서(M/M), 기능점수내역
			초기 인건비 견적	●	●						[양식 Ⅰ-3] 실행예산 산출내역서 실행인력 투입계획(M/M)
			초기 사업비 및 직접비용 견적	●	●						[양식 Ⅰ-3] 실행예산 산출내역 기타 비용계획
			초기 사업 위험비용/예비비 견적	●	●						[양식 Ⅰ-3] 실행예산 산출내역서 양식 Ⅱ-4] 핵심 이슈 분석 견적서
	제안전략 리뷰보드	제안전략 리뷰보드 소집 및 준비		●							[양식 Ⅱ-1] 제안전략서 [양식 Ⅱ-3] 비공식 요구사항 분석서 [양식 Ⅱ-4] 핵심 이슈 분석서
		제안전략 리뷰보드 실시		●	○	○		○	○	○	[양식 Ⅱ-1] 제안전략서 [양식 Ⅱ-3] 비공식 요구사항 분석서 [양식 Ⅱ-4] 핵심 이슈 분석서
		리뷰보드 결과 보완		●	○	○		○			[양식 Ⅱ-1] 제안전략서 [양식 Ⅱ-3] 비공식 요구사항 분석서 [양식 Ⅱ-4] 핵심 이슈 분석서
		제안전략 승인		●	○	○					[양식 Ⅱ-1] 제안전략 [양식 Ⅱ-3] 비공식 요구사항 분석서 [양식 Ⅱ-4] 핵심 이슈 분석서
	제안팀원 구성			●	○	△	△				제안인력 투입계획
기획 및 제작	제안 착수(Kick-Off) 미팅	영업 진행현황 공유		△	●	△	△	△	△	○	[양식 Ⅱ-1] 제안전략서 [양식 Ⅱ-3] 비공식 요구사항 분석서 [양식 Ⅱ-4] 핵심 이슈 분석서
		사전제안 진행현황 공유		△	●	△	△	△	○	△	
		조직, 일정, 전략 등 공유		△	●	△	△	△	△	△	[양식 Ⅱ-1] 제안전략서, 제안요청서
	제안 참조자료 확보				●			○	○	○	
	제안 패키징 기획	멀티미디어 제작 기획			●			○			
		디자인 기획/디자인 지원 항목			●	○					
	제안서 작성	제안서 작성			●	○	○	○			[양식 Ⅱ-1] 제안전략서, 제안요청서
	요약서 작성	요약서 작성			●	○	○	○			[양식 Ⅱ-1] 제안전략서, 제안요청서
	프레젠테이션 표현전략 수립			△	○	●					[양식 Ⅱ-1] 제안전략서, 제안요청서, 제안서
	프레젠테이션 작성	프레젠테이션 작성		△	●	○	○	○			
		멀티미디어 제작 및 편집			●	○		○			[양식 Ⅱ-1] 제안전략서, 제안요청서, 제안서
		예상 Q&A 자료 작성			●	○	○	○	△	△	[양식 Ⅱ-1] 제안전략서, 제안요청 제안서, 프레젠테이션 Q&A FAQ
	프레젠테이션 Q&A 리허설	프레젠테이션 자체 리허설 (마스터 프로젝트 관리자)		●	○	○	△	△	△	△	
		프레젠테이션 공식 리허설		●	○	○	△	△	△	△	
		리허설 결과 피드백, 보완		●	○	○	○	○			
		최종 리허설(임원급)		●	○	○	○	△	△	△	
	프레젠테이션 1:1 코칭			●	○						
	행사 당일 준비사항	행사 당일 준비사항 점검 및 실행		○	●	△		○			제안설명회 준비물
	원가산정	재료비 견적		●	●						[양식 Ⅰ-3] 실행예산 산출내역서, 업체 견적서
		외주비 견적		●	●						[양식 Ⅰ-3] 실행예산 산출내역서 업체 견적서(M/M), 기능점수내역
		인건비 견적		●	●						[양식 Ⅰ-3] 실행예산 산출내역서 실행인력 투입계획(M/M, Man/Month)
		사업비 및 직접비용 견적		●	●						업체 견적서
		사업 위험비용/예비비 견적		●	●						업체 견적서
		추가제안 견적		●	●						업체 견적서
품질 점검	품질점검 소집/준비			●							
	제안품질 점검 실시	제안품질 점검		●	△	△	△	△			제안서, 요약서, 제안요청서
		제안품질 점검 결과공지		●							[양식 Ⅲ-7] 제안품질 점검결과서
		제안품질 점검 검토의견 반영		●	○	○	○	○			[양식 Ⅲ-7] 제안품질 점검결과서
		…결과 확인						△			제안서 …

제안지원 서비스 수준관리SLA, Service Level Agreement 정의

SLAService Level Agreement란 '서비스 수준협약'을 의미하며, 서비스를 제공하는 자와 서비스를 이용하는 고객 간 서비스 유형과 그와 연관된 여러 조건들에 대해 서로의 책임과 의무 사항을 기술해놓은 협약서를 말한다.

일반적으로 SLA는 프로젝트 및 유지보수 사업을 수행할 때 적용하지만, 제안작업을 진행할 때도 적용하는 것이 필요하다. 왜냐하면, 사내에 제안전략가 및 제안기획가가 있더라도 자원의 한계로 모든 제안팀에 동일하게 충분한 서비스를 제공하는 것은 현실적으로 어려움이 있기 때문에, 해당 전문가가 투입되기 전 어느 범위까지 업무를 진행할 것인지 사전에 협의하고 투입되어야 상호 간 이견이 없고 보다 원활하게 제안작업이 가능하다.

SLA의 서비스항목 정의는 앞에서 살펴본 '[양식 Ⅳ-1] 제안활동 단계별 체크리스트 및 활용도구'에서 기술된 업무를 기준으로 협의하면 된다.

1.3 지속적인 경쟁력 모니터링

마스터 프로젝트 관리자의 가장 큰 역할은, 인력관리, 회의진행 등 제안작업의 전반적인 진행뿐만 아니라 제안품질을 확보하는 데 전사적인 노력이 집중될 수 있도록 가교역할을 담당한다고 설명하였다. 이러한 제안품질을 높이는 근본적인 목적은 당연히 수주가능성을 높이기 위한 것이다.

이러한 제안품질을 높이기 위해, 마스터 프로젝트 관리자는 5점 척도의 5개 점검 관점(고객 관점, 내부역량 관점, 프로젝트 관리자 역량 관점, 원가 관점, 그리고 경쟁사 관점)을 중심으로 수주경쟁력을 향상시키는 활동을 해야 하며, 직책자와의 회의에서는 이와 관련한 현 이슈 및 진행상황에 대해 공유해야 한다. 수주경쟁력을 분석하는 데 주의할 점은, 제안 과정의 마일스톤 단계별로 경쟁력 수준을 모니터링해야 실질적인 효과를 기대할 수 있다. 참고로, 해당 양식은 「Chapter I 제안을 톺아보다」에서 설명하였다.

■ 고객 관점 점검항목

- 고객의 경영(사업)환경과 사업의도의 파악 정도
- 당사에 대한 우호 정도
- 고객 핵심인력(실무담당자, 의사결정권자) 영업 정도
- 평가위원 후보, 평가위원 확보 정도
- 고객의 핵심 고민사항 및 숨겨진 요구사항 인지 정도
- 고객의 사업계획 수립에 당사 지원 정도

■ 내부역량 관점 점검항목

- 동일/유사 사업 수행 경험 및 역량 보유 정도
- 제안인력의 역량(내부인력, 협력사 등) 정도
- 사업수행 시, 전문가 및 경험인력 보유 정도
- 사업수행 시, 핵심 협력사 및 솔루션 확보 정도

■ 프로젝트 관리자 역량 관점 점검항목

- 제안 프로젝트 관리자의 프레젠테이션 역량 능력 보유 여부
- 동일 또는 유사 사업의 수행경험 여부
- 원가분석 역량 보유 여부
- 제안 프로젝트 관리자의 제안리딩 역량 보유 여부

■ 원가 관점 점검항목

- 정확한 예가산정을 위한 정보 확보 여부
- 적정한 원가(인건비, 재료비, 경비) 확보 여부
- 원가적 위험요인 파악 여부

■ 경쟁사 관점 점검항목

- 경쟁구도(단독, 컨소시엄 등) 파악 여부
- 경쟁사의 장/단점 파악 여부
- 주요 협력사 확보 여부
- 이해관계자(실무자, 평가위원 등) 영업 여부
- 경쟁사 대비 당사의 강/약점 분석 여부

[양식 I-3] 수주경쟁력 분석 대시보드Dashboard

Sample

사업개요

고객사	사업명 / 사업기간	중 사업규모 (단위: 억)				예상 목표	사업 유형	목표 이익률	목표 이익	Win Ratio	입찰 방식	입찰 기관
		계	개발	장비	기타							
	○○○ 구축사업 '00.00.00.~'00.00.00.						SI	%		%	협상	조달청

사업내용		사업공고일	0000.00.00.
		제안서 제출일	0000.00.00.
		입찰일	0000.00.00.
		PT일	0000.00.00.
		평가방식	8 : 2

조직 및 구성원의 역할 및 책임(R&R, Role & Responsibility)

사전제안PM		제안PM		수행PM		사업관리자	
제안전략가		영업대표		기술영업		PMO(Project Management Office)	
핵심 제안인력 (A업무)		핵심 제안인력 (B업무)		핵심 제안인력 (C업무)		핵심 제안인력 (D업무)	

사업성 평가 대시보드(Dashboard)

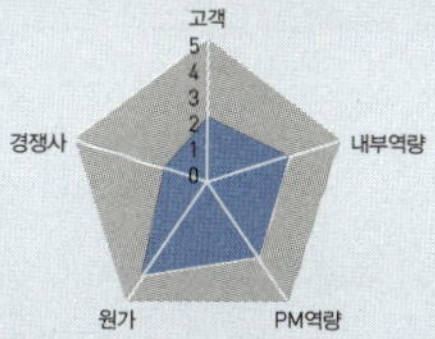

강점	
약점	
주요 활동	

평가요소별 점검내용과 대응전략

점검관점	점검결과 및 대응전략	점검항목
고객 관점 3등급		고객의 경영(사업)환경과 사업의도를 파악하였는가?
		당사에 대한 우호도는 어느 정도인가?
		핵심고객(실무담당자, 의사결정권자)에 대한 영업은 어느 정도인가?
		평가위원 후보, 평가위원 정보를 확보하였는가?
		고객의 고민거리(Pain Point)와 숨겨진 요구사항을 인지하였는가?
		사업계획의 수립에 적극 관여(지원)하였는가?
역량 관점 3등급		동일사업 또는 유사사업을 수행한 경험과 역량을 보유하고 있는가?
		사업수행에 필요한 전문가와 기수행인력을 보유하고 있는가?
		제안에 참여할 역량(내부인력, 협력사 등)을 확보할 수 있는가?
		사업수행에 필요한 핵심 협력사를 확보하고 있는가?
		사업수행에 필요한 당사 또는 협력사의 핵심 솔루션을 확보하고 있는가?
프로젝트 관리자(PM) 역량 관점 3등급		제안 프로젝트 관리자의 프레젠테이션 능력은 어느 정도인가?
		동일 또는 유사 사업의 수행경험이 충분한가?
		원가분석 능력을 보유하고 있는가?
		제안 프로젝트 관리자는 제안을 원활히 이끌어갈 수 있는 능력이 있는가?
원가 관점 4등급		정확한 예가산정을 위한 정보를 확보하였는가?
		적정한 원가(인건비, 재료비, 경비)를 확보할 수 있는가?
		위험요인을 파악하였는가?
경쟁사 관점 2등급		경쟁구도(단독, 컨소시엄 등)를 파악하였는가?
		경쟁사의 장점과 단점을 파악하였는가?
		주요 협력사 확보 여부, 이해관계자(실무자, 평가위원 등) 영업 정도를 확인하였는가?
		경쟁사 대비 당사의 강점과 약점을 분석/파악하였는가?

팀원 간 이슈현황 공유 및 개선

'[양식 I-2] 수주경쟁력 분석 대시보드'가 조직 내 직책자에게 보고하는 공식적인 문서라고 한다면, '[양식 Ⅳ-2] 프로젝트 이슈 진행현황'은 제안팀 팀원 중심의 이슈해결 현황을 관리하는 문서라고 할 수 있다.

이슈는 '고객 측면', '원가 측면', '경쟁사 측면' 그리고 '제안진행 측면'으로 관리하며, 단지 제안을 진행하는 데 있어서, 어떤 이슈가 있는지 기술하는 것을 벗어나, 다음의 세 가지를 반드시 함께 관리해야 한다.

- 해당 이슈에 대한 해결 담당자
- 이슈 해결의 기본 방향성
- 이슈 해결의 기한

사실, 제안팀에서 발생하는 이슈를 살펴보면, 고객사만의 특수한 업무상황을 제외하고 일반적으로 비슷비슷한 이슈가 존재한다. 예를 들어, '고객에게 어떤 가치Value를 줄 수 있는지', '평가위원은 얼마나 확보되었는지', '고객의 핵심인력Key Person은 누구'이며 '숨은 요구사항은 얼마나 발굴하였는지', '관련 기술 및 고객사 업무에 대해 경험 있는 협력업체와는 얼마나 영업이 되어 있는지' 등이 대표적인 예시이다. 이러한 공통적인 이슈와 함께, 또 하나의 공통점은 바로 '제안팀에서 발생하는 문제들은 대부분 해결하기가 쉽지 않다'라는 것이다.

그럼에도 불구하고, '[양식 Ⅳ-2] 프로젝트 이슈 진행현황'에서 해결 담당자와 해결의 기한을 함께 관리하는 것은, 문제해결의 주체를 선정하여 책임감과 의무를 부여해야만 조금이라도 개선할 여지가 있기 때문이다. 담당자를 정하지 않고 모두가 함께 공동으로 책임을 진다는 것은, 결국 모두가 책임을 지지 않는 것과 동일하다는 것을 의미한다.

'[양식 Ⅳ-2] 프로젝트 이슈 진행현황'을 작성하는 데 주의할 것은, 예상되는 이슈가 많다는 것이 곧 그 제안이 문제가 있어서 실주할 가능성이 높다는 것을 의미하는 것은 아니라는 것이다. 오히려 반대로, 고객과 사업에 대한 이해가 깊고, 제안에 대한 경험이 많아 도출된 이슈가 더 많다라고 보는 것이 적절하다. 양식을 활용하여 긍정적 사고를 가지고 이슈에 대한 지속적 추적관리를 권한다.

[양식 Ⅳ-2] 프로젝트 이슈 진행현황

Sample

사업명	정보통합체계 자동제어시스템 구축		
입찰 정보	수주액: 52.7억 원	공고일: 3/29	입찰일: 4/25

구분	이슈 현황	담당	해결 현황 (일정)
고객 측면	• 발주처 담당자 인사이동 • 신규 발주 담당자의 성향, 사업 이해 정도, 사업 방향성 등 파악	영업대표	• 영업전략회의 예정 (4/5)
원가 측면	• 공성사업으로, 경쟁사 예상 견적 대비 20% 낮은 수준의 견적 확보 • 당사 원가투입 최소화	제안 프로젝트 관리자	• 1차 견적협의 예정 (4/15)
경쟁사 측면	• 현 유지보수업체에 대한 대응 업체 협력 필요	영업대표, 마스터 프로젝트 관리자	• 관련 분야 경쟁력 있는 업체 소싱 (~4/7)
	• 현 시스템 문제점에 대한 기술적 방안 제시	제안 프로젝트 관리자	• 기술적 대안으로 고객과 협의 예정(4/10)
제안 진행 측면	• 협력업체 작업장소 확보 및 보안 규정 준수	사업관리자	• 완료(4/1)
	• 아키텍처 인력 필요	마스터 프로젝트 관리자	• 투입 예정(4/2)
	• 고객사 현 문제점에 대한 기술 차별화 전략 수립	○○○ 차장	• 리뷰 예정(4/5)

Part 2_
제안비용은 어떻게 관리할까?

2.1 제안비용 관리의 필요성

일반적으로 제안비용을 일종의 영업비용 또는 일반경비 정도로 생각하곤 한다. 어떤 계정으로 처리를 하든, 해당 조직의 경영전략에 해당하므로 옳고 그름을 논하는 것은 의미 없는 것이라 생각된다. 다만, 그러한 비용이 회사 입장에서 보면 부담이 되는 비용임에는 틀림없다고 생각한다. 매출을 올려 수익을 발생시켜야 할 인력들이 직접적인 매출과 상대적으로 연관성이 적은 일에 투입되어 비용이 발생하고 있기 때문이다. 또한 대기업의 경우, 협력업체에서 제안서를 작성하면 하도급법에 의해 작성한 양만큼 제안비용을 지불해야 하며, 그뿐만 아니라 제안 단계에서 발생한 제안비용을 수행 프로젝트 예산의 한 계정으로 연계 처리함으로써, 수행할 프로젝트의 마진율을 떨어뜨리게 된다.

따라서 제안비용은 회사 차원의 단순한 경비가 아닌 중요한 매입비용으로 반드시 일정 수준이 넘지 않도록 최대한 관리해야 한다.

제안원가를 고려한 팀 구성 가이드

지방체류 등의 특별한 경우를 제외하고, 제안비용의 대부분은 인건비, 즉 자사 인력의 노무비와 협력업체 인력의 외주비로 구성된다. 따라서, 이러한 인건비를 얼마나 최적화하여 사용하는가가 곧 제안비용의 최적화를 의미할 수 있다.

인건비의 최적화를 위해 어떤 인력을 얼마나 투입할 것인가에 대한 문제는, 제안팀의 경험과 역량, 고객사에 대한 이해 정도, 관련 기술에 대한 노하우 등 매우 다양한 변동성이 있기 때문에, 실제로 많은 사람들이 제안인력 투입에 대한 기준을 수립한다는 것은 불가능하다고 생각할 수 있다.

하지만, '최적 인력구조의 기준'을 수립한다면 충분히 가능하다고 생각한다. 이러한 최적 인력구조의 가장 현실적인 방법은, 해당 조직이 수행하는 평균 사업비에 투입되는 제안인력의 평균비율을 산정한 후, 사업 특성(경험 여부, 고객사 이해 정도, 관련 기술 노하우 정도 등)을 반영하는 방법이다. 예를 들어, 어느 한 회사가 공공사업의 평균 사업비는 50억 원, 해당 제안에서의 평균 인력투입은 97 M/DMan/Day, 즉 약 4.3 M/MMan/Month라고 가정해보자. 이를 기준으로 기술적 또는 업무적 경험이 약하고 이슈가 많다면 인력을 더 투입(예: 아키텍처 5 M/D 추가투입)하고, 고객사를 경험한 인력이 많다면 인력투입을 축소하는 방식으로 기준을 정하는 것이다. 따라서, 각 조직별 평균 사업예산을 기준으로 인력투입의 기준을 수립하고 이상/이하되는 경우를 대략적이라도 정립한다면, 제안비용을 관리하는 데 유용하리라 생각된다.

한 가지 유의할 점은, 사업이 유찰되는 경우 제안인력을 재입찰할 때까지 그대로 유지하는 것이 아닌, 원래 일정대로 제안작업을 진행한 후 원래 소속부서로 복귀하고 핵심인력만 유지해야 한다.

제안팀 구성 가이드

Sample

<table>
<tr><th>역할그룹</th><th>역할명</th><th>그룹별 비율</th><th>투입공수(MD)</th></tr>
<tr><td rowspan="2">프로젝트 관리</td><td>제안 프로젝트 관리자</td><td rowspan="2">20.6 %</td><td>16</td></tr>
<tr><td>마스터 프로젝트 관리자</td><td>4</td></tr>
<tr><td rowspan="2">컨설팅</td><td>제안전략 전문인력</td><td rowspan="2">10.3 %</td><td rowspan="2">10</td></tr>
<tr><td>비즈니스 컨설턴트</td></tr>
<tr><td>제안일반</td><td>사업관리자 및 제안팀원</td><td>50.5 %</td><td>49</td></tr>
<tr><td>품질관리</td><td>품질보증(Quality Assurance)</td><td>5.2 %</td><td>5</td></tr>
<tr><td rowspan="3">아키텍처
(Architecture)</td><td>데이터 아키텍처
(Data Architecture)</td><td rowspan="3">13.4 %</td><td>5</td></tr>
<tr><td>테크니컬 아키텍처
(Technical Architecture)</td><td>4</td></tr>
<tr><td>인트라 아키텍처
(Infra Architecture)</td><td>4</td></tr>
<tr><td colspan="2">합계</td><td>100%</td><td>97</td></tr>
</table>

2.2 비용최적화를 위한 전사 비용 관리

제안팀 구성 가이드를 통해 각 제안팀의 제안비용을 관리한다고 하더라도, 전사 차원에서 비용을 관리하지 않는다면 그 실효성에는 한계가 있을 수밖에 없다. 왜냐하면, 각 제안팀 입장에서는 전사 가이드가 어떠하든, 일단 본인들이 진행하고 있는 제안에서 좋은 결과를 내기 위해 모든 수단과 방법을 동원하여 제안서를 작성하려고 하기 때문이다.

따라서, 제안비용 관리를 위한 전사체계가 필요하다.

전사 제안비용 집행 현황표

Sample

00년 11월 실적 총괄

본부	제안 구분	제안예산	11월 실적	11월 누계	예산사용률	잔여예산	노무비	외주비	교통비	회의비	기타 경비
공공	본제안										
	사전제안										
	공공 소계										
SOC	본제안										
	사전제안										
	SOC 소계										

제안 프로젝트 리스트

본부	제안 구분	제안 프로젝트	노무비	외주비	교통비	회의비	기타 경비	합계
공공	본제안	보안통신 인프라 유지보수						
		통합 재난종합상황실 구축						
		백업 및 재해복구센터 구축사업						
	사전제안	보안통신 인프라 유지보수						
		해외진출사업						
		IT원격지 개발센터 구축사업 정보화전략계획(ISP)						
SOC	본제안	고속도로 지능형 교통시스템 구축						
		알제리 교통시스템 구축사항						
		아르헨티나 공용자전거시스템						
	사전제안	브라질 교통시스템 구축사항						
		차세대 여객영업시스템 구축						
		콜롬비아 교통시스템 구축사항						

전사 차원에서 제안비용 관리를 위해서는, 먼저 연초에 산업별 예상되는 사업기회 리스트를 파악하고, 예년의 제안비용과 비교하여 1년간 지출할 제안예산을 수립해야 한다.

제안팀이 구성되면 제안예산 담당자와 제안 프로젝트 관리자가 인력투입 계획을 수립하고, 제안예산 담당자는 제안비용 집행내역을 주기적으로 직책자에게 보고하여 전사적으로 제안비용이 어떻게 집행되는지 확인한다.

앞에서 언급했던, 마스터 프로젝트 관리자, 제안전략가, 제안기획가 등의 체계가 있는 조직이라면, 제안예산 담당자는 마스터 프로젝트 관리자가 수행하거나 또는 별도의 예산담당자를 배치하여 관리해도 된다.

Part 3_

제안작업의 품질 및 생산성 향상을 위해 어떤 인프라가 필요할까?

3.1 전사 차원의 인프라 환경

앞에서 살펴본 마스터 프로젝트 관리자, 제안전략가, 제안기획가 등은 제안경쟁력을 향상시키기 위한 조직 측면의 방안으로, 이 외에도 전사 차원 및 제안팀 차원의 인프라 환경 구성을 통해 제안경쟁력을 향상시킬 수 있다.

전사 차원의 인프라에는 자료관리체계 및 보안 등을 고려한 제안룸 운영이 있으며, 제안팀 차원의 인프라에는 파일공유서버, 빔프로젝터 그리고 프레젠테이션 리허설을 위한 캠코더 등이 대표적인 인프라 요소이다.

전사 우수사례Best Practice 지식관리KM, Knowledge Management

상대적으로 짧은 시간과 적은 인력으로 많은 양의 제안서를 작성하는 데 있어서, 생산성을 향상시키고 품질을 확보할 수 있는 가장 확실한 방법은 제안사가 보유하고 있는 우수사례를 활용하여 제안환경에 맞게 콘텐츠를 수정하여 작성하는 것이다.

우리가 어떠한 일을 진행할 때, 참고할 자료 또는 유사한 자료 없이, 말 그대로 맨땅에서 시작한다면 어디서부터 어떻게 시작해야 할지 고민스러울 것이고, 결국 그 일은 지지부진하게 진행될 것이다. 마찬가지로, 제안서를 작성하는 데 참조할 만한 제안서 없이 흰 종이 위에 제안 내용을 써 내려 간다면 제안일정을 맞추는 것은 불가능할 뿐만 아니라, 그 품질 또한 만족스럽지 않을 것이다.

따라서, 제안서를 작성하는 데 활용할 다양한 콘텐츠를 KMKnowledge Management으로 관리하고 공유하는 것이 중요하며, 그 활용도를 높이기 위해 KM 관리 단위를 제안팀에서 바로 활용할 수 있는 목차 단위로 구성하는 것이 좋다.

우수사례의 KM 구성체계

Sample

<table>
<tr><th>구분</th><th>디렉터리</th><th>하위 디렉터리</th></tr>
<tr><td rowspan="7">사업의 이해</td><td>사업의 배경 및 목적</td><td rowspan="31">1) '사업추진전략' 하위 디렉터리
- 비즈니스 측면
- 응용시스템 측면
- 솔루션/패키지 측면
- IT 인프라 측면
- 조직/인력 측면
- 사업관리 측면
- 교육/기술이전 측면
- 전환/유지보수/운영 측면
- 역량/경험 측면

2) '기능 요구사항' 하위 디렉터리
- 구축개요
- 구성도
- 메타관리
- 데이터 전환
- 초기 데이터
- 프레임워크
- 시스템 통합/연계
- 웹 접근성
- 포털
- 통계정보
- 표준화
- 프로토타입
- 플랫폼
- 검색
- 무중단</td></tr>
<tr><td>사업범위</td></tr>
<tr><td>사업의 특징</td></tr>
<tr><td>제안의 특장점</td></tr>
<tr><td>핵심 성공요소</td></tr>
<tr><td>사업추진전략[1]</td></tr>
<tr><td>기대효과</td></tr>
<tr><td rowspan="6">기술 및 기능</td><td>시스템 요구사항</td></tr>
<tr><td>기능 요구사항[2]</td></tr>
<tr><td>보안 요구사항</td></tr>
<tr><td>데이터 요구사항</td></tr>
<tr><td>시스템 운영 요구사항</td></tr>
<tr><td>제약사항</td></tr>
<tr><td rowspan="3">성능 및 품질</td><td>성능 요구사항</td></tr>
<tr><td>품질 요구사항</td></tr>
<tr><td>인터페이스 요구사항</td></tr>
<tr><td rowspan="6">프로젝트 관리</td><td>관리방법론</td></tr>
<tr><td>일정계획</td></tr>
<tr><td>조직인력</td></tr>
<tr><td>개발환경</td></tr>
<tr><td>보고 및 검토</td></tr>
<tr><td>이행 방안</td></tr>
<tr><td rowspan="9">프로젝트 지원</td><td>품질보증</td></tr>
<tr><td>시험운영</td></tr>
<tr><td>교육훈련 및 기술이전</td></tr>
<tr><td>유지보수</td></tr>
<tr><td>기밀보안</td></tr>
<tr><td>비상대책</td></tr>
<tr><td>상호협력</td></tr>
<tr><td>변화관리</td></tr>
<tr><td>발전 방향</td></tr>
</table>

KM의 중요성에 대해서는 모두가 이해하고 필요성을 느끼고 있음에도 불구하고, 실제로 전사 차원에서 KM을 관리하고 공유하는 체계를 갖고 있는 회사는 생각보다 많지 않은 것이 현실이다. 특히, KM 구성체계 예시와 같이 콘텐츠별 우수사례를 추출하고 관리하는 경우는 더더욱 희박하다. 필자가 컨설팅을 수행했던 국내 최고의 한 대기업에서도 전사 차원에서 제안서를 관리하는 체계가 없었던 기억이 난다. 물론 이 대기업은 입찰업무가 회사의 주요 비즈니스가 아니긴 했으나, 약 700여 명의 인력이 관련 업무를 수행함에도 제안콘텐츠 관리에는 많은 아쉬움이 있었다.

상향 표준화된 제안품질과 제안작업의 높은 생산성을 원한다면, 개개인이 소유하고 있는 콘텐츠를 우수사례로 활용하는 것을 최소화하기 위한 전사 차원의 우수사례 KM 관리를 반드시 적용하기를 권한다. 또한 별도의 인력을 배치하여 주기적(6개월 단위)으로 현행화하는 활동도 병행하기를 바란다. KM을 관리하고 공유하는 것은, 제안콘텐츠별 우수사례를 선별하고 배포하는 것이므로 제안작업에 익숙한 인력이 담당해야 하며, 앞에서 언급한 인력조직의 경우 제안기획가가 담당하는 것이 가장 적절하다.

독립된 제안룸 확보

제안작업을 할 때 독립된 제안룸이 필요한 이유는 크게 두 가지로, 보안유지 및 업무집중도 때문이다.

먼저, 보안은 제안작업에서 아주 기본적인 요소라고 할 수 있다. 수주경쟁력 중 매우 중요한 것 중에 하나가 바로 원가이다. 그뿐만 아니라, 이 사업을 어떤 전략을 써서 수주할 것인가 또한 매우 중요한 요소이며, 이러한 정보에 대해 보안을 유지하는 것은 너무나 당연한 것이다. 제안팀에서 정보가 유출되는 경우는 문서에 의한 경우도 있겠지만, 사실 제안룸 안에서 의식하지 않고 무심코 한 말을 통해 외부로 흘러가는 경우가 대부분이다. 특히, 제안업무는 협력업체와 함께 쓰는 경우가 대부분이기 때문에, 원가, 전략 그리고 제안 방향성에 대해 제안룸 안에서 들은 이야기가 의도하지 않게 다른 협력업체에게 흘러들어 가는 경우가 매우 많다. 따라서 사내 구성원뿐만 아니라 협력업체와도 물리적 공간이 분리된 제안룸을 사용하여 보안을 철저히 유지하는 것이 중요하다.

독립된 제안룸을 사용해야 하는 또 하나의 이유는, 바로 업무집중도를 위해서이다. 제안인력이 여러 공간에 흩어져 있거나, 또는 다른 업무를 진행하는 구성원과 같은 공간에 있다면 제안팀원 간 커뮤니케이션에 어려움을 느끼는 것은 너무나 당연하다.

따라서, 파티션만 있는 공간이라도 반드시 별도의 공간을 구성하여 제안을 진행하는 것이 필요하다.

3.2 제안팀 차원의 인프라 환경

전사 차원의 제안인프라가 우수사례의 자료관리체계와 별도의 제안룸이라면, 제안팀 차원에서 필요한 인프라는 주로 제안룸 안에서 필요한 장비를 의미한다. 대표적인 것이 제안팀에서 활용되는 파일공유서버, 빔프로젝터 그리고 프레젠테이션 리허설에서 활용할 캠코더, 평가장에서 활용된 프레젠테이션용 노트북 및 앰프가 있다.

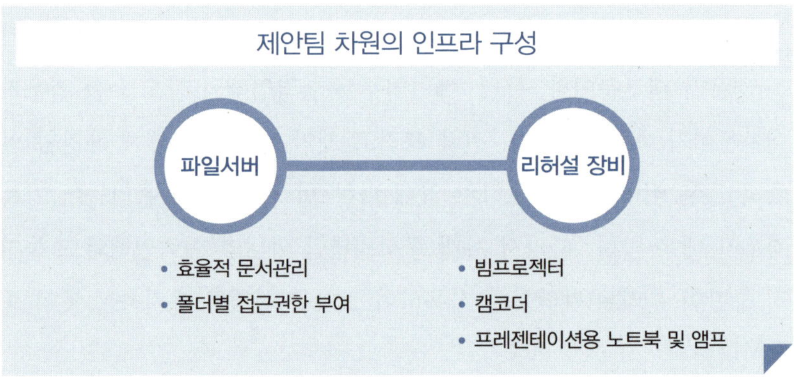

제안팀 전용 파일서버

제안작업은 주관사업자의 제안팀원뿐만 아니라 협력업체 직원, 그리고 제안서 디자이너 등 적게는 4~5명에서 많게는 60~70명의 제안인력이 함께 작업을 진행한다. 만약, 이 많은 인력이 작업한 제안문서를 서로 각각 메신저와 메일로 주고받는다면, 어느 파일이 최종 파일인지, 어느 파일이 디자인이 완료된 파일인지, 문서의 버전 관리가 안 되어 엄청난 혼란이 일어날 것이다. 따라서, 제안팀 구성원 모두가 제안문서를 함께 공유하는 서버가 반드시 필요하다.

파일서버를 구성하는 데 주의할 것은, 목적에 맞게 폴더별 접근권한을 부여해야 한다는 것이다. 왜냐하면 협력업체의 경우 담당한 제안내용 외 다른 업무 부문을 확인할 수 있다면 보안에 큰 문제가 발생하기 때문이다.

예시에서 보는 파일서버 폴더체계는 제안작업에 한정된 내용으로, 사업관리 차원에서의 원가 및 인력투입 계획, 고객사 정보 등은 별도의 파일서버 또는 사업관리자 개인 노트북에서 관리하는 것이 필요하다

제안팀 공유용 파일서버 폴더체계

Sample

폴더체계	내용
10. 제안요청서 및 관련 자료 11. 제안요청서 12. 사업 관련 질의사항	• 제안요청서 및 고객 배포자료 공유 • 사업과 관련된 질의사항 공유
20. 제안서 작업 21. 제안서 목차 및 템플릿* 21. 제안서 작성 중** 22. 제안서 최종본 30. 제안요약서 작업 31. 제안요약서 목차* 31. 제안요약서 작성 중** 32. 제안요약서 최종본 40. 제안설명회 작업 41. 제안설명회 목차* 41. 제안설명회 작성 중** 42. 제안설명회 최종본	폴더 구성 * 목차 및 개인별 담당내역 정의 ** 작성 중 폴더는 날짜별로 하위 폴더를 생성하여 중간 버전 관리 접근권한 • 주관사업자만 가능 • 보안을 위해 협력업체의 제안서는 담당자가 별도 수취하여 서버에 등록
50. 디자인작업 관리 51. 제안서 본문 51A. 디자인 요청 51B. 디자인 완료 52. 제안요약서 52A. 디자인 요청 52B. 디자인 완료 53. 제안설명회 52A. 디자인 요청 52B. 디자인 완료	폴더구성 • 디자이너 공유 폴더 – 콘텐츠 버전 관리를 위해, 디자인 작업이 시작된 파일은 '파일명_작업중.PPT'으로 표시 접근권한 • 디자이너는 본 폴더만 접근 가능
60. 출력물 관리	• 출력 요청을 위한 최종 문서관리
70. 참고자료 71. 제안 참고자료 72. 템플릿 및 폰트	• 유사사업 참조 제안서 • 고객사 타 사업의 참조 제안서 • 관련 기술 자료
80. 개인 폴더 81. 김수주 프로젝트 관리자 82. 최제안 부장 83. 홍길동 차장 84. …	• 개인별 참조자료 및 작업 버전 관리

리허설 장비

원활한 제안업무를 위해 제안팀 공용 파일서버 외 몇 가지 장비가 필요하다.

- 빔프로젝터
- 캠코더
- 프레젠테이션용 노트북 및 앰프

빔프로젝터는 아마도 모르는 사람은 없으리라 생각된다. 빔프로젝터의 가장 큰 장점은 무엇보다 자료공유에 용이하다는 것이다. 또한, 평가위원 앞에서 프레젠테이션을 해야 하기 때문에 제안팀에 기본적으로 필요한 장비임에는 분명해 보인다. 다만, 빔프로젝터를 사용할 때 주의할 것은, 해상도가 높고 비싼 제품을 사용하는 것이 좋은 것만은 아니라는 것이다. 왜냐하면, 일반적으로 고객사의 빔프로젝터, 특히 공공사업의 경우 조달청에 배치되어 있는 빔프로젝터가 노후화되어 해상도가 상대적으로 안 좋기 때문에, 해상도 좋은 빔프로젝터에 맞게 프레젠테이션 디자인 작업을 한 후, 노후화된 빔프로젝터로 보면 장표가 매우 조잡하게 보일 수 있기 때문이다.

캠코더는 프레젠테이션 연습에 매우 유용하다. 리허설은 개인마다 다소 차이가 있겠지만, 일반적으로 최소한 4~5회는 진행한다. 사내에 프레젠테이션 코칭을 할 인력이 있다면 상관없지만 그렇지 않은 경우라면, 캠코더를 활용하여 스스로 촬영해보고 확인하며 자신의 단점을 고쳐가는 것이 매우 중요하다. 팔과 손의 위치는 적절한지, 시선은 어디를 향하고 있는지, 발표 시 개인적인 버릇이 있는지, 몸이 불안정하게 있지는 않은지 등을 스스로 확인하고 보완한다면 훌륭한 프레젠테이션이 가능하리라 생각된다.

프레젠테이션용 노트북 및 앰프는 평가장에서 프레젠테이션을 할 때 활용하는 장비로, 프레젠테이션용 노트북은 구성원에게 지급된 회사 노트북의 사양이 낮은 경우 별도의 노트북을 비치하여 활용하는 것으로, 이미지가 많이 들어간 무거운 파일을 프레젠테이션할 때 유용하다. 앰프는 넓은 공간에서 동영상 시연 시 소리가 잘 전달되지 않을 것으로 예상되는 경우 활용한다.

3.3 사내 지원조직

지금까지 살펴본 조직 측면(마스터 프로젝트 관리자, 제안전략가, 제안기획가 등)과 인프라 측면(전사 및 제안팀 차원)이 제안의 경쟁력을 향상시키는 데 직접적 연관성이 있는 것이라면, 이 외에도 후방에서 제안의 품질을 높이기 위한 요소도 있다.

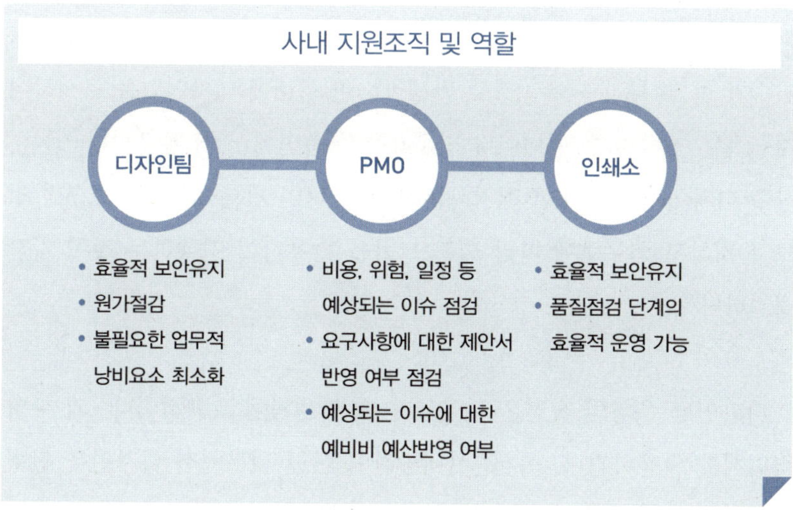

보안 및 원가확보를 위한 디자인팀

제안서 디자인의 용어는 회사마다 다르지만, 일반적으로 PDPower-Point Design 또는 GDGraphic Design 두 가지로 사용되며, 그 뜻은 동일하다.

제안서를 많이 작성하는 회사의 경우, 별도의 디자인팀을 구성하여 전사 제안디자인 업무를 지원하지만, 대부분의 회사에서는 협력업체 및 프리랜서 그룹을 관리하며 그때그때 필요에 따라 인력을 소싱하여 업무를 진행한다. 회사의 상황과 업무환경에 따라 적절한 방법을 선택하겠지만, 여러 회사의 사례를 비춰봤을 때, 사전제안 및 본제안 제출 건수가 한 달 내내 지속적으로 발생한다면 사내에 디자인팀을 구성하여 지원하는 것이 비용 측면이나 업무효율성 측면에서 더 유용하다. 물론, 상주 디자이너를 최대한 배치하는 것은 아니며 기본적으로 최소 3명 정도 유지하고 업무량에 따라 별도 그룹을 활용하여 진행하는 것이 가장 절절하다.

디자인팀 운영의 장점은 무엇보다, 보안유지에 효율적이다. 외부 협력업체를 활용하거나, 특히, 사내공간이 아닌 외부에서 디자인을 진행한다면 보안에 상대적으로 취약한 것은 너무나 당연하다.

또한, 원가를 절감할 수 있다. 프리랜서와 상주 인력의 단가 차이는 매우 크다. 만약 조직에서 사전제안 및 본제안이 월 3~4건 발생한다면, 3명 정도의 디자이너를 한 달 내내 활용할 수 있으므로, 외부 디자이너를 활용할 때보다 비용 측면에서 매우 유리하게 된다. 특히 예기치 않게 제안이 집중되는 시기에 각 제안팀에서 디자인 일정을 조금씩 양보하여 일정을 수립하게 되면, 원가효율성은 더욱 높아지게 되어 조직 측면에서 작지 않은 비용절감 효과도 거둘 수 있다.

디자인팀 운영의 또 다른 장점은, 비효율적인 업무의 낭비요소를 최소화하여 전사 차원의 업무생산성을 향상시킬 수 있다는 것이다. 사내에 디자인팀이 없어서 각 제안팀별로 디자이너를 소싱하는 경우, 전사 차원에서 본다면 매번 똑같은 일을 여러 구성원이 동시에, 그리고 1년 내내 한다고 볼 수 있기 때문에 이것은 매우 비효율적인 업무 진행이라고 할 수 있다. 또한 이것을 디자인 작업의 생산성 측면에서 생각해보면, 각 제안팀이 다른 디자인 템플릿(각각 다른 디자인 업체에게 디자인을 위탁하므로)을 사용함으로써 회사의 디자인 정체성Identity에 통일성도 없고, 디자인 업무생산성도 낮게 될 것임은 분명하다.

예상되는 위험요소를 점검하는 프로젝트관리조직

프로젝트관리조직PMO, Project Management Office의 업무범위는 매우 넓으며, 사업수행 단계뿐만 아니라 제안 그리고 유지보수 단계에서도 역할을 수행한다. 사업수행 및 유지보수 단계의 주요 활동은, 업무와 관련한 위험요소를 사전에 파악하고 대응 방안을 수립하며, 수행방법론과 관리방법론의 관련 지식을 제공함으로써, 체계적인 프로젝트 관리체계가 되도록 지원해주는 역할을 수행한다.

제안 단계에 집중하여 프로젝트관리조직 역할을 살펴보면 크게 세 가지로 다음과 같다.

- 비용, 품질, 위험 및 일정 등에서 예상되는 이슈 점검
- 요구사항에 대한 제안서 반영 여부 점검
- 예상되는 이슈 및 고려사항에 대한 예비비 차원의 예산반영 여부 점검

제안팀 입장에서는, 제안요청서에서 제시한 과업에 대해 어떻게 수행할 것인지 깊은 고민을 하다 보면, 위험요소를 찾아내는 데 자칫 소홀할 수 있다. 따라서 객관적인 입장에서 고민하는 프로젝트관리조직의 역할이 매우 중요하다.

보안 및 적기 대응을 위한 인쇄소

보안을 중요시하는 국방 관련 업체와 대형 시스템 통합SI, System Intergration 업체를 제외하고 회사 차원에서 별도의 인쇄소를 보유하는 경우는 매우 드물다.

사내에 인쇄소를 운영하면 가장 큰 장점은 보안문제를 해결할 수 있다는 것이다. 사내 디자인팀을 운영하는 것과 마찬가지로, 제안서 출력을 외부 협력업체에서 진행하게 되면 제안서 보안을 관리할 방법이 없기 때문에, 사내에 운영하는 것이 적절하다. 특히, 제안서를 최종 출력하기 전, 초안을 출력한 후 오탈자를 점검해야 하는데 사내에 인쇄소가 있으면 수정 보완에 시간을 절약할 수 있으며, 특히 야간작업에 좀 더 원활하게 대처할 수 있다.

하지만, 이러한 장점에도 불구하고 단점 또한 있다. 사내에 인쇄소를 운영한다는 것은, 외부 출력물을 받지 않는다는 것을 의미하므로, 그만큼 협력업체의 원활한 운영을 위해 높은 단가를 보장해줘야 하고, 이것은 결국 제안비용을 상승시키는 요인이 된다. 따라서, 조직의 제안 물량과 출력 원가를 고려하여 인쇄소 설치 여부를 결정하여야 한다.

돌아보기

Ⅳ. 수주경쟁력을 향상시키는 시스템을 구성한다

수주경쟁력을 위한 인적 구조

마스터 프로젝트 관리자	각 산업 전문가로 전체적인 제안 리딩
제안기획가	제안서/요약서의 작성 리더 및 품질 담당자
제안전략가	제안전략 및 프레젠테이션 시나리오/품질 담당자

제안비용 관리

- 비용최적화를 위한 전사 관리 및 팀 구성 가이드

품질 및 생산성 향상을 위한 인프라

전사 차원의 인프라	우수사례Best Practice의 KMKnowledge Management 및 독립된 제안룸
제안팀 차원의 인프라	파일공유 서버 및 리허설 장비
사내 필요 지원조직	디자인팀, 프로젝트관리조직 및 인쇄소

제안환경과 관련하여 기존 생각과 사고에 어떤 변화가 있었습니까?

어느 시스템을 먼저 적용하여 어떻게 혁신하시겠습니까?

찾아보기

ㅇ

ㅈ

ㅊ, ㅌ, ㅍ

ㅎ

기타

지은이 소개

현영근

SK(주) C&C 전략Marketing그룹 수석, 아주대학교 공과대학 산업공학과에서 석사과정을 거쳐 석박사통합과정에 재학 중이다. 주요 연구분야는 4차산업 기반의 비즈니스 오토메이션을 중심으로한 인텔리전스, 로보틱 오토메이션 및 데이터 사이언스(Data Science) 등이다. 기업 경력으로는, 행정안전부, 통계청, 질병관리본부 등 다양한 공공기관에서 프로그래머로 업무를 시작하였으며, 이후 서비스제조 산업에서 BA(Business Analysis, 비즈니스 컨설턴트), 그리고 전사 기획업무를 담당하였다. 이러한 비즈니스 인사이트(Insight)를 바탕으로 현재 제안전략가 활동 및 디지털 트랜스포메이션(Digital Transformation) 관련 마케팅 업무를 담당하고 있다. 풍부한 현장 경험을 바탕으로 사내 및 그룹사에서 제안전략 강의를 하였으며, 한양대학교 등 다수의 대학에서 마케팅 관련 특강, 그리고 온라인 강의를 통해 비즈니스 문서작성, 실전 기획 및 로지컬 싱킹(Logical Thinking) 등의 주제로 비즈니스 문서 및 고객설득과 관련된 강의를 진행하였다. 이 책을 집필하게 된 계기는 보다 효과적이고 생산적인 비즈니스 문서를 작성하는 가이드를 제공하기 위함이다. 비즈니스 문서를 작성한다는 것은, 단순히 업무문서를 작성하는 것만을 의미할 뿐만 아니라, 새로운 사업기회를 획득할 수 있으며 나아가 회사의 존폐를 좌지우지할 수 있을 정도로 매우 중요한 일이다. 하지만, 그와 관련된 책과 교육이 실전 사례를 중심으로 한 현장 중심의 구체적 방안을 제시하는 경우는 매우 드물다. 이 책에서는 제안에 있어서 고객설득에 대한 보다 현장 중심적인 방법론적 프레임 및 연상기법을 활용한 창의적 사고의 기준을 제공하고자 한다.

이주연

아주대학교 공과대학 산업공학과 교수, 창업지원단장 및 신산업융합기술연구센터장과 한국빅데이터서비스학회 회장을 맡고 있다. 인하대학교 대학원에서 경영학 박사학위를 취득하였다. 기업 경력으로는, 포스코ICT 그린사업부문장(전무), SK(주) C&C 전략마케팅본부장(상무), Oracle 전략솔루션실장(상무급), 한국능률협회컨설팅 경영혁신본부장을 역임하였다. 학계 경력으로는, 한국빅데이터서비스학회 회장, 한국정보처리학회 부회장, 한국디지털정책학회 부회장, 한국생산관리학회 부회장, 기술경영경제학회 부회장 등의 활동을 하고 있고, 한국산업정보학회 회장, 국제미래학회 미래융합산업위원장, 한국경영정보학회 부회장, 한국지능정보시스템학회 부회장을 역임하였다. 공공 경력으로는, 중소기업혁신생태계확산위원회 혁신성장분과위원장, 한중YLC최고위CEO 원장, 글로벌산업경쟁력포럼 부회장, 경기도 성남시(성남, 판교, 분당) FWC위원회 교육분과위원장, 출연연 4차산업혁명위원회 운영위원, 충청북도 4차산업혁명위원회 위원 등의 활동을 하고 있고, 산업통상자원부 산업융합촉진 국가옴부즈만(차관급), 산업통상자원부 신산업민관협의회 융합플랫폼분과위원장, 융합신산업촉진위원장, 공기업 및 정부산하기관 경영평가위원과 정부 최초로 민간전문가로서 중앙행정기관(외교, 안보) 경영진단 총괄책임자(PM) 역할을 하였다. *IEEE* SCI 등 국내외 저명 학술지에 50여 편의 논문을 게재했고, 『서비타이제이션』, 『비즈니스 인텔리전스』 등 14편의 저역서가 있다. 2007년, 저자가 SK(주) C&C에서 전략마케팅 본부장을 맡고 있을 당시, 국내 최고의 제안경쟁력을 확보하기 위해 혁신적으로 전략제안팀을 신설하였고, 그 당시 구성하였던 조직 및 전문가들이 지금까지 국내 최고의 전문성을 인정받으며 명맥이 이어져 내려오고 있다. 이 책을 집필하게 된 계기는, 지금도 밤을 새워가며 제안으로 고민하고 있는 많은 사람들에게 오랜 기간 현장에서 검증된 노하우를 공유하고자 함이다. 2018년 세계인명사전 *Marquis Who's Who in the World*에 등재되었고, 2011년에는 미국 SDPS Institutional Award of Excellence, 2012년에는 여수엑스포의 성공적인 IT인프라 구축 공로로 국토교통부장관상, 1996년 행정능률 확산에 대한 공로로 총무처 장관상을 수상하였다. 주요 연구 분야는 비즈니스 인텔리전스, 융합신산업을 통한 스마트그리드, 스마트팩토리, 초연결가상화 등이다.

고객의 마음을 움직이는 제안전략

수주하는 제안서는 고객 관점에서 생각한다

초판 인쇄 2018년 12월 28일
초판 발행 2019년 1월 9일

지은이 현영근 · 이주연
펴낸이 김영훈
편집인 전영완
펴낸곳 도서출판 문우사
주소 경기도 고양시 일산동구 정발산로 24, T2-814호(장항동, 웨스턴돔타워)
전화 031) 901-6542, 070) 4200-6542 **팩스** 031) 906-6542
홈페이지 www.munu.co.kr **대표메일** moonwoosa@hanmail.net
출판신고번호 제396-2013-000113호

ISBN 979-11-85994-62-8 03320

값 27,000원